JN240475

桜美林大学 叢書 *vol. 022*

J. F. Oberlin University

人新世のヒューマニズム

138億年のビッグヒストリーから読み解く現代

片山博文
KATAYAMA Hirofumi

人新世のヒューマニズム

138億年のビッグヒストリーから
読み解く現代

はじめに

　私は、勤務校である桜美林大学リベラルアーツ学群において、「自然探究（ビッグ・ヒストリー）」という科目を開講し、同僚の物理学が専門の宮脇亮介教授とともに担当している。この科目では毎年必ずゲスト講義の回を設けることにしており、宇宙・地球・生命・人間に関する学問分野で優れた研究を行っておられる研究者や、「ビッグヒストリー的である」と私たちが考える活動を行っているアーティストの方々にゲスト講師をお願いしている。様々な学問分野・芸術分野におよぶゲスト講義はまさにリベラルアーツを体現するものであり、経済学が専門の私と物理学が専門の宮脇教授という異分野の2人の教員が行う「掛け合い漫才」とともに、本授業の目玉の1つとなっている。ゲスト講師を選定する際の基準は、授業の受講学生のためになることはもちろんであるが、何よりもまず授業を担当する私たち自身が話を聞いてみたい、と思うかどうかである。これらの方々はほとんどが面識なく、私がいわば「飛び込み営業」でお願いのメールを差し上げ、快く引き受けてくださった方々であり、そこで打ち合わせを兼ねて講義前にご挨拶するのであるが、その際に「ビッグヒストリーという名前をご存じでしたか」と尋ねると、ほとんどの方が知らなかったと答える。私は心の中でがっかりしながら、まずビッグヒストリーとは何かという所から自己紹介を始めるのである。

　本書は、このようにいまだ日本において高い知名度があるとは言えないビッグヒストリーについて、この間の研究成果をまとめたものである。ビッグヒストリーとは、一言で言えば、138億年の宇宙地球史を振り返ることにより、宇宙における人間の位置を考察する学問・運動である。翻訳書は除き、ビッグヒストリーを本格的に論じた研究書として、本書はおそらく日本で初めてのものであろう。私はもともと環境経済学を専門とし、コモンズ論を主な研究の対象としてきたのであるが、それがなぜビッグヒストリーの研究と教育に取り組もうと思ったのかは本書の序論に書いた通りである。一言で言えば、私はビッグヒストリーの壮大な「宇宙的視点」に惹かれて、この学問に取り組むことを決意したのである。

ただし、本書はビッグヒストリーを論じた本であるが、いわゆるビッグヒストリーのスタンダードな解説書ではない。むしろ、既存のビッグヒストリーへの批判的視点によって貫かれている。宇宙史から何らかの「意味」や現実に向かい合うための「方法」を読み取ろうとする者をビッグヒストリアンと呼ぶとするならば、世界中のこれまでの知的営みの中で、事実上のビッグヒストリアンと呼べる者たちは存在していた。しかし、「ビッグヒストリー」という名のアプローチは、ビッグヒストリーの名づけ親であるデイヴィッド・クリスチャンをはじめとして、20世紀後半の欧米をその発祥としており、私自身も、その学問的運動に触れたことがビッグヒストリーの研究・教育に携わることになったきっかけであった。しかし私は、ビッグヒストリーの壮大なヴィジョンに惹かれながら、欧米において行われているビッグヒストリーの議論に、1人の日本人・アジア人・東洋人として、非常に西欧的なものを感じていた。それは楽観的な人間信仰・理性信仰であり、あるいは近代信仰であり、人間中心主義的な考え方である。私には、欧米の主流派ビッグヒストリーの楽観的な歴史観は、現代のような危機の時代を乗り越えるには決定的に不十分であるように思われたのである。

　人新世（じんしんせい）と呼ばれる現代は、「人間とは何か」が問い直される時代である。近代における未曽有の経済成長とそれによる豊かさの実現が、他の生命の犠牲によって成り立っていることが明白となり、人間中心の考え方にますます疑問が呈されるようになっている。他方では、それまで人間の他の生命に対する優越性の根拠とされてきた知性が、人工知能によって凌駕されるようになり、人間の優位性が揺らぎつつある。本書は、この人間に対する問い直しと新たなヒューマニズムの構築を、ビッグヒストリーの宇宙的視点をもって行おうとするものである。宇宙的視点は、私が一人のビッグヒストリアンとして、宇宙史から読み取った最も重要な方法である。私は本書において、宇宙的視点によって近代の人間中心主義の徹底的な批判を行い、またビッグヒストリーを宇宙的視点に基づく世界観として改めて構築し直し、そしてそれを通じて「宇宙的ヒューマニズム」という新しいヒューマニズム観を示そうとした。本書の試みがどこまで成功しているかは読者の判断に待ちたいが、本書を通じて、ビッグ

ヒストリーのもつ豊かな可能性を一人でも多くの方々に伝えることができれば幸いである。

　本書のもととなったのは、私がこれまでに執筆してきた以下の論文であるが、本書にまとめるにあたり、第1章および第6章を除いて大幅な加筆や論旨の変更を行っている。

・片山博文（2023）「宇宙飛行士による〈宇宙的視点〉の諸相」『桜美林大学研究紀要 総合人間科学研究』第3号、pp. 67-83。【第1章】
・片山博文（2021）「ディープタイムの歴史学と文学」『桜美林世界文学』第17号、pp. 29-40。【第2章】
・Katayama, Hirofumi（2023）Cosmic Humanism：A Vision of Humanism from Big History, Journal of Big History, VI（3）：84–93.【第3章】
・Katayama, Hirofumi（2023）Wang Dongyue's Weakening Compensation：An Asian Approach for Big History, Journal of Big History, VI（1）：33–42.【第4章】
・片山博文（2022）「ウイルスとバタイユのビッグヒストリー」『桜美林世界文学』第18号、pp. 16-26。【第5章】
・片山博文（2023）「ヒトの進化における音楽性—宇宙的コモンズ論の視点から—」『桜美林世界文学』第19号、pp. 38-51。【第6章】

　上記の発表媒体のうち、『桜美林世界文学』は、桜美林大学リベラルアーツ学群の文学を専門とする教員のみなさんを中心に運営する「桜美林世界文学会」が発行している雑誌で、私も同人の一人に名を連ねさせていただいている。本誌は、アカデミックなディシプリンにとらわれることなく自由に論文を執筆・投稿することができるので、ビッグヒストリーに関する様々な試論に取り組む上で非常にお世話になっている。また桜美林大学研究紀要の『総合人間科学研究』も、本書の中心的なコンセプトとなる論文を発表する上で有効な媒体であった。日本では、ビッグヒストリーのような超学際的・リベラルアーツ的

な分野についての論文を発表する場は非常に限られている。これらの雑誌の運営・編集に携わっている方々に改めて感謝申し上げたい。また、厳しい出版事情の中で本書を出版していただいた桜美林大学出版会に感謝を申し上げる。

2024年8月

片山 博文

人新世のヒューマニズム

目　次

序 論　ビッグヒストリーの人間像とコモンズ像

第1章　宇宙飛行士による〈宇宙的視点〉の諸相

第2章　ディープタイム思考

第6章　歌う惑星

序　論

ビッグヒストリーの人間像と
コモンズ像

宇宙的コモンズ—新たなコモンズ像を求めて

本書は、いわゆる「ビッグヒストリー」(big history) の観点から新たな人間像とコモンズ像を描こうとする試みである。この序論では、私のこれまでの研究の歩みを簡単に振り返ることによって、本書の意図するところが何であるかを述べたいと思う。

私の専門は環境経済学であり、これまで「コモンズ論」を主なテーマとして研究活動を行ってきた。コモンズ論とは、自然と人間の関係、および自然をめぐる人間の関係を、主に人間による自然の所有という観点から考察する社会理論である。一般に、人間による自然の所有形態は、私人が所有する「私有」、コミュニティの構成員が共同で所有する「共有」、国家が所有する「公有」(国有)、所有者がおらず無管理の状態にある「非所有」(オープンアクセス) の4つに区分されるが、これらのうち共有に基づく自然管理の原理を「コモンズ原理」と呼び、共有による自然の管理制度、ないし共有によって管理されている自然を「コモンズ」と呼ぶ。またコモンズ論では、人間関係についての基本的な社会類型が、私・公・共、つまり市場・国家・コミュニティの3つに区分されるが、コモンズ原理は、これらのうち「共=コミュニティ」の領域を社会の最も枢要な類型としてとらえる。一般に近代とは、コミュニティが自治的に自然を共有し利用するコモンズ原理によって組織されていた近代以前の社会が解体され、バラバラの個人からなる市場原理と、社会を上から専一的に管理する国家原理へと分裂していくプロセスとして理解される。ここで、社会編成の原理としてコモンズ原理を重視する立場を「コモンズ主義」と呼ぶことにすると、コモンズ主義とは、近代における市場と国家の限界を、「コモンズ原理」の復権に基づく社会の編成・再編成によって克服しようとする思想であり社会的実践であると言うことができる。私がコモンズ論を主要な研究テーマに選んだのも、コモンズ論がもつ近代の批判理論としての可能性に魅力を感じたからであった。

私はこれまで、コモンズ論に関する著作を2冊執筆している。その最初の著

作が『自由市場とコモンズ―環境財政論序説』（片山 2008）である。この本は、市場原理とコモンズ原理の対立を、環境政策論における2つの環境主義、「自由市場環境主義」と「コモンズ環境主義」の対立として考察し、後者の優位性を論じたものである。自由市場環境主義とは、環境破壊の原因を自然に対する所有権と市場の欠如に求め、環境保全を市場に委ねて、自然資源に対する私的所有権の設定とその売買を通じて望ましい資源管理を行おうとする立場のことである。一方、コモンズ環境主義は、環境の公共財ないしコモンズとしての性格を認め、市民の共同の財布である財政の積極的な活用を通じて、失われたコモンズを現代に復権させようと試みる。さらにコモンズ環境主義は、国家による中央集権的な自然管理に対して、地域のコミュニティによる分権的・自治的な自然管理を対置する。以上の問題設定から明らかなように、本書は基本的に、上に述べたコモンズ論の一般的な理論的枠組みに従って書かれたものであった。

　ところが、次の著作『北極をめぐる気候変動の政治学―反所有的コモンズ論の試み』（片山 2014）を執筆する過程で、コモンズ論の理論的枠組みに関する私の考えは一変することになった。本書において私は、近代社会による自然所有の体制を「主権＝所有権レジーム」として理論化した。主権＝所有権レジームは、人間が自然を所有するという行為が、国家主権と私的所有権によって重層的に構成されているととらえる。国家が自然を「領土」として認めることによって初めて、その自然を私人が所有することが可能になるのである。詳細は省くが、この理論的枠組みの下で考察を進めていくうちに、従来のコモンズ論では対立的に捉えられていた私有と国有、そして共有でさえも、人間が自然を所有する制度であるという点では共通することに気がついたのである。その背後には、「人間が自然を所有できる」という近代に特有の考え方がある。であるならば、コモンズ原理を近代批判の原理として徹底させるためには、自然所有の制度としての共有も批判的にとらえる必要があるのではないか。こうして私は、コモンズ原理を反所有的なレジームとして再構成することを試みるに至った。同書ではそれを「純粋コモンズ」と呼んでいる。純粋コモンズとは、「人間は自然を所有できる」という近代に特有の思想を根底から否定する、反所有的なコモンズのイデエである。そしてそこから、純粋コモンズを内包した

図表 序-1　宇宙論的コモンズ論の枠組み

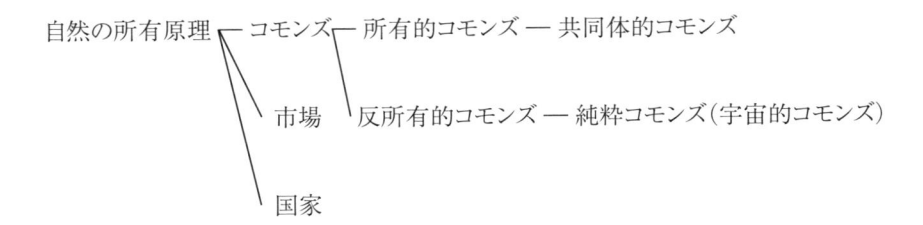

「宇宙論的コモンズ論」という新しいコモンズ論を展望したのであった。

　以上が、コモンズ論をめぐる私のこれまでの歩みである。宇宙論的コモンズ論の理論的枠組みを図示すれば、それは**図表 序-1**のようになるであろう。

　宇宙論的コモンズ論は、地球をローカルな観点からではなく、宇宙的視点—つまり、地球の外部から、地球をおおう宇宙の観点から相対化しようとする。従来のコモンズ論は、自然の私的所有に基づく近代的な人間・自然関係に対するアンチテーゼとして、共有に基づく人間の持続的な自然管理制度のあり方を探求するものである。しかし、宇宙論的コモンズ論の近代批判はよりラディカルで根源的なものとなる。宇宙論的コモンズ論では、コモンズは人間による自然の管理制度という人間中心主義的なものから、人間と他種との共生の場へとその位置づけを変え、また私有のみならず共有を含む人間のあらゆる自然所有が否定されて、反所有的な人間・自然関係が追求される。そうしたコモンズ像を前著では「純粋コモンズ」と名づけたが、そのコモンズ像がもつ宇宙的視野に着目して、本書ではこれを「宇宙的コモンズ」(cosmic commons) と呼ぶことにしたい。宇宙的コモンズとは、宇宙的視点から見た、反人間中心主義・反所有に基づくコモンズのイデエなのである。

　前著『北極をめぐる気候変動の政治学』において、私は純粋コモンズ（宇宙的コモンズ）を、「通常の自然の共有制度としてのコモンズから、所有の概念を取り払った時に現れてくる何ものか」であると述べた（片山 2014：16）。この10年は、私にとって、宇宙的コモンズのイデエをいかに形象化するのかをめぐる模索であった。それは、私がそれまで慣れ親しんできたマルクス経済学

をはじめとする通常の社会科学の方法によっては、とうてい成し得ないものであった。そのための方途を求めていた私が出会ったのが、ビッグヒストリーだったのである。

ビッグヒストリーとは何か

　ビッグヒストリーとは、138億年前に発生したと言われるビッグバンから現在、そして未来までも視野に入れた歴史である。国際ビッグヒストリー学会（International Big History Association：IBHA）は、そのウェブサイトで、「ビッグヒストリーは、利用可能な最良の経験的証拠と学問的方法を用いて、宇宙、地球、生命、人間の統合された歴史を理解しようとする」(Big History seeks to understand the integrated history of the Cosmos, Earth, Life, and Humanity, using the best available empirical evidence and scholarly methods. ）とビッグヒストリーを定義している（https：//bighistory. org/)。ビッグヒストリーは、宇宙物理学、地球科学、生物学、人類学、歴史学などの多方面にわたる学問分野を統合して、宇宙と人間についての一つの歴史物語を形成する。そしてそのことを通じて、ビッグヒストリーは、宇宙・生命・人間の本質や、宇宙における人間の存在の意味を考察する。ビッグヒストリーは、宇宙とは何か、生命とは何か、人間とは何か、われわれはどこから来てどこへ行くのかといった人間にとっての「究極の問い」を、現在の私たちに利用可能な科学情報を用いながら、138億年の歴史の中で考察し、表現しようとするのである。

　ビッグヒストリーの形成を可能にしたのは、20世紀後半から始まった年代測定技術の革命的な発達である。年代測定（chronometry）とは、過去の出来事に「今から何年前」という具体的な数字で示された「絶対年代」を割り当てる技術であるが、20世紀後半における放射年代測定や分子時計などの開発、そして21世紀初頭における宇宙背景放射の発見などによって、宇宙の始まりからの出来事に絶対年代を付与できるようになった。ビッグヒストリアンのデイヴィッド・クリスチャンは、これを「年代測定革命」(chronometric revolution）と呼んでいる。年代測定革命は、宇宙論、地質学、生物学のよう

なディシプリンを歴史化し、歴史学のディシプリンに近づけることを可能にした（Christian 2011）。

　宇宙地球史を包括的に論じようとする「事実上のビッグヒストリアン」は、それ以前にも存在した。しかし、20世紀末には、上述の年代測定革命や、各学問分野における科学的知見のめざましい発展をもとに、宇宙地球史を一つの物語、「ビッグヒストリー」として組み立てようとする試みが現れるようになる。その代表が、ビッグヒストリーの名付け親であるオーストラリアのマッコーリー大学のデイヴィッド・クリスチャン（David Christian）と、オランダのアムステルダム大学のフレッド・スピール（Fred Spier）である。彼らは、現在ある形でのビッグヒストリーの基本的な理論的枠組みの構築に尽力してきた、ビッグヒストリーの第1世代である。本書では、彼ら第1世代のビッグヒストリアンが構築してきたビッグヒストリーを総称して「主流派ビッグヒストリー」と呼ぶことにする。

　主流派ビッグヒストリーの物語の基本的なストーリーは、「複雑さ」（complexity）の増大である。宇宙の歴史は、それまで宇宙には存在していなかった新しいレベルの「複雑なもの」を生み出していくプロセスであった。そうした新しいものが生み出される画期を、クリスチャンは「スレッショルド」（threshold：敷居）と呼んでいる。クリスチャン他（2016）では、宇宙史におけるスレッショルドとして、①ビッグバン、②銀河と恒星、③重い化学元素、④太陽系と地球、⑤生命、⑥ホモ・サピエンス、⑦農業と農耕文明、⑧近代・人新世、の8つを挙げている。一方、スピールがビッグヒストリーの各段階を指し示す概念として提示するのが「レジーム」（regime）である。彼によれば、複雑なシステムには、生命のように自己の外部の環境に適応して変化することのできる「適応複雑系」と、恒星・銀河・ブラックホールのようにそのような能力をもたない「非適応複雑系」の2種類があり、レジームとはこの2つの複雑系を総称する言葉である。レジームはまた、静的な概念である「システム」とは異なって、ある構造とそれが変化するプロセスの両方を含む動的な概念であるとされる。スピールは、レジームの主要な型として、物質（物理的な不活性の自然）、生命、文化の3つを挙げており、宇宙史は、より単純な「物質」か

ら、より複雑な「生命」、そしてさらに複雑な「文化」へと複雑さの増大するプロセスとしてとらえられる（Spier 2015：44-45, 51）。このように、宇宙史の段階区分の仕方には両者に若干の相違はあるものの、いずれにせよ、主流派ビッグヒストリーは、宇宙史を複雑さの増大する歴史としてとらえるのである。

　クリスチャンは、「ビッグヒストリーとは何か」という論文の中で、ビッグヒストリーの目的を「他のあらゆるよい知識と同様に、われわれの生きるこの世界の理解を助けることによって、われわれを力づける」ことであると述べている。これは彼が、ビッグヒストリーを単なる科学的知識の集積ではなく、人間を力づけるものとして、つまり1つの思想として考えていることを意味する。そしてクリスチャンは、ビッグヒストリーの特徴として以下の点を挙げ、その意義を論じている（Christian 2020：24-32）。

（1）ビッグヒストリーは普遍的である

　ビッグヒストリーを他の歴史的学問の形態から最も決定的に区別するのは、それが過去を全体として理解する試みであることである。ビッグヒストリーは、歴史を普遍的に理解することを希求する。ビッグヒストリーは、さまざまな地域の地図をまとめて一つの世界地図を作るように、個々の専門的な歴史研究に依拠しながら、それらをまとめて、より大きな統一された歴史を作り上げようとする。それは20世紀においてあまりに顕著となった知識の細分化の波に抗するものである。ビッグヒストリーはその広い視野によって、全く異なる存在、学問分野、時間的・空間的スケールをつなげてその相乗効果を求めるとともに、現実の統一的な地図を作成することによって、20世紀における学問の特徴である懐疑論や、アノミー（社会に規範や秩序がないという無力感）の蔓延など、場所と意味の感覚の喪失を克服しようとする。

（2）ビッグヒストリーは共同的・集合的である

　ビッグヒストリーの物語は、個々の学問精神の産物ではなく、幾多の精神の結合による創造物である。ビッグヒストリーは、多くの異なる学問分野の研究成果を把握し結びつける能力を必要とする。それには深さとともに広さが求め

られ、また学問分野の間の予期せぬ相乗効果をとらえる鋭い眼が求められる。ビッグヒストリアンは、異なる学問分野が用いる類似の概念、言葉、方法の微妙なニュアンスに敏感な「学際的翻訳者」であり、また深い学際的な問いを問う者、学問分野をまたいで機能するアイディアを提示する者である。ビッグヒストリーは、学際的な思考や研究のための新しい枠組みを提示することができる。

　ビッグヒストリーはまた、知的な協働がわれわれの種であるホモ・サピエンスの顕著な特徴であることを示してきた。ホモ・サピエンスには、「コレクティブ・ラーニング」（collective learning：集合的学習）という、獲得した知識を世代を超えて共有し蓄積する独自の能力があり、人類はこれによって生物圏を変える唯一の強力な力となった。コレクティブ・ラーニングは、なぜ人類が他の種とは異なる発展を遂げてきたのかという人類史の問いを理解する枠組みとなりうるパラダイムである。

（3）ビッグヒストリーは起源物語である

　われわれの知る限り、あらゆる人間の共同体は、彼らを取り囲む万物の起源を統一的に説明すること、つまり「起源物語」（origin stories）の構築を試みてきた。われわれの世界がどのようにして現在のようになったのかを明らかにする起源物語は、共同体の成員によって信じられる強力な物語となり、主要な世界文明の偉大な哲学的・宗教的伝統となった。20世紀になると、知の専門化と伝統的な統一の物語の喪失によって、地図と意味の欠如という知的なアノミーに陥ってしまったが、その一方で、新しい起源物語、人類全体のための起源物語が構築されつつある。ビッグヒストリーは、現代におけるグローバルな起源物語を建設するプロジェクトである。ではビッグヒストリーとは、どのような起源物語であるのか。

　まずビッグヒストリーは、人新世のための起源物語である。「人新世」（Anthropocene）とは、人間の経済力・科学技術力が増大して、地球の地質学的構造をも変化させるほどに至った現代を指す言葉であるが、それは「グレート・アクセラレーション」（great acceleration：大加速）と呼ばれる、人口、人間のエネルギー消費、人間の環境支配、そして人間の相互のつながりの驚異的な

増大から生じている。人新世のありようを見定めるためには、ビッグヒストリーの広いスケールが必要である。なぜなら、人新世は現代世界史における転換点であるばかりでなく、人類史全体、さらには地球史における重要なスレッショルドだからである。人新世という時代は、およそ40億年前の生命の出現、そして6億年前の多細胞生物の出現と並ぶ、生物圏の歴史の3つの最重要な転換点の1つである。これまで、いかなる単一の生物種もわれわれ人類が今日行っているような生物圏の変化をもたらしたことはなかった。

　またビッグヒストリーは、全人類のための最初の起源物語である。伝統的な起源物語は、特定の共同体、地域、文化的伝統の知識をまとめようとするものであるが、ビッグヒストリーは、世界のあらゆる部分から蓄積された知識をまとめようとする最初の起源物語である。伝統的な起源物語は、特定の共同体のための統一的ヴィジョンを提供するものであるが、ビッグヒストリーは、人類全体の統一的ヴィジョンを提供することができる。グローバルな起源物語の構築と流布によって、今後数十年のグローバルな諸問題に人類社会が協力して取り組んで行く上で必要な、人類の統一の感覚を生み出す助けとなる。グローバルなシチズンシップの感覚、人類のグローバルな共同体に属しているという感覚をもたらすことができる。

　以上が、クリスチャンが論ずるビッグヒストリーの特徴と意義である。歴史家E・H・カーは歴史を「現在と過去の終わりのない対話」であると述べたが、ビッグヒストリーも過去との対話を通じてある物語を語るものであると彼は言う。歴史が一般にそうであるのと同様、ビッグヒストリーもまた、その物語を組み立てる歴史家の産物である。したがってビッグヒストリーは、異なる文脈や前提をもつ語り手によって語られることにより、現在も進化しており、これからも進化し続けるであろう、と彼は論じている。

私にとってのビッグヒストリーの魅力

　私はビッグヒストリーのもつ壮大なヴィジョンに魅了され、それに出会ってからというもの、研究と教育の中心をビッグヒストリーに置くようになった。

2016年には、私の勤務校である桜美林大学リベラルアーツ学群において、同僚の宮脇亮介教授（専門は電波天文学）とともに、日本の大学で、日本語で行われる授業としては初めての「ビッグヒストリー」を科目名に冠する授業を開講した。2019年には、ビッグヒストリーの碩学であるデイヴィッド・クリスチャン教授と共生国際大学（インド）のバリー・ロドリーグ教授、それからインド、香港、韓国、フィリピンの大学でビッグヒストリーを教えておられる方々をお招きして、桜美林大学で「ビッグヒストリーとリベラルアーツ」というテーマのシンポジウムを開催した。さらに2021年には、桜美林大学リベラルアーツ学群において、おそらくメジャー・マイナープログラムとしては世界で唯一のプログラムである「ビッグヒストリープログラム」が開設され、私はそのプログラム主任として現在に至っている。

　私にとって、ビッグヒストリーの最大の魅力は、その「宇宙的視点」（cosmic perspective）にある。宇宙的視点とは、人間が宇宙から地球を見たときに得られる視点である。私は学生時代、宇宙飛行士に対するインタビューをもとに宇宙体験の影響を論じた立花隆の『宇宙からの帰還』を読んで、大きな感銘を受けた。宇宙から地球を見ることによって、宇宙飛行士たちが、宇宙、地球、生命、そして人間の本質について、大きな哲学的インパクトを受けていたことを知ったのである。それ以来、彼らの宇宙体験を、「宇宙的視点」として何とか自分の言葉で表現できないかということが、私のモチーフの1つとなった。現在までのところ、宇宙飛行士として宇宙空間から地球を実際に肉眼で見たことのある人は500人程度である。もちろん私にはその経験はなく、現在宇宙開発はめざましい勢いで進んではいるものの、私自身はおそらく今後もその経験をもつことはできないだろう。しかしながら、ビッグヒストリーは、私を含め宇宙に行けないほとんどの人々に対して、宇宙飛行士が得たのと同じ宇宙的視点を与えてくれるもののように思われたのである。

　そして、私にとってビッグヒストリーのもう1つの魅力は、「ディープタイム」（deep time）と呼ばれる超長期の時間感覚である。私の「ディープタイム体験」は幼少時代にさかのぼる。私は子どもの頃、親に買ってもらった平凡社の『えほん百科』を読むのが大好きであった。それは6分冊（もしかしたら12

分冊だったかもしれない）でケースに入っていて、身の回りの事象から宇宙に至るまで、広範な項目をヴィジュアルなイラストとともに紹介・解説する子ども向けの百科事典である。私はこの本をボロボロになるまで、破れた箇所はセロテープで修復しながら読んでいた。のちに研究者となって、南方熊楠が子ども時代に、江戸時代に編纂された百科事典である『和漢三才図会』を筆写するほど熟読していたことを知り、もちろん彼と私の愛知者としてのスケールには雲泥の差があるが、わが意を得たりと思ったものである。今日に至る私のリベラルアーツへの志向性は、この『えほん百科』によって育まれたのではないかと思っている。それはともかく、『えほん百科』の中で私が最も好きだったものの1つは太陽系に関するページであったが、そこでは「億年」という、日常生活からは想像もつかない時間のスケールが出てくる。例えば地球の寿命はあと何十億年、といった記述に触れると、それだけの時間ののちには自分が確実にこの宇宙に存在しないことを思って、しばしば気が狂いそうになるほどの恐怖にとらわれたのであった。もちろん誰にも死の恐怖というものはある。しかし不思議なことにこの恐怖は、たとえ100年後であっても自分が死んでいることに変わりはないのに、それでは感じないような恐怖なのである。おそらくそれは、死の恐怖というよりも、「億年」という単位の無限の時間だからこそ感じる、無限の中で無になってしまうことへの恐怖だったのであろう。

このように、私にとってビッグヒストリーとは、単なる知識の集積ではなく、一つの実存的な体験であった。ビッグヒストリーは、その宇宙的視点とディープタイムをもって、われわれの空間的・時間的視野をそれまでよりもはるかに大きな規模で拡大してくれる。そしてそのことを通じて、われわれは世界と自分を実存的に捉え、それまで知らなかった自分の隠された実存を知り、世界と自分との関係を編み直すことが可能になるのである。

主流派ビッグヒストリーの問題点

以上述べてきたように、私はビッグヒストリーに大きな魅力を感じていたが、しかしながらその一方で、ビッグヒストリーの勉強を進めていくにつれて、私

はクリスチャンやスピールらの主流派ビッグヒストリーに大きな不満を抱くようになっていった。その不満は、おおむね以下の2点に集約される。

　第1に、主流派ビッグヒストリーのもつ人間中心主義的な傾向である。すでに述べたように、主流派ビッグヒストリーは、宇宙、生命、人間の歴史を複雑性の概念のもとに統合的に把握しようとする[1]。このことが、宇宙の「進化」やさらには「進歩」という観念と結びつくと、それは容易に「ものごとは複雑であればあるほど優れている」という、複雑性の優越主義を生み出すことになる。実際、複雑性に焦点を当てる主流派ビッグヒストリーは、宇宙地球史を人間中心主義的な進化の歴史として捉えている。そこでは、宇宙地球史は基本的に複雑性の増大するプロセスとして捉えられ、近代における人間は、宇宙進化の階梯において最も高いスレッショルドの存在として位置づけられている。しかし、このような人間中心主義に対する反省的・批判的な視点を欠く理論は、人新世において人類が共有すべき物語として、決定的な欠陥をもっていると私は考える[2]。クリスチャンが人類史の支配的なパラダイムと見なす「コレクティブ・ラーニング」も、その否定的側面への洞察を欠くならば、人間中心主義を助長することになるであろう[3]。

　第2に、主流派ビッグヒストリーがわれわれに提示する「意味」がはっきりしないという問題である。ビッグヒストリーは、現代の科学的成果をもとに組み立てられるものであるが、それは単なる科学的知識の集積にすぎないものであるのか、それともわれわれに何らかの意味や価値、ないし世界観を与えるものであるのか。事実から当為を導き出すことの是非は、科学哲学における最も重要なテーマの一つであり、この点については、ビッグヒストリアンの間でも論争がある。ビッグヒストリーの物語が何かある特定の意味をもつことについて否定的なのがスピールである。スピールは、ビッグヒストリーは過去と現在について現時点で最良の包括的な地図を提供するが、アカデミックな化学の本が、化学者にこうすべきである・すべきでないという内容を含んでないのと同様、ビッグヒストリーはいかなる価値やモラル、意味も含んでいないと主張する。ビッグヒストリーが倫理的な振る舞いについての指示を含んでいないのは、単にそうした助言が経験的観察と学問的解釈に基づくことができないからであ

る。スピールはこのことをGPSに喩えている。GPSはその所有者に、目的地が
プログラムされる以前にどこに行くべきかを決して伝えないのと同様に、ビッ
グヒストリーも、目的地や方向性を内蔵してはいない。彼は、私は競争よりも
協調を選好するが、それは私の個人的選択であると述べる。「人間の経験世界
は、ビッグヒストリーよりはるかに大きい」のである（Spier 2016：4-5）。

　一方、シンシア・ストークス・ブラウンは、ビッグヒストリーの物語からわ
れわれは豊かな意味とモチベーションを得ることができると主張する。ビッグ
ヒストリーは、世界中のあらゆる人間集団に属する新しい方向づけの物語であ
る。ビッグヒストリーは世界のあらゆる人々を含む普遍的な物語であることか
ら、宗教に代わる社会統合を提供することができ、それゆえ協力のチャンスが
著しく拡大する。そして彼女は次のように述べている。「ビッグヒストリーは
われわれに、ホモ・サピエンスがその文化的な相違にもかかわらず、多くの普
遍的な特性とともに単一の種として生き延びてきたことを教えてくれる。それ
は人類が文字通り宇宙のあらゆるものと結びついていることを教えてくれる。
それはわれわれがこの青と緑の美しい惑星の歴史において、きわめて重要な転
換点にいること、これから数十年のわれわれの選択がその進化において重要な
違いをもたらすことを教えてくれる。われわれを方向づけ支える上で、これは
十分な意味ではないか？」(Brown 2016：11-12)[4]。

　このようにブラウンは、先に引用したクリスチャンによるビッグヒストリーの
意義づけと同様、ビッグヒストリーの物語が全人類の物語であることに、中心
的な意味を見出している。それは確かに重要な「意味」ではあるが、しかし
それでもやはり、ではその全人類の物語とはどのような物語なのか、という問
いは残るのである。例えば広井良典は、ビッグヒストリーに感じる「もの足り
なさ」として、（1）デイヴィッド・クリスチャンの議論では、「複雑さの度合いの
増大」といった歴史における基本的な方向性や時期区分は示されているもの
の、なお事実にそくした「記述」が中心で、それらをより構造化した座標軸が
見えにくいこと、（2）人間の歴史以降について、政治や経済、環境等に関する
「外形」的な記載が中心で、思想や観念、宗教や世界観等の変化や革新につ
いての論述がうすいこと、という2点を挙げている（広井2021：128）。広井の

批判は、主流派ビッグヒストリーが、「人類共通の物語による社会統合の実現」というヴィジョンを基礎づける物語を打ち出し切れていないことを鋭く突いたものと言えるであろう。もしその物語が「複雑さの増大」ということであるならば、われわれはまた、先ほど述べた人間中心主義の問題に立ち戻ることとなる。

宇宙的視点とディープタイムによるビッグヒストリーの再構築

以上のことから私は、ビッグヒストリーの「方法」と「ヴィジョン」の再検討へ向かうこととなった。というのは、「複雑性」をもとに宇宙史のストーリーを組み立てるというビッグヒストリーの方法と、人新世における様々な問題を克服するためのヴィジョンとしての不十分性という主流派ビッグヒストリーの陥穽が、深く結びついているように思われたからである。これまで述べてきたように、複雑性の概念に依拠した主流派ビッグヒストリーは、どうしても人間を最も複雑な優越的存在として捉える人間中心主義的な傾向を帯びてしまい、それゆえに近代化や人新世において人間自身が生み出してきた諸問題を正面から捉えることができず、人間の「複雑性」をさらに高めることによって危機の正面突破を図るトランスヒューマニズム的な方向に向かうか、コレクティブ・ラーニングで科学的知見を積み重ねていきましょう、というある意味当たり前の常識的な結論かのどちらかになってしまうのである。

そこで本書で私は、ビッグヒストリーに主流派とは異なる方法的観点からアプローチすることを試みた。すなわち、ビッグヒストリーの方法論的本質を宇宙的視点とディープタイムに求め、人間中心主義の徹底的な批判に基づきながら、新しいオルターナティブなビッグヒストリーのヴィジョンを構築することである。そのヴィジョンは図らずも、この序論の冒頭で述べた「宇宙的コモンズ」のイデエを具体化するものとなった。つまり、私にとって、ビッグヒストリー自身が1つのコモンズ論、最も包括的で根本的なコモンズ論であること、ビッグヒストリーのヴィジョン自身がビッグヒストリーの「コモンズ像」であり、「宇宙的コモンズ」と呼びうるものであることに気がついたのである。

本書の構成は以下のようになっている。第1章・第2章は、ビッグヒストリーの方法論的考察である。第1章では、歴代の宇宙飛行士の発言を手がかりに、宇宙的視点の特徴をまとめる。第2章では、ディープタイムの特質とそれが近代の短期思考を乗り越える上でどのように役立つかを、研究・市民活動・教育・アートなど様々な分野における多様な実践を参照しながら論じている。第3章・第4章は、ビッグヒストリーの人間論である。第3章では、上述のビッグヒストリーの方法に基づく徹底した人間中心主義の否定を通じて、他の生命と共生する新しいヒューマニズムの構想を提示する。第4章では、老子の哲学を宇宙史に大胆に適用した中国の哲学者・王東岳の「逓弱代償理論」を参照しながら、複雑性の概念を人間の「弱さ」と相互依存を示す概念として再解釈することを試みる。そして第5章・第6章は、ビッグヒストリーのコモンズ論である。第5章では、人間による自然所有を徹底して否定したその先に現れる新しいコモンズ像を、バタイユの「普遍経済学」を手がかりに考察している。第6章では、近年めざましく解明が進められてきた人間の音楽性の本質をめぐる学際的な研究の成果に基づいて、人間と人間、そして人間と他の種が共存しうるコモンズのヴィジョンを提示しようとしている。

　これから本論に入るにあたって、1つ強調しておきたいことがある。「ビッグヒストリーのコモンズ像」としての宇宙的コモンズには、これまで述べてきた反所有主義、反人間中心主義という特徴の他に、もう1つの重要な特徴がある。それは、宇宙的コモンズは、通常の意味での共同体に依拠するものではない、ということである。共同体というものは必ず境界をもち、その境界の「ウチ」と「ソト」に対象を分けようとする。もともと生命は、細胞膜のような境界で環境から自らを区別することによって成立する。その意味では、共同体の境界的思考は、生命の発生そのものに淵源するのかもしれない。しかし、ビッグヒストリーは宇宙におけるあらゆるものを対象とする学問であり運動であるから、そこには「外部」というものは存在しない。ビッグヒストリーとは、あらゆる境界を乗り越えようとする運動なのである。それゆえ、ビッグヒストリーのコモンズ像としての宇宙的コモンズもまた、共同体の境界的思考を乗り越える試みとして構築されるのである。

歴史学者のユヴァル・ノア・ハラリは、『サピエンス全史』において、人類によるグローバルな統一の試みについて論じている。彼によれば、ホモ・サピエンスはもともと人々を「私たち」と「彼ら」の2つに分けられると考えるように進化した。実際、自分が属する種全体の利益に導かれている社会的動物はいない。ところが、彼のいわゆる認知革命を境に、「普遍的秩序」という概念が根付くようになった。紀元前1000年紀には、誰もが「私たち」となる可能性をもつ3つの社会秩序―貨幣、帝国、世界宗教―が生まれた（ハラリ 2016上：212-213）。『サピエンス全史』は、これら農耕文明における普遍的秩序の試みが挫折し、近代になってそれが「人間」という理念に集約されていくプロセスを描いている。人間とは「神になった動物」である―これがハラリによる人類史の結論である[5]。

　われわれは、このような自己中心的・自己崇拝的で自閉的な人類史の方向を転換し、あらゆる意味において「開かれた社会」を実現しなければならない。ビッグヒストリーの中心的な方法の1つは、起源物語、つまりものごとをその起源から辿ることによってそのものの本質を捉えようとすることである。ビッグヒストリーは、人類の起源、生命の起源、そして宇宙の起源を辿ることによって、「もとは1つ」というイデエを得る。ビッグヒストリーとは、宇宙におけるあらゆるものに自己と共通のものを見出そうとする態度である。この「私」という存在は、他の人間、生命、そして星々と、共通の起源をもった存在なのである。本書ではそれを、「ディープタイム・アイデンティティ」と呼んでいる。宇宙史は、このもとは1つのものが分化し拡散するとともに、お互いの結びつきが深化する「ミューチュアリゼーション」のプロセスを経てきた。そしてビッグヒストリーは、こうした新しい人間像をもとに、真に開かれた社会＝宇宙的コモンズの実現を目指す。それは共感、ケア、笑い、戯れ、音楽、平和によって交流するコミュニケーションの運動体であり、他の生命にも開かれた異種コミュニケーションの場である。宇宙的コモンズとは、それぞれが共通でありながら独自の個性をもつディープタイム・アイデンティティの共鳴なのである。

注

(1) こうした主流派ビッグヒストリーの方法を、私は以前、マルクス主義の弁証法的唯物論になぞらえて、「複雑性唯物論」と呼んだことがある。Tsujimura & Katayama（2017：47）を参照。

(2) いわゆる人間中心主義をめぐっては、環境倫理学の分野において多くの議論がなされている。近年では、プラグマティズムの観点からする環境倫理学批判が重要であろう。「環境プラグマティズム」の観点に立つA・ウエストン、B・ノートン、A・ライトらは、科学史家のリン・ホワイト・Jrや環境倫理学者のJ・B・キャリコットらに代表される環境倫理学の人間中心主義批判に対して、その個体主義／全体論、人間中心主義／非-人間中心主義、道具的価値／内在的価値、多元論／一元論といった二者択一的な問題の設定が、環境問題の実践的解決における無力性を生み出していると批判した。こうした従来型の環境倫理学の問題設定に対して、環境プラグマティストは、環境価値に関する多元的なアプローチの必要性（ウエストン）や、環境保全の具体的な実践において一致を求める「収束仮説」（ノートン）、多元論の立場に立って寛容の原理を重視する「方法論的環境プラグマティズム」（ライト）を提起している（岡本 2012、ライト・カッツ 2019：3）。確かに、環境倫理の原理をめぐってスコラ学的な論争を行うより、SDGsのように具体的・実践的な目標を設定して、そこに様々な思想と動機をもつ者を集約していった方が、より生産的であるのかもしれない。しかし環境プラグマティズムの問題点は、岡本裕一朗が批判するように、彼らが前提としている多様な意見や環境の価値の「収束」がそもそもどのようにして可能なのかが示されなければならないということである（岡本 2012：230）。というのは、人新世の現在、人間中心主義的な思考はますます強力なものとなって、地球のさらなる人工化を推し進めようとしているように私には思われるからである。

(3) クリスチャンのコレクティブ・ラーニングに対する私の批判については、Tsujimura & Katayama（2017：48-49）を参照。ここで私は、ハラリの「認知革命」の概念と比較して、コレクティブ・ラーニングの概念には言語の危険性や脆弱性に対する認識が不足していると批判している。

（4） ブラウンにとってビッグヒストリーの「意味」は彼女のビッグヒストリー論の中心
　　的なテーマであった。彼女が高校生向けに執筆したテキストであるブラウン（2024）
　　においても、最後に1章を充ててビッグヒストリーの意味について論じている。

（5） ハラリ（2016下：264）の「あとがき」を参照。

参考文献

Brown, Cynthia Stokes（2016）'The Meaning of Big History, Philosophically Speaking,'
　　Origins：VI 1 January, pp. 7-12.

Christian, David（2011）'History and Science after the Chronometric Revolution,' in
　　Dick Steven J and Lupisella Mark L ed. , *Cosmos & Culture：Cultural Evolution in a
　　Cosmic Context*, National Aeronautics and Space Administration, Kindle version.

Christian, David（2020）'What is big history?,' in Craig Benjamin, Esther Quaedackers,
　　and David Baker ed. , *The Routledge Companion to Big History*, Routledge, New
　　York.

Spier, Fred（2015）*Big History and the Future of Humanity*, Second Edition, Wiley
　　Blackwell, UK.

Spier, Fred（2016）'Big History is not an all-encompassing world view,' Origins, VI 2
　　February, pp. 3-5.

Tsujimura, Nobuo and Hirofumi Katayama（2017）'Think Cosmically, Act Globally：
　　Emerging Clues for the Big History Movement', in *Big History and Universal
　　Consciousness*, ed. Barry Rodrigue, a special edition of *the International Journal for
　　the Transformation of Consciousness*, Vol. 3, No. 1, pp. 45-71.

岡本裕一朗（2012）『ネオ・プラグマティズムの挑戦―ポスト分析哲学の新展開』ナカニ
　　シヤ出版。

片山博文（2008）『自由市場とコモンズ―環境財政論序説』時潮社。

片山博文（2014）『北極をめぐる気候変動の政治学―反所有的コモンズ論の試み』文真堂。

ハラリ、ユヴァル・ノア（2016）『サピエンス全史上下』柴田裕之訳、河出書房新社。

広井良典（2021）『無と意識の人類史―私たちはどこへ向かうのか』東洋経済新報社。

ブラウン、シンシア・ストークス（2024）『ビッグバンからあなたまで：若い読者に贈る138億年史』片山博文・市川賢司訳、亜紀書房。

ライト、アンドリュー、エリック・カッツ（2019）『哲学は環境問題に使えるのか──環境プラグマティズムの挑戦』岡本裕一朗・田中朋弘監訳、慶應義塾大学出版会。

第1章

宇宙飛行士による〈宇宙的視点〉の諸相

1 「地球の出」の経験をめぐって

　人類が地球全体を初めて肉眼で見たのは、1968年12月24日、月周回軌道にあるアポロ8号の機内においてであった。米国のアポロ計画（1961-1972）における二度目の有人宇宙飛行となったアポロ8号（発射日1968年12月21日）には、フランク・ボーマン、ジェームス・ラヴェル、ビル・アンダースの3名の宇宙飛行士が乗船していた。彼らは、人類として初めて、地球の周回軌道を離脱し、地球からは見えない月の裏側の様子を観察するとともに、地球全体を一望の視野におさめたのである。この飛行の過程で彼らが撮影した「地球の出」（earthrise）の写真は、翌年最初の『ライフ』誌の表紙を飾り、のちライフ誌の「世界を変えた100枚の写真」の特集号で、「史上最も影響力のあった写真」と評されている。

　興味深いのは、乗組員であった3名の宇宙飛行士、そしてNASAにとっても、この「宇宙から地球を見る」という行為は、彼らが当初予定していたミッションの範囲外にあったということである。NASAの公式のミッション計画では、地球の写真撮影は「臨機目標」に分類される雑多なカテゴリーに属しており、低い優先度しか与えられていなかった（Pool 2008：2）。彼らの意識は、完全に月に向けられていたのである。ところが、アポロ8号の宇宙飛行士たちがふと振り返って地球を見た時、そのあまりに圧倒的で印象的な地球の姿に驚き、慌てて地球の写真を撮影したのであった。アポロ8号のボイスレコーダーには、その時の彼らの興奮する様子が生々しく記録されている。「地球の出」のイメージが人類に与えた影響を広範に分析したPoole（2008）は、当初の計画にはこのように「地球を見る」ということに対する準備が全般的に欠如していたために、「地球の出」がある「啓示の力」を持って現れたのだと論じている（Poole 2008：5）。実際、「地球の出」は人類にとって一種の啓示であった。宇宙から地球を実際に目にした多くの宇宙飛行士が、その眺めによって自らの宇宙観や人生観に大きな影響を受けている。また、この写真を契機にさまざまな環境保護運動が発生したことは周知の通りである。このように「地球の出」は、人類

の意識をより高い段階に引き上げる大きな力を持っていたのである。

　われわれはふつう、何らかの経験をした時、それを自分の知っている既存の言葉によって表現しようとする。そして言葉で表現し終えた時、その経験は終わる。ところが、経験の中には、容易には言葉にできないもの、しかし、どうしても言葉にせずにはおれないものがある。その経験の経験者は、それを言葉にしようと、絶えずその経験に立ち返って考える。しかもその経験は、一人だけの経験ではなく、複数の人々の共通の経験であって、それを経験した人々の心を同様に捉えるのである。そしてその中から、一つの新しい言葉、新しい思想が現れる。既存の言葉によって規定され、支配され、導かれる経験ではなく、人々の間に新しい言葉を生み出し、また生み出さずにはやまない経験、そうした経験から生み出された思想だけが、社会を現実に変革することができる。そのような根源的な経験を、三木清は「基礎経験」と名づけた（三木 1966：5）。

　宇宙飛行士が体験した「地球の出」の経験は、まさにそうした「基礎経験」であったと私は考えている。実際、宇宙から地球を、そして宇宙そのものを自分の目で見た宇宙飛行士たちは、その経験を何とか言葉にしようとしてきた。宇宙飛行士たちの言葉に見られる特徴の一つは、自らの経験を言葉にして他人に伝えることを、単なる個人的な願望ではなく、ほとんど人類に対する自らの義務であるかのように感じていることである。彼らは、人類全体に伝えたい、伝えねばならぬという衝動に突き動かされている。そしてそこから、確かに新しい思想が生れつつあるように私には思われる。私はそれを、「宇宙的視点」と呼んでいる。人類は、「地球の出」の経験によって、宇宙から地球を見ることによって得られる「宇宙的視点」を、初めて現実の視点として獲得したのである。本稿は、宇宙飛行士によって書かれた自らの宇宙体験の記録を主な分析対象として、宇宙飛行士の「宇宙的視点」の特徴と意義を明らかにしようとする試みである。

　宇宙飛行士の宇宙体験に関する文献には、大きく2つの種類がある。第1に、宇宙飛行士自身が自らの体験をつづったものである。米国・ソ連の宇宙飛行士による手記では、ガガーリン（1961）、サーナン（2000）、ミッチェル（2010）、スコット・レオーノフ（2005）などが邦訳されている。ケリー編（1988）は、

米国・ソ連をはじめとする各国の宇宙飛行士の印象的な発言を集めたものである。また、日本人の宇宙飛行士はこれまで秋山豊寛、毛利衛、向井千秋、若田光一、土井隆雄、野口聡一、星出彰彦、山崎直子、古川聡、大西卓哉、油井亀美也、金井宣茂の12人がいるが、みな何らかの著述を出版している。第2に、ジャーナリストなどが宇宙飛行士に行ったインタビューである。米国の宇宙飛行士に独自の視点からインタビューを行った立花隆の『宇宙からの帰還』(立花 1985) は、もはやこの分野の古典とも言える名著である。また稲泉 (2019) は、日本の全宇宙飛行士12人に対してインタビューを行った興味深い記録である。White (2014) は、1980年代にほぼすべての宇宙飛行士にインタビューを行っている。これらの著作では、宇宙飛行士の発言内容に対してインタビュアーによる考察がなされているが、その他、宇宙飛行士の発言をテキストとして本格的な考察を加えた論考は、管見の限り見当たらない。

　本章は、主にこれらの文献に依拠しながら、「地球の出」をはじめとする宇宙飛行士の経験にみられる宇宙的視点の特徴について考察する。その際に本稿では、宇宙飛行士によって語られる内容が、現代を批判的に捉え返す上で、どのような有効性・可能性をもっているかという点に注目する。「人新世」と呼ばれる現代、人類は、気候変動、生物多様性の喪失、飢餓、国家対立と戦争、核戦争の脅威など、地球規模での様々な問題を抱えているが、これらの問題の根底には、近代の人間中心主義的な価値観がある。宇宙的視点は、そうした近代の人間中心主義を乗り越える上で大きな有効性をもっていると考えるからである。以下本論では、宇宙的視点の特徴を (1) 地球意識、(2) 俯瞰効果、(3) ディープスペース感覚の3点にわたって論じ、宇宙的視点の意義を明らかにしたい。

2　地球意識

　宇宙的視点の第1の特徴は、それが宇宙飛行士に「地球意識」(Earth-awareness) と呼ぶべき一連の感覚を引き起こしたということである。冒頭で述べたように、宇宙飛行は宇宙飛行士たちに「地球そのものの発見」をもたら

したのである。

　地球意識は、まず地球の「脆い美しさ」(fragile beauty) という感覚によってもたらされる。宇宙から地球を見た宇宙飛行士が一様に強い印象を受けたのは、地球があまりにも美しく、同時にあまりにも脆いものに見えたことである。この地球の脆い美しさは、それまで一般的であった地球の「大地」としての安定した広大なイメージを根本から覆すものであった。例えばアポロ15号に搭乗したジェームス・アーウィンは、次のように述べている。「地球を見ていると、宇宙の闇に浮いているクリスマス・ツリーの飾り玉を思い出した。遠ざかっていくにつれ、地球は小さくなって、とうとうビー玉ほどに縮んでしまった。想像できないほど美しいビー玉である。美しく、暖かく、そして生きている。それは非常に脆くてこわれやすく、指を触れたら粉々に砕け散ってしまいそうだった」(ケリー編 1988：写真38)。

　地球の脆い美しさを象徴するのは、「ブルー・マーブル」(Blue Marble) という言葉である。これは、1972年12月7日にアポロ17号の乗組員によって初めて撮影された、地球の全景の写真に対して名付けられた名称である。ブルー・マーブルは、地球の出とともに、宇宙から見た地球を代表する写真であった。

　こうした「脆い美しさ」のイメージは、2つの代表的な地球像を生み出した。第1に、「宇宙船地球号」(Spaceship Earth) である。宇宙船地球号は、地球の資源の有限性・希少性に目を向け、その持続可能な利用を重視する地球像である。この言葉を初めて用いたとされるバックミンスター・フラーの『宇宙船地球号操縦マニュアル』(1968)、また無限の資源を前提とする「カウボーイ経済」から地球の有限性を踏まえた「宇宙人経済」への移行を唱えたケネス・ボールディングの論文「来るべき宇宙船地球号の経済学」(1966) は、この新しい地球像の先駆的な表現である。また1972年には、100年後の世界経済のシミュレーションをもとに成長神話に警鐘を鳴らしたローマクラブの『成長の限界』が出版されている。

　1990年代から宇宙飛行に参加するようになった日本人宇宙飛行士には、1970年代に広まった宇宙船地球号に代表される新たな地球環境倫理を、肌で「実感」したという発言がしばしばみられる。例えば油井亀美也は、宇宙から

地球を見ると「私たちの命を支える空気や水はこれだけしかないんだ」という感想を抱いたという。山崎直子は、宇宙に行く前と後とで特に変わったのは、「「持続可能な社会」というキーワードで語られる物事を、理屈としてではなく感覚としてその通りだなと捉えるようになったこと」であると述べている。毛利衛は、2050年以降に世界人口が100億人になるという予測に対して、「宇宙から地球を見た私は、「本当にそうだろうか？」と思っています。科学技術中心、人間中心の考え方で本当に人類は百億人にまで増えることができるのか、そのように生き延びていけるのだろうか？」と問いかけている（稲泉 2019：115, 128, 167）。宇宙から地球を見る宇宙的視点は、地球の有限性や持続可能性という理念を、単に言葉だけでなく人々にいやおうなく実感させる力を持っているのである[1]。

　地球の「脆い美しさ」が生み出したもう一つの代表的な地球像は、「ガイア」（Gaia）である。地球は生命の源泉・母なる大地であり、さらに地球自身が一個の生命体として生きている存在であるという感覚がガイアの主要なイメージをなす。ガイアは、宇宙から地球を見たときに感ずる独特の生命感覚を形象化したものである。例えば、ソ連の宇宙飛行士ボリス・ヴォリノフは次のように述べている。「宇宙を飛行していると、飛行士のものの考え方や感じ方はすっかり変わってしまう。宇宙から太陽や星や地球をながめていると、生命の不思議に打たれる。そして、いっそう生命をいとおしみ、他人に対してはより優しく忍耐強くなる」（ケリー編 1988：写真87）。また野口聡一は、船外活動で地球を見た際の印象を「一人一人の人間が、植物が、さまざまな動物たちが地球上で命を謳歌していることが、リアルな存在として感じられました。「地球の眩しさ」は「命の輝き」そのものです。……僕は確かに「命を見た」という実感を得た」と述べている（野口・矢野 2020：105-107）。

　ジェームス・ラヴロックによれば、ガイアは「地球の生命圏、大気圏、海洋、そして土壌を含んだひとつの複合体」と定義される。ガイア仮説とは、「生きとし生けるものすべては全体で一つの生命体をなして」おり、そして「地球の生物、大気、海洋、そして地表は単一の有機体とみなしていい複雑なシステムをなし、われわれの惑星を生命にふさわしい場所として保つ能力をそなえてい

る」という仮説である（ラヴロック 1984：11, 33, 36）。ラヴロック自身が著書の中で述べているように、「宇宙飛行士たちがわが目で、われわれがメディアを介して、宇宙の深い闇に浮かぶまばゆいばかりの美しさに包まれた地球を見たときの驚異」（ラヴロック 1984：10）の中から、ガイアという地球像が生まれたのであった。

　ガイアは、地球において人間が他の生命と共生していること、地球という生命の源泉を人間が他の生命と分かち合っていることを気づかせ、もっぱら自然を人間の利用対象とみなす人間中心主義を克服する契機を与える。毛利（2011）によれば、彼が宇宙から地球を見たときに感じたのは、「生命は全部つながっている」という思いであったという。彼はこの「生命のつながり」の感覚を敷衍し、地球は過去40億年にわたって、生命とのつながりの中で成長してきた一つの大きな生命体であり、自分は地球という大きな生命体を構成する「細胞」のひとつであると論じ、そして「一人ひとりの人が、地球の大きさと生命のつながりを意識しながら生きる。そういう新しい意識をもって成長する人たちは、いままでの人間とは異なる世界観によって未来を築いていくでしょう」と述べている（毛利 2011：7, 17, 35）。毛利は、こうした生命のつながり・存在のつながりにもとづく地球観を、「ユニバソロジ」という独自の総合的な知の構想へと発展させていった。

　ブルー・マーブル、宇宙船地球号、ガイアといった地球像・地球観の本質は、現象学的地理学のいう「場所」（place）という概念で表すことができるであろう。「場所」とは、人間にとって何らかの特別な意味や価値を持った空間のことである。人間の地理的経験の意味について考察してきた地理学者のエドワード・レルフは、場所を「私たちが直接経験する世界の意義深い中心」であり、また「個人的なまたは社会的に共有されたアイデンティティの重要な源泉」であると述べている。それゆえ場所の感覚は、「緊密な愛着」や「親近感」、「ルーツ」さらに「ホーム」の意識を人間にもたらす（レルフ 1999：101, 104, 114, 294）。人間は、慣れ親しんだ故郷や心を奪う風景に深い結びつきの感情を抱くことがあるが、レルフは、そうした場所の感覚が人間存在には不可欠の要素であると考えている。一方でレルフは、現代社会におけるマスコミ、大衆文化、大企業、

集権的な権力、経済システムによって、人々の場所に対する感覚が失われつつ あると指摘し、これを「没場所性」(placelessness) という概念で表現している。 没場所性とは人間の場所からの疎外であり、人間のルーツからの断絶、ホーム の喪失、空間からの人間的意味の剥奪である（レルフ 1999：208, 298）。こう した観点からすれば、宇宙的視点がもたらした一連の地球像は、いわば人間の 根源的な場所性を表現したものであると言える。すなわち、各人の地球上の 個々の具体的な場所的環境の根底にあってそれを支え、没場所性を克服するた めの活動の究極の指針となるような場所性である。レルフは、フランスの哲学 者ガブリエル・マルセルの「人間を場所から切り離して理解することはできな い。人間は場所なのである」(レルフ 1999：115) という言葉をもって自己の場 所概念を要約しているが、地球意識は、人間にとっての地球がまさにそのよう な意味での場所であることを明らかにしたのである。

　人々の宇宙進出に対するまなざしは、人類が宇宙飛行を実現する直前まで、 上述の地球意識とはまったく異なる進歩主義的なものであった。Poole（2008） は、1950年代から60年代にかけて支配的であった宇宙に対する思考を「宇宙 未来主義」(astrofuturism) と呼んでいる。宇宙未来主義は、宇宙進出を人類の 進化における新しい段階であるとみなす考え方である。宇宙における人類の運 命は、科学技術の進歩にもとづいてさらなる進化を実現することであり、その 運命を自覚することによって人類は活性化される。こうした考えは多くの科 学者・技術者の間で共有され、またSF小説の重要なテーマともなっていた[2]。 また宇宙未来主義は資本主義・社会主義の両体制に見られた思考であり、米国 ではそれはしばしばフロンティア神話と[3]、ソ連では共産主義の無神論およ び自然支配のイデオロギーと結びついていた。そして、宇宙未来主義の地球観 は、宇宙開発のパイオニアであるロシアの物理学者コンスタンチン・ツィオル コフスキーの「地球は人類のゆりかごである。しかし人類はゆりかごにいつま でも留まっていないであろう」という言葉に、もっとも明瞭に示されている （Pool 2008：3）。つまり宇宙未来主義は地球を、生命進化の歴史で陸上進出 した生物にとっての海がそうであるように、脱出すべきもの、進化のために、 人間との結びつきを断ち切るべきものとして捉えるのである。

宇宙飛行士による地球の出の経験は、宇宙未来主義のこうした地球観や人間観、科学技術観をくつがえすものであった。人間と地球との本源的な結びつきが確認され、持続可能性や他の生命との共生という観点から、科学技術の進歩に対する楽観的信頼が反省的に捉え返されるようになった。宇宙飛行士の宇宙的視点は、宇宙未来主義から地球意識へのパラダイム・チェンジをもたらすことによって、近代の進歩主義的価値観を批判的に捉え直すこととなったのである。

3　俯瞰効果

　宇宙的視点の第2の特徴は、それがもつ「俯瞰効果」(overview effect) である[4]。俯瞰効果は、宇宙空間の高みから地上を見下ろすことによって得られる。

　一連の宇宙飛行士は、宇宙から地球を見ると、地球上に人間の活動、特に国境という政治的境界がまったく見えないことに強い印象を受けた。それは、アポロ9号に搭乗したラッセル・シュウェイカートの有名なエッセイのタイトル「枠も境界もない」(No Frames, No Boundaries) に端的に示されている。シュウェイカートはこの中で、地球上では国境という想像上の線をめぐって戦争が行われているが、宇宙からはそうした境界も、また行われている戦争も見えないことを指摘している。このような宇宙的なボーダーレスのイメージは、人類の同胞性・一体性の認識へとつながっていく。シュウェイカートは、詩人アーチボルト・マクレイシュが地球の出にインスピレーションを得て創作した「地球の乗客たち」(Riders on the Earth) の次の一節をもってエッセイを結んでいる。「永遠の冷たさの中に輝く愛らしい地球に共に乗船している男女、兄弟姉妹は、いまや自分たちが本当の兄弟姉妹であることを知っている」(Schweickart 1983)。

　このように、宇宙から地球を見ると、国境の人為性と虚構性が露わとなり、国境をめぐって争うことの無益さが浮き彫りとなる。この点について、アポロ7号に搭乗したドン・エイゼルは次のように述べている。「眼下に地球を見ているとね、いま現に、このどこかで人間と人間が領土や、イデオロギーのため

に血を流し合っているというのが、ほんとに信じられないくらいバカげていると思えてくる……声をたてて笑い出したくなるほどそれはバカなことなんだ」。そして彼は、そのような認識が生じる原因を、地上の人間は「地球の表面にへばりついているだけで、平面的にしかものが見えていない」からであり、一方で宇宙空間から地球を見ると、マイナーな表面的な違いは消し飛んで本質が見えるからだと説明している（立花 1985：247-248）[5]。

　国家同士の無益な対立を克服するために、各国の政治指導者が宇宙に行って自分自身の眼で地球の一体性を体験すべきであるというのは、宇宙飛行士が共有する思いである。ジェミニ10号とアポロ11号に搭乗したマイケル・コリンズの言葉を、少し長くなるが引用しよう。「もし世界の政治指導者たちが遠くから、例えば10万マイルの遠くから彼らの惑星を見たとしたら、彼らの物の見方は根本的に変化すると私は心から確信している。あらゆる重要な境界が見えなくなり、やかましい議論が急に沈黙するのだ。……地球はその姿通りのものになるに違いない―資本主義でも共産主義でもない青と白、金持ちでも貧乏でもない青と白、妬んだり妬まれたりでない青と白に。私はナイーブな人間ではない。10万マイル離れたところから眺めた首相が、軍縮計画を持って慌てて議会に戻るとは思っていないが、それがついには何らかの具体的な行動へと育つことのできる種子を蒔くものであると思っている。……あらゆる国が単に自分の国益ではなく、地球全体の利益になる自分たちの問題の解決策を考え始めなければならない。……10万マイルからの眺めは、われわれの共有する惑星が、肌の色や宗教や経済システムの相違よりもはるかに基本的ではるかに重要なやり方でわれわれをひとつにするということを理解させる。そしてそのことによって、人々が協力して共同の解決策をもたらす上で、計り知れないほど貴重なものになり得ると私は考える」（Collins 1974：469-470）[6]。

　宇宙的視点の俯瞰効果による国家対立の超克というヴィジョンは、米ソ両国が政治的に対峙し、宇宙についても熾烈な開発競争を繰り広げていた冷戦時代に生み出されたものである。しかしそれは、今もなお国益の対立や紛争に対して、われわれを正気に戻す機能を果たし続けている。油井亀美也は、クリミア半島をめぐってロシアとウクライナの間の危機が深まり、米ロの緊張が高まっ

ていた2015年にISS（国際宇宙ステーション）に滞在していた。当時ISSには油井のほかアメリカ人とロシア人の宇宙飛行士たちがいたが、双方のニュースを聞いてみなその内容のあまりの違いにあきれ顔になったという。油井は次のように言う。「環境問題も人類が同じ価値観を共有して叡智を結集させれば、解決できると思うのです。……でも、実際には様々な問題が解決されない。それは価値観を合わせることが最も難しいからです。宇宙で仕事をして実感したのは、そんなふうに私たちは人類全体の能力のようなものを、かなり制限しているんだろうなということでした」。そして亀井は、宇宙での活動を通じて、宇宙的視点がもたらす多文化共生の理念の重要性を認識するようになる。彼は「私は宇宙飛行士になって以来、他の国を尊重するようになりました」「何よりISSにはISSの文化ができていて、それぞれの国の文化を否定することなく、お互いに尊重し合うんです」と述べ、宇宙における多文化共生としての「ISS文化」の意義を説いている（稲泉 2019：185-187）。

　以上、宇宙飛行士の発言から宇宙的視点の俯瞰効果を具体的にみてきたが、その本質を明快に表現しているのが、ビッグヒストリアンのバリー・ロドリーグによる論文「実用的ビッグ・ヒストリー——社会的意義、社会的必要性—」（ロドリーグ 2016）である。本論文でロドリーグはビッグヒストリーが現実を捉える方法の特徴について論じているが、片山（2017：335）はそれを「ビッグヒストリーの宇宙的視点」として以下の3点に整理している。

（1）非党派性：ビッグヒストリーは、世界を一つの統一された全体として見る。それゆえ、ビッグヒストリーは地球と宇宙全体を参照点として用い、みずからを党派的なやり方で示すことはない。

（2）カテゴリー横断性：ビッグヒストリーは、あらゆる人、あらゆるものを含んでいる。人々は通常、宗教・政党・階級・ネーションの一員として断片的に思考しており、それがもっと大きな現実を見ることを妨げている。ビッグヒストリーは、この狭いカテゴリー的な思考を打ち壊す。

（3）望遠性：ビッグヒストリーでは、微視的研究と巨視的研究の二重の観点が扱われる。目の前にある対象から視界を引いて行き、それがもっと大きな存在にどうおさまっていくのか、その全景を見渡す「望遠方式」を

用いる。

　ここには、宇宙的視点の俯瞰的性格、ないし「俯瞰的視点」の本質が明快に示されている。ビッグヒストリーとは、あらゆるボーダーを乗り越えようとする運動である。それは学問的には、専門化され細分化されたあらゆる学問分野を総合する「超学際的」（super-interdisciplinary）な学問、「究極のリベラルアーツ」をめざすものであり、また実践的には、あらゆる人間集団の垣根を取り払おうとするものである。そして、俯瞰的視点としての宇宙的視点もまた、自由に移動する視点をもって、人間の思考、そして現実の人間社会を狭い枠の中に押しとどめているあらゆるボーダーを取り払うのである。

　それとの関連で、ここで指摘しておきたいのは、俯瞰的視点としての宇宙的視点が、人間の共同体意識を拡張するとともに、自らの属する共同体の外部に立とうとするものでもあるということである。それは、「共同体の拡大」と「共同体の相対化」という二重の性格をもっている。

　われわれは前節において、宇宙的視点の地球意識が、人間中心主義を乗り越える契機を与えることを見たが、その際の人間中心主義の「乗り越え方」は、人間の共同体意識の拡張と、それによる「共生」の対象の拡大によるものであったということができる。確かに宇宙的視点の俯瞰性は、人間の狭い視野を広げ、自己が家族・地域・国家、地球人類さらには地球生命という広い共同体に属していることに気づかせてくれる。このように、宇宙的視点の俯瞰効果には、「共同体拡大効果」と呼ぶべき機能が備わっているのである。

　しかし、こうした共同体の観念にもとづくアプローチには1つの問題がある。それは、共同体そのものが、そもそも「中心主義」によって成り立つ観念であるということである。共同体に属する人間は、自己の所属する共同体を「世界の中心」とみなすことによって自己のアイデンティティを確証する。ところが、共同体とは境界をもち、「ウチ」と「ソト」を分けることを特徴としている。それゆえ、俯瞰による共同体拡大効果によって「ウチ」の範囲は拡大するが、どうしても「ソト」の範囲が残されてしまうのである。これは、あらゆるボーダーを乗り越えようとする俯瞰的視点としての宇宙的視点とは矛盾する。

　俯瞰効果には、こうした共同体拡大効果によらない中心主義克服の機能があ

る。それは、俯瞰効果がもつ「別の次元からの視点」という性格である。本節の冒頭で紹介した宇宙飛行士ドン・エイゼルの言葉にもあるように、俯瞰効果は平面＝2次元の世界を3次元の世界から見ることによって生ずる。ホイルが述べているように、「外部から撮影された地球の写真がひとたび利用可能になると、われわれは、ある感情的な意味で、追加的な次元を獲得する」のである（Poole 2008：37）。つまり、俯瞰効果は、地表であれば2次元の世界、宇宙空間であれば3次元の世界において自己を中心に共同体を同心円的に拡大して得られるのではなく、それらの外に立って眺めることによって得られるのである[7]。このようにして俯瞰的視点は共同体を相対化する。アポロ10号・17号に搭乗したジーン・サーナンの次の言葉は、その感覚を非常によく表している。「世界が一目で見える。全人類が私の視野の中に入ってしまう。……それはまさに神の眼で世界を見ることだ。生きた世界が、刻一刻と私の目の前でその生を展開しつつある。私もその世界に属している一員ではあるが、私はここにおり、その余の世界のすべては、私に見られてそこにある。私は人でありながら目だけは神の眼を持つ体験をしているのだと思った」（立花 1985：269）。俯瞰的視点としての宇宙的視点は、あらゆる「中心主義」を乗り越えようとする試みなのである[8]。

　カール・セーガンの小説『コンタクト』（1985）には、地球文明より進んだ科学技術をもつ地球外文明からのメッセージによって、国家中心主義や人間中心主義、そしてさらには地球中心主義に至るまで、地球人類の様々な中心主義が克服されるプロセスが描かれている。小説の中では、地球人類の意識の変化が次のように語られる。「地球より一千年は進んでいると思われる文明世界から誰彼の区別なく声をかけられたら、人は自分がスコットランド人か、スロベニア生れか、四川省の出か、そんなことに構ってはいられない。地球上で最も技術的に遅れている国と最先端の文明国との隔たりも、地球とヴェガの格差に比べたら物の数でもあるまい。従来、埋めることのできない溝と思われていた民族、宗教、国家、人種、言語、経済制度、文化の違いは急に色褪せて見えるようになった」（セーガン　下92-93）。そして世界は、核軍縮に向かうことになる。「……世界各地で、旧来の好戦的愛国主義や、幼稚な自己中心的民族主義

が衰えつつあることも事実だった。われわれは世界中に散らばっている数十億の小さな個体だが、同じ人類として、いまや史上未曽有の事態、場合によっては全人類に共通の危機に転じかねない事態に直面しているのだという、地球規模の連帯感が生れつつあった。……世界は正気をとりもどしたのである」（セーガン　上300-301）。

この小説には、SETI（地球外知的生命探査）を支援していたセーガンの「銀河文明」と呼ぶべきヴィジョンが示されているように思われる。それは、銀河文明の観点からすれば、地球文明はいまだ未熟な文明である、という洞察である。地球上における生物進化の過程で出現したホモ・サピエンスは、地球において支配的な地位を確立した。ビッグヒストリアンのデイヴィッド・クリスチャンは、その要因を「コレクティブ・ラーニング」に求めた。コレクティブ・ラーニングとは、「人間に特有の、個々人が学んだことを象徴的な言葉によって正確に、詳しく他者に伝えて共有する能力」であり、この能力のおかげで情報を世代を超えて蓄積することができる、「人間固有の技術創造力の源泉」である（クリスチャン他 2016：384-385）。この人間特有の能力のおかげで、人類は地球上で様々な文明を打ち立ててきたが、しかし人類はいまだに戦争や環境破壊、差別、格差といった問題を克服できていない。人類が歴史の新しい段階に入るためには、銀河文明の視点から国家中心主義、人間中心主義、そして地球中心主義をも相対化する必要がある。これが銀河文明のヴィジョンであり、俯瞰的視点としての宇宙的視点がさらに発展したものであると言えよう。

4　ディープスペース感覚

宇宙的視点の第3の特徴は、空間の無限性の感覚である。宇宙飛行士たちは、宇宙空間の漆黒の闇につつまれた時、宇宙が無限であることを実感する。例えば、ジーン・サーナンは次のように述べている。「地球の向こう側は何もない暗黒だ。真の暗黒だ。その黒さ、その黒さの持つ深みが、それを見たことがない人には、絶対に想像することができない。あの暗黒の深さは、地上の何ものをもってしても再現することはできないだろう。あの暗黒を見たときにはじめて、

人間は空間の無限の広がりと時間の無限のつらなりを共に実感できる。永遠というものを実感できる」（立花 1985：269-270）。土井隆雄は、永遠に広がる暗黒の宇宙に「無限というものを直接、この目で見た」という感覚があったと述べている（稲泉 2019：230）。野口聡一は、宇宙空間の闇を「絶対的な闇」であるという。「宇宙空間の黒、それはおそらく、すべての宇宙飛行士が伝えるのに苦労していると思います。宇宙の「黒」は、地球上で目にするあらゆる黒と違うんです、本当に。地上では、太陽光が反射する光を私たちは見ています。青い海も、緑の草も、黄色い砂漠も。同じように地上で目にする黒は、あくまで物体にはねかえった光を見て、「これは黒色だ」と頭で判断しているわけです。一方、宇宙空間の黒は「何もない黒」なんです。それは光の反射ではありません。行った光が永遠に戻ってこない」（野口・矢野 2020：100）。

　人間の時間的スケールにとって無限な時間と言える「億年」「万年」という地質学的・宇宙的な時間を「ディープタイム」（deep time、深淵なる時間）と言うが、それに倣えば、宇宙飛行士が感じた無限の宇宙空間を「ディープスペース」（deep space、深淵なる空間）と呼ぶことができよう。

　宇宙空間を無限と感ずるディープスペース体験は、宇宙飛行士にとって、地球意識や俯瞰効果とはまた異なる体験として現れる。その特徴を考察する際の出発点になると思われるのが、フランスの思想家テイヤール・ド・シャルダンの『現象としての人間』（1955）における感覚論である。テイヤールは本書のプロローグにおいて、「生命の世界の歴史とは、宇宙のなかをいっそう深く見とおす力が次第に研ぎ澄まされ完成されていく眼の形成史」であると述べている。生命の中で、その「宇宙を見とおす力」がもっとも高い段階に達しているのが人間である。しかし、人間がその力を極限にまで発揮するためには、無限の空間と時間を感じ取る新しい感覚が必要となると彼は主張するのである。彼はそれらの感覚を、「われわれのまわりにひしめく事物のすべてを、無限の半径をもつ球体の内部にあるものとして、分解したり組み立てたりする、大宇宙においても極微の世界においても空間の無限さを感じとる感覚」および「精神機能の鈍重さのためにわれわれがいつも過去という薄片に圧縮させる傾向のある諸事象を、果てしなくつづく連鎖に沿って、無限の時間の感覚に押しもどそ

うと努める、深さに対する感覚」であると述べている（テイヤール 1969：19-23）。ディープスペースという観念は、われわれに、「この無限の空間の永遠の沈黙は私を恐怖させる」（パスカル 1973：146）という有名なパスカルの言葉を想起させる。それは、無限に直面した有限者のもつ実存的な恐怖感情である。しかし、ディープスペースとディープタイムの感覚は、ここでテイヤールが論じている無限の空間・時間感覚のように、むしろ人間の認識をはるかに拡大させる可能性をもっているのではないかと考えられるのである。

　ガガーリンが人類初の有人宇宙飛行に成功した当時、ソ連の論者たちは、人間が宇宙に対して感ずる「宇宙恐怖」（космический ужас）を資本主義に特有の現象であると主張した。チェコスロヴァキア出身の数学者エルネスト・コルマンは、1960年、ソ連の雑誌『哲学の諸問題』に「宇宙飛行時代における人間」という論文を寄せ、次のように論じている。宇宙飛行は人類の自然に対する最終的な勝利に向けた第一歩であり、進化の段階の頂点に立つ人類は、自然を征服する技術を身につけ、「人類の不死のための戦い」によって生物学的発展の軌跡を反転させることが可能になる。ソ連の宇宙飛行士は、宇宙において恐怖、怯え、孤独、見捨てられたという感覚に対して免疫をもっている。彼らの意識においては、いかなる宗教もその存在の余地はなく、超自然的なものは彼らに無縁である。社会主義の宇宙飛行士は原始的・神秘的な「宇宙恐怖」の影響を受けない（Кольман 1960：127-128, 132）。それはソ連の無神論的な立場の表明であると同時に、Smolkin-Rothrock（2011）が指摘するように、ソ連社会主義の近代主義的ヴィジョンの現われでもあった。

　しかし、宇宙の無限性は、こうした近代主義的ヴィジョンを批判的・相対的に捉える契機を与えるように私には思われる。ディープスペース感覚に基づく地球像としてまず想起されるのは、1990年に60億キロメートルの彼方からボイジャー 1号が撮影した地球の写真「ペイル・ブルー・ドット」（Pale Blue Dot）であろう。カール・セーガンは、ペイル・ブルー・ドットが引き起こす感情を、次のように描いている。「そのドットをもう一度見てみよう。それはここにある。それは故郷である。それはわれわれである。その上であなたの愛する全ての人、あなたの知っている全ての人、あなたが耳にしたことのある全て

の人、これまで存在していた全ての人間がその生涯を過ごしたのである。……みなわが種の歴史において、そこ—太陽光線の中で浮かんでいる小さな塵の上—に生きていたのである」(Sagan 1994：8)。ここで彼は、人間の歴史と生のすべてが無限の宇宙に浮かぶ極小の1点に凝縮されていることを指摘している。そしてわれわれ人間がこの写真を通じて、自己のスケールの小ささに向き合うとともに、人間の生が豊かな複雑さと多様性に満ちていることに驚きと感謝の念をもつことを示そうとしている。ここでセーガンが描いているように、ペイル・ブルー・ドットのもつ圧倒的な無限感覚がわれわれに引き起こすのは、ソ連の論者に見られるような近代の科学技術に依拠した人間中心主義への信頼であるよりも、むしろその傲慢さを打ち砕く、宇宙存在としての謙虚さの感情であると私には思われる。

　ディープスペースのもつ意味はそれにとどまらない。宇宙飛行士の中には、宇宙空間にこそ故郷を感ずると言う人々もいる。1995年にスペースシャトル・コロンビア号に搭乗した米国の宇宙飛行士アル・サッコ・ジュニアは、彼が「宇宙飛行士の秘密」と呼ぶものについて次のように語っている。「それは宇宙飛行士全員が認識しているもので、われわれは一体となった人間家族の成員であるというものです。それは地球市民であるということを超えて、実際に宇宙市民なのです……私に関して言えば、軌道上にいることはとても快適でした。ある意味では、私は地球より宇宙空間にいる方が快適で、私はこの環境を去るのが嫌でした」(White 2014：271)。山崎直子は、宇宙空間に到達した時の心境を、「すごくファミリア、懐かしい感じがした」と語っている。「細胞の一つひとつ、身体自体が懐かしがっている気がしたんです。あまりに不思議なので、一緒に飛んだクルーや仲間にも聞いてみました。すると、何人かが「同じようなファミリアな感覚があった」と言っていたので、ああ、私だけじゃないんだ、と」。彼女はこの体験を、「私の体も宇宙の欠片でできていて、この地球も宇宙の欠片、星の欠片であるわけですから、やはり宇宙というのは「郷」と言って嘘ではないんだろうな」と解釈している（稲泉 2019：113-114）[9]。

　こうした彼らの感覚を、White（2014）は「宇宙的洞察」(universal insight)と呼んでいる。宇宙的洞察とは、本稿で先に論じた地球意識、すなわち地球の

一体性と地球規模でのつながりの意識が強められたもので、宇宙の性質とその中の人間の位置に関して、地球意識と同様の意識、すなわち宇宙の一体性と宇宙規模でのつながりの意識をもたらすものとされる。それは宇宙飛行士が、地球を超えて、注意を地球が存在する宇宙そのものに向けたときに生ずる傾向があり、人間経験の身体的、心理的、そして霊的な側面にまたがる全体的な経験であると彼は論じている（White 2014：23-25）。ここで述べられている宇宙規模まで拡大された地球意識を「宇宙意識」と呼ぶことができるとすれば、上に述べた宇宙を故郷と感ずるサッコ・ジュニアや山崎の意識は、こうした宇宙意識の表れとみなすことができるかもしれない。

　こうしてディープスペースの無限感覚は、一種の宇宙的な霊的感情や宗教的感情の源泉になる。米国の宇宙飛行士には神の存在に対する言及が多くみられる。例えばジェームス・アーウィンは、宇宙体験を通じて「以前に感じたことのないほど神の力を感じた。私の神に対する信仰が新鮮になり、よりリアルになった」と述べている（Rosen 1979：291）。そうした人々の中でもっとも精緻な思索を積み重ねていったのが、アポロ14号に搭乗したエドガー・ミッチェルである。彼は宇宙空間で感じた霊的啓示について、それが古代インドの「サヴェカルパ・サマディ」と本質的に同じであると述べている。サヴェカルパ・サマディとは、「あらゆるものが個々別々に分離していると認識している人が、その分離は単なる錯覚だと理解する瞬間」である（ミッチェル 2010：133）。ここにおいて、ミッチェルの宇宙感覚が無限の宇宙空間から感じとった直観は、古代の宗教的直観と共鳴する。彼はこうした宗教的認識と現代物理学の科学的認識との総合を志し、「表裏一対モデル」（dyadic model）と彼が呼ぶところのリアリティの本質についてのモデルを作り上げた。

　Bentley（2021）は、セーガンが描写したペイル・ブルー・ドットのイメージに、「科学と宗教の共存」のシンボルを見出そうとしている。科学とは、世界のはたらきを解明しようとする人間精神の探求である。一方、宗教は人間存在の意味の探求であり、全体とつながろうとする憧れである（Bentley 2021：2）。科学と宗教の共存がもたらす世界観とは、われわれが科学の明らかにする宇宙の無限性に対する脅威と畏敬の念に打たれ、宇宙におけるみずからの小ささを

自覚しながら、そこに自らの人間としての真の意味と尊厳を見いだすことができるような世界観であろう。そうした世界観をわがものとしたとき人類は、科学技術による人間疎外を克服した全体的人間として、科学に基づきながら自然と調和した世界を築き、人新世をもたらした近代とは異なる、別の近代を生み出すことができるのではないか。宇宙的視点のディープスペース感覚は、その基盤となり得るであろう。

　以上本章では、宇宙飛行士の宇宙飛行体験の記録を分析することを通じて、「宇宙的視点」の特徴と意味について考察してきた。宇宙飛行士の宇宙的視点は、近代の科学技術偏重の進歩主義を批判的に捉え、人間の根源的な場所的アイデンティティの確立と他生命との共生をもたらす地球意識、人間中心主義や偏狭な国家主義・民族主義を相対化し、あらゆるボーダーと「中心主義」を乗り越えようとする俯瞰的視点、空間の無限性の認識により科学偏重の一面的な世界認識の修正をせまるディープスペース感覚を特徴とする。これらは人間同士の関係、人間と自然の関係、そして宇宙における人間の位置に関する認識を大きく変える可能性をもっている。いまからおよそ50年前、人類が「地球の出」の眺めによって宇宙的視点を初めて現実のものとした時、人類は確かに新しい段階に入りかけたのである。実際、地球の出の写真のインパクトが人類に大きな影響を与えたことは間違いない。しかし、人類が地球規模の環境問題や新たな国家間対立と戦争に直面している「人新世」の現在、宇宙的視点のもつ大きな可能性は、いまだ十分に実現されていないように思われる。

　私は、ビッグヒストリーを学び研究する最大の意義は、この宇宙的視点を獲得することにあると考えている。ビッグヒストリーとは何よりもまず、138億年の宇宙地球史をたどることによって宇宙的視点を獲得し、宇宙感覚を活性化しようとする試みなのである。本章では、俯瞰効果のところでビッグヒストリーとの関連に言及したが、それだけではなく、地球意識やディープスペース感覚についても、宇宙飛行士の宇宙的視点とビッグヒストリーのそれとは、多くの点で共鳴する。豊かな可能性をもつビッグヒストリーの宇宙的視点を、人新世の地球的課題に適用することが求められている。

注

(1) この点について、毛利衛らのインタビューを行った稲泉連も次のように述べている。「宇宙体験の深い部分を語ろうとするとき、毛利は著書でもインタビューにおいても、繰り返し「実感」や「実体感」という表現を使っていた。……やはりそこで語られている感情には、体験して初めて理解され得る何かが含まれている、ということなのだろう。そして、私が毛利の話に強く引きつけられたのも、「宇宙体験」というその実体験に、彼の言葉の数々が支えられているのだとはっきりと感じたからだった」(稲泉2019：133-134)。

(2) Pool（2008：3）は、その唱道者としてSF作家のアーサー・C・クラーク、アイザック・アシモフ、物理学者のフレッド・ホイルを挙げている。

(3) 例えば、アーサー・C・クラークが1951年にアポロ計画に先駆けて月面着陸ミッションを描いたSF小説『宇宙への序曲』における以下の記述を参照。「人類はつねに新しいフロンティア、新しい地平線を持たねばなりません。さもなければ、遅かれ早かれ、退廃に陥ってしまうでしょう」（クラーク2015：70）。

(4) これは、本稿が依拠する基本文献の1つであるWhite（2014）のタイトルでもある。ホワイトは、同書でこの言葉を次のように定義している。「俯瞰効果Overview Effectは、宇宙飛行の間、しばしば軌道から、地球と月の間を移動する際に、あるいは月の表面から地球を見たときに宇宙飛行士たちastronauts and cosmonautsによって報告される意識上の認識的変化cognitive shiftである。それは、地球が宇宙空間にあって小さな、生命の脆い球であり、「虚空に浮かんでいて」、紙のような薄さの大気によって覆われ育てられているという現実をじかに見るという経験を指す。この経験は、宇宙における地球と人類の位置に関する宇宙飛行士の見方をしばしば転換させる。地球に対する畏敬の感情、あらゆる生命が互いにつながっているという深い理解、そして環境に配慮する責任についての新たな感覚などがその共通の側面である」（White 2014：2）。このように、彼の「俯瞰効果」の定義は、私が前節において論じた「地球意識」の内容とまったく同じである。しかし、「俯瞰」という言葉は、以下本論で論ずるように、高みから見下ろすことによって得られる効果や視点を示すのによりふさわしいと考えるため、本稿ではこの言葉をホワイトとは異なる意味

で用いる。

(5) エイゼルが感じた俯瞰効果による「笑い」の感覚は、2世紀に生きたアッシリア人の風刺作家ルキアノスの「イカロメニッポス」(空を飛ぶメニッポス) にも見られる。哲学者メニッポスが、神話のイカロスのように手に翼をつけて空を飛び、月に向かう途上、地上を見下ろして次のように言う。「特に土地の境界線を争っている人達……を見た時は、僕は笑わずには居られなかった。なにしろ上から見ている僕の目には、ギリシア本土が四本の指の大きさに映ったんだからね。……さて何から何まで存分に眺め、そうして笑ってから、僕は身をゆすって上に向かって飛んで行った」(ルキアーノス1953：164-165)。

(6) 宇宙飛行士の星出彰彦も、各国のリーダーが宇宙に行けば、戦争も環境破壊もなくなるのではないか、という問いかけに対して、「例えばG7やG20のサミットを宇宙で開く。各国の利害の調整はあっても、人類としての根底の感覚は変わるような気がします」と述べている (2022年9月9日付日本経済新聞：「宇宙の日」広告特集)。

(7) これに加えて、宇宙空間において得られる無重力の感覚もまた、人間中心のものの見方を捉え直す契機となる。現象学的地理学者のイーフー・トゥアンは、人間が空間を組織化する際の基本原理は、人間の身体の形態と構造が関係していることを指摘している。人間の身体の構造に対応して、垂直-水平、上-下、前-後、右-左といった身体をめぐる位置と座標が空間の中にはめこまれる。それゆえ空間の前置詞は必然的に人間中心の語となるが、こうした空間構造は、人間が前かがみの姿勢から直立二足歩行に移行し、直立した姿勢を容易に保持することができるようになったことで得られたものだという (トゥアン 1993：68-69,85)。しかし、宇宙における空間認識はこれとは異なる。多くの宇宙飛行士が述べているように、宇宙空間の無重力状態の中では、人は上下の方向感覚を維持することが困難になる。こうして、人間中心主義的な空間把握の身体的根拠が弱められる。なおこのことと関連して、宇宙飛行士の野口聡一が、上下のない無重力の宇宙空間では人間関係の上下をめぐる行動様式が異なると述べている点は興味深い (野口・矢野 2020：42-43)。

(8) 人間が十分な高さまで飛翔することによってグローバルな視点を得る、というのは、キケロやセネカといったストア哲学の重要なテーマであった (Cosgrave 2001：53)。キケロの著書『国家論』のエピローグにあたる「スキピオの夢」において、天界

から地球上を見下ろす小スキピオは、「地球自体が私には全く小さなものに見えて、我々の版図さえもいわばその一点を占めるにすぎず、情けない位であった」と述べている（池田1963：8-9）。セネカは「小さなものがこれほど多くの国の間で剣と火によって分けられている。死すべきものによって境界が設定されているのは、なんとばかげたことか」と述べている（Cosgrave 2001：3）。このように、「人は広大な宇宙の中に位置している個人の無意味さを知ることによって、人間的な慎み深さの必要性を知る」「人間が自分の欠点を理解できない無能力は、グローバルな視点が与える客観性と距離感を得られないところからくる」というのがストア哲学のヴィジョンであった（Cosgrave 2001：49-53）。これは俯瞰的視点としての宇宙的視点と基本的に同じ性格の視点である。

(9) これは、カール・セーガンの有名な「われわれは星のかけらからできている」(We are made of star-stuff) という言葉を踏まえてのものであろう。セーガン（1976：246）を参照。

参考文献

Bentley, W（2021）The Pale Blue Dot and the knowledge systems of science and religion, Verbum et Ecclesia 42（2），a2368, https：//doi. org/10. 4102/ve. v4212. 2368.

Collins, Michael（1974）Carrying the Fire, Farrar, Straus and Giroux, New York.

Cosgrove, Denis（2001）Apollo's eye：a cartographic genealogy of the earth in the western imagination, The John Hopkins University Press, Maryland.

Irwin, James B and William A Emerson, Jr,（1973）To Rule the Night：the Discovery Voyage of Astronaut Jim Irwin, Holman Bible Publishers, Nashville.

Rosen, Stanley G（1979）Space Consciousness：the Astronauts' Testimony, The Michigan Quarterly Review, pp. 297-299.

Sagan, Carl（1994）Pale Blue Dot：A Vision of the Human Future in Space, Random House, New York.

Smolkin-Rothrock, Victoria（2011）Cosmic Enlightenment：Scientific Atheism and the Soviet Conquest of Space, in James T Andrews and Asif A Siddiqi ed.（2011）Into the Cosmos：Space Exploration and Soviet Culture, University of Pittsburgh Press, Pittsburgh, pp. 159-194.

Schweickart, Russell（1983）No Frames, No Boundaries：Connecting with the whole planet- from space, Context Institute website.（https：//www. context. org/iclib/ic03/ schweick/）

White, Frank（2014）The Overview Effect, Third Edition, the American Institute of Aeronautics and Astronautics, Virginia.

Кольман, Э.(1960).Человек в эпоху космических полетов. *Вопросы фирософии*, стр. 124-132.

池田英三（1963）「「スキピオの夢」研究」『北海道大学人文科学論集』2、pp. 1-32。

稲泉連（2019）『宇宙から帰ってきた日本人：日本人宇宙飛行士全12人の証言』文芸春秋。

ガガーリン、Y（1961）『宇宙への道』江川卓訳、新潮社。

片山博文（2017）「ビッグ・ヒストリアンとしてのフリードリヒ・エンゲルス」、中西治責任編集『宇宙学と現代世界』pp. 328-345。

キャンベル、J（1991）『宇宙意識―神話的アプローチ』鈴木晶・入江良平訳、人文書院。

クリスチャン、デヴィッド、シンシア・ストークス・ブラウン、クレイグ・ベンジャミン（2016）『ビッグヒストリーわれわれはどこから来て、どこへ行くのか宇宙開闢から138億年の「人間」史』長沼毅監訳、明石書店。

ケリー、ケヴィン・W編（1988）『地球/母なる星：宇宙飛行士が見た地球の荘厳と宇宙の神秘』小学館。

サーナン、ジーン（2000）『月面に立った男』浅沼昭子訳、飛鳥新社。

スコット、ディヴィッド、アレクセイ・レオーノフ（2005）『アポロとソユーズ』鈴木律子・奥沢駿訳、ソニー・マガジンズ。

セーガン、カール（1976）『宇宙との連帯―異星人的文明論』福島正実訳、河出書房新社。

セーガン、カール（1988）『コンタクト』上下、池央耿・高見浩訳、新潮文庫。

立花隆（1985）『宇宙からの帰還』中公文庫。

テイヤール・ド・シャルダン（1969）『現象としての人間テイヤール・ド・シャルダン著作集1』美田稔訳、みすず書房。

トゥアン、イーフー（1993）『空間の経験』山本浩訳、ちくま学芸文庫。

野口聡一、矢野顕子（2020）『宇宙に行くことは地球を知ること：「宇宙新時代」を生きる』光文社新書。

毛利衛（2011）『宇宙から学ぶ：ユニバソロジのすすめ』岩波新書。

ミッチェル、エドガー（2010）『月面上の思索』前田樹子訳、めるくまーる。

ラヴロック、ジム（1984）『地球生命圏—ガイアの科学』星川淳訳、工作舎。

ルキアーノス（1953）『神々の対話』呉茂一・山田潤二訳、岩波文庫。

レルフ、エドワード（1999）『場所の現象学』高野岳彦・阿部隆・石山美也子訳、ちくま学芸文庫。

ロドリーグ、バリー（2016）「実用的ビッグ・ヒストリー—社会的意義、社会的必要性—」辻村伸雄訳、中西治責任編集『ビッグ・ヒストリーの実用：自然・戦争・平和』pp. 12-37。

第 2 章

ディープタイム思考

1 ディープタイムの発見

　人類が科学的な時間としての「ディープタイム」（悠久なる時間）を発見したのは、17世紀以来の地質学の発展によるところが大きい。それまでキリスト教世界では、地球の歴史はおおよそ6000年程度と考えられていた。アイルランドの司教であったジェームズ・アッシャー（1581-1656）は、1650年に出版した『世界の起源を示す旧約聖書の年代記』において、地球は紀元前4004年10月22日日曜日の午前9時に創造されたと述べている。ヨハネス・ケプラー（1571-1630）は天地創造の年を紀元前3992年、アイザック・ニュートン（1642-1727）は紀元前4000年としており、地球の年齢が6000年程度というのが、キリスト教世界の共通認識であったといってよい。

　スコットランドの地質学者チャールズ・ライエル（1797-1875）による『地質学原理』（1830-1833）の出版に始まる近代地質学の発展は、こうしたキリスト教の時間観念を崩壊させた。チャールズ・ダーウィン（1809-1882）が『種の起源』（1859）の中で「チャールズ・ライエルの大著『地質学原理』をよんで、それでもなお、過去の時代が時間的にいかに無量の広大さをもっていたかを承認しようとしない者は、ただちに本書を閉じるがよい」（ダーウィン　1990下：11）と述べているように、ライエルによるディープタイムの発見は、ダーウィンによる進化論の構築につながった。すでにフランスの博物学者ジョルジュ＝ルイ・ルクレール・ド・ビュホン（1707-1788）は、『博物誌』（1749）において鉄の冷却率から地球の年齢を7万5000年と見積もっていたが、19世紀には、イギリスの物理学者ウィリアム・トムソン（1824-1907）が地球の冷却率から地球の年齢を2000万年、長くても4億年と計算した。地球の年齢に関する議論が決着をみたのは、20世紀初頭に放射年代測定の技術が発達したことによる。近代地質年代学の父と呼ばれるイギリスの地質学者アーサー・ホームズ（1890-1965）は、『地球の年齢』第2版（1927）において地球の年齢を30億年とし、のち1940年代には45±1億年と推定した。現在、地球の年齢は46億年とされているから、20世紀前半には、地球の年齢に関する現在とほぼ等し

い科学的認識が得られたことになる。さらに、20世紀前半に提唱されたビッグバン理論は、宇宙そのものにも始まりが、したがって年齢があることを示し、2009年に打ち上げられたプランク衛星の観測した宇宙背景放射により、宇宙の年齢が138億年と推定され現在に至っている。

　かつてのキリスト教世界にあっては、数千年という範囲の時間であっても、十分に「悠久」を感じさせるものであったろう。46億年にしろ138億年にしろ、「億」という単位の年代はわれわれの生活世界的な時間感覚を大きく越えている。非キリスト教世界、たとえばインドの神話や仏典には、途方もないスケールの時間が語られているが、ヘーゲルは『歴史哲学講義』の中で、そうしたインドの時間概念を次のように酷評した。「インドの書物に時代がしるされているのを見ると、しばしば天文学的な巨大数が、いや、それにもまして、まったくでたらめな数が、出てきます。たとえば、ある王の支配が7万年以上もつづいた、といわれる。自分で自分をうみだした宇宙進化の祖ブラフマンは、200億年を生きたという。……数字は、わたしたちの数字がもつような価値や合理的な意味をもたないのです」(ヘーゲル 1994：268)。旧約聖書・創世記の記述によると、アダムの寿命は930歳、ノアの寿命は950歳である。もちろんこれらの年齢ですら生物学的にはありえないが、上記のヘーゲルの嘲笑には、そうした生物学的なありえなさを超えた、「万年」さらには「億年」という数字自体が人間に抱かせるばかばかしさ、非合理さの感情が表れている。ヘーゲルのインド批判には確かに近代西洋の立場からする旧世界文明への差別的なまなざしが見られるが、とはいえ「億年」を「まったくでたらめな数」ととらえる感覚には、単にそうした差別観だけでは片付けられない、人間の─あるいは「近代人の」というべきかもしれないが─もつ時間認識能力の限界として理解できる側面もあるように思われるのである。

　ヘーゲル『歴史哲学講義』のもととなる講義「世界史の哲学」がベルリン大学で行われたのは、1822年から1831年にかけてである。19世紀初頭はキリスト教的な時間感覚が地質学の発展により崩されつつあるときであったが、いまだヘーゲルにおいてさえその時間認識は上記のような限界の中にあった。こうした狭いヒューマンスケールの（それゆえ人間中心主義的な）時間認識を

決定的に打ち砕いたのが、ビッグヒストリアンのデイヴィッド・クリスチャンがいう「年代測定革命」（クリスチャン他 2016：2）であった。年代測定革命による人類の時間認識の大変化は、まだ始まったばかりである。それはいわば、shallow time（浅い時間）からdeep time（深い時間、悠久の時間）への時間認識の革命的な転換である。

　ディープタイムとはどのような時間であり、それが人間の時間認識をどのように変えるのか。これまで時間論として中心的に論じられてきたのは、時間と人間意識との関係、時間の流れや時間そのものの存在の有無、時間の因果性や不可逆性の性格などを論ずる時間の哲学的考察や、直線時間や円環時間に代表される人間の具体的な時間観念を歴史的文脈の中で検討する時間の文明論的・文化論的・社会学的考察であった[1]。しかし、ディープタイムという時間現象ないし時間の観念が時間論に投げかける問いは、それらとは全く位相を異にする。ディープタイムの時間論は、時間が直線的であれ円環的であれ、まずはそれらの時間が「悠久性」という「深さ」の性格をもっているかどうかを問うのである。当時の地質学者がディープタイムという地質学的な時間に初めて触れたとき、彼らは時間の深淵を覗き見て「めまい」を感じたという[2]。めまいという感覚は、無限性をもつ時間に向き合ったときに人間が感ずる実存的な状況を端的に表すものである。

　こうした点から見ると、ディープタイムが人間意識にとってもつ意味は、時間の哲学的考察や、文明論的・文化論的・社会学的考察において、ほとんど問われてこなかったように思われる。本章で私が試みようとするのは、そのような意味での「ディープタイムの時間論」にほかならない。

2　短期思考の克服と長期思考・未来的思考実験

　ディープタイムを論ずる上でまず指摘しておきたいのは、現代社会が陥っている短期主義の問題である。現在、人類が直面している地球環境問題の主要な原因の一つは、現代社会の短期的な思考にある。短期的思考のために、人間の経済活動の環境負荷がもたらす長期的な影響を考えることが困難となっている

のである。

　現代における短期思考批判の古典的著作は、今からおよそ半世紀前の1972年に出版されたローマクラブの『成長の限界』である。同書は、大部分の人々の空間的・時間的視野が極めて狭い範囲に限られていること、そしてそのような人々は、実際には指数関数的に増加する「幾何級数的成長」を、単に直線的・線形的に増加する「算術級数的成長」として考える傾向があるために、「成長の限界」を認識できないでいると指摘した。幾何級数的成長は、算術級数的・線形的な成長とは異なり、急速に莫大な数を生み出し、また一定の限界に急速に近づくために人を欺きやすい[3]。同書は、このような錯覚から抜け出るために、われわれが少なくとも100年単位で未来を考える必要があることを主張した（メドウズ他 1972：13-16）。現在、世界経済のエコロジカル・フットプリントはすでに地球の環境容量を超えていると言われており、「惑星限界」（プラネタリー・バウンダリー）の重要性が指摘されているが、それでも人類は成長神話の呪縛からいまだに抜け出せず、経済成長を追い求め続けている。そうした現状をとらえる上で、ローマクラブによる短期思考の問題点の指摘はいまなお有効である。

　同時に、現在われわれは、「時間尺度のギャップ」と呼ぶべき短期思考の機能不全に陥っている。2023年7月、国際地質科学連合（IUGS）の人新世作業部会は、人新世を20世紀半ばからの新たな地質時代とする提案書を発表した。人新世が新たな地質年代として検討の対象となったことは、人類が本格的な「地質学的存在」になったことを意味する[4]。こうした中にあって、人間は、放射性廃棄物をはじめとして、みずからの寿命をはるかに超えて環境に負の影響を与える廃棄物を排出し続けている。プルトニウム239の半減期は2万4000年、その保管には少なくとも10万年を要すると言われる。放射性廃棄物の地質学的時間と、人間や資本主義企業の近代的スケールの時間とのあまりに大きな時間尺度のギャップのために、われわれは、自らが生み出す廃棄物の問題や、自らの活動が環境に与える影響について思考することが著しく困難となっているのである。

　短期思考は、人類史に普遍的にみられる思考様式ではない。現在世代が200

年先を見据えて意思決定することを求めたイロコイ族の七世代原則のように、伝統社会は、独自の長期思考に基づいて社会制度や規範を作ってきた。しかし近代は、こうした伝統的な長期思考を徹底的に破壊し、浅い時間感覚に基づく短期的な思考様式を生み出したのである。資本主義の基本的な経済指標である経済成長率の時間的視野は1年であり、ローマクラブが指摘したように、幾何級数的成長の長期的帰結を視野に収めるにはあまりにも短い。アメリカの経済地理学者のデイヴィッド・ハーヴェイは、近代資本主義社会において進行した時間・空間の狭隘化現象を「時間と空間の圧縮」（time space compression）と呼んだ。それは「私たちの空間的、時間的な諸世界が圧縮しているという圧倒的な感覚」であり、「私たちが世界を表象する仕方を、ときにはまったく変えざるを得ないほど、空間と時間の客観的性質が根本的に変化する過程」である（ハーヴェイ 2022：383）。

　さらに、第二次世界大戦後には、いわゆる「グレート・アクセラレーション」（大加速）が本格化する中で、社会の加速現象がますます顕著となっている。現代の加速現象について詳細な分析を行ったドイツの社会学者ハルトムート・ローザによれば、社会的加速には技術的加速、社会変動の加速、生活テンポの加速の3つの形態ないし次元があり、これらは相互作用しながら自らを駆動する「加速循環」を生み出していく。そして、加速現象の進行と、それに伴う選択肢と偶発性の急速な増大によって、人々のアイデンティティは安定性を失い、刹那的・一時的な「状況的アイデンティティ」（situational identity）へと変質する。人々は自律性と方向性を失い、長期的・計画的な思考が不可能となり、「私たちがもはやアイデンティティについて語ることがまったくできなくなるような消失点」へと行き着く（ローザ 2022：31, 87, 291-302）。また、フランスの思想家ポール・ヴィリリオは、加速現象を、人々が時間によって閉じ込められる監禁状況として描いた。ヴィリリオの人新世のイメージはバンカーである。バンカーとはコンクリートで覆われた閉鎖空間であり、具体的には、第二次大戦中の防空壕、アウシュビッツのガス室、核シェルターなどを指す。そして人々は、加速現象の中で適切な時間距離の感覚を失い、この「距離の汚染」の中で「時間バンカー」としての加速現象に閉じ込められて「閉所恐怖症」に

陥っている。「私たちは監禁状態という事態に直面しているのです。……地球という惑星の広大な広がりにもかかわらず、人々は地球での閉所恐怖症に苦しむようになるのです」（ヴィリリオ 2019：92）。このように、アイデンティティの喪失と閉所恐怖症は、加速現象によって引き起こされる2つの特徴的な精神病理学的現象である。

　こうした状況においてディープタイムは、人間をとらえている短期的な思考から人々を解放し、人々が長期的な思考を行うための基盤となる。われわれは近代的・資本主義的スケールの短期思考を打ち壊して、地質学的・宇宙的スケールの長期思考を身につける必要がある。そのためには、われわれ自身がまず宇宙的・地質学的時間を肌で感じ取る「ディープタイム感覚」を身につける必要があるのである。

　138億年の宇宙地球史をたどるビッグヒストリーは、われわれが時間感覚を宇宙的・地質学的な時間感覚へと拡大する上で不可欠のものである。ビッグヒストリーによる時間感覚の拡大は、時間の「地図」を描くことによって行われる。その典型的な試みは、デイヴィッド・クリスチャンの著書『時間の地図』（Christian 2005）に見ることができる。彼はそこで、宇宙地球史を以下の8つのタイムラインで描いている。すなわち、①コスモスの縮尺：130億年、②地球、生態系、「ガイア」の縮尺：45億年、③多細胞生物の縮尺：6億年、④哺乳類の縮尺：7000万年、⑤人間革命の縮尺：700万年、⑥人類史の縮尺：20万年、⑦農業社会と都市文明の歴史の縮尺：5000年、⑧近代の縮尺：1000年、のタイムラインである。クリスチャンは、「過去の全体を見ようとすることは、世界地図を用いることに似ている。町の地図から教え始める地理学者はいないのに、ほとんどの歴史家は、過去の全体がどのようなものであるかを問うことすらせず、特定の民族や農業文明の過去について教えている」と、断片化されピースミール化された歴史学の現状を指摘している。そして、人々が方向性の感覚を失って、フランスの社会学者エミール・デュルケムの言うアノミーの状態に陥っている現代社会では、「世界地図の時間版」ないし「あらゆる縮尺の過去を含む時間の地図」が求められると論じている（Christian 2005：3）。この「世界地図の時間版」に当たるものがビッグヒストリーである。ビッグヒストリー

の時間の地図は、われわれにプレイスメントの感覚をもたらすことを通じて、方向感覚の回復に役立つことができる。

　また、様々な時間尺度をそなえた時間の地図を描き、それを長期思考の新たな基盤とすることによって、過去の時間尺度を用いて、未来に対する長期的なイメージをもつことが可能となり、近代の短期思考を批判的に捉え直すことができるようになる。時間の地図は、宇宙の時間全体を俯瞰しながら異なる時間尺度を自由に動く視点を与えてくれる。人類学者としてフィンランドの核廃棄物問題に取り組んでいるヴィンセント・アイアレンティは、これを「未来学的思考実験」(futurological thought experience) と呼んでいる。未来学的思考実験とは、われわれの直接的な環境と極めて長期の未来・過去を結びつけ、今日の具体的な、現実世界の地域の情報やイメージをもとに、アナロジー的に、できるだけ正確に未来を思い描くことである。このスキルを身につけることによって、現代社会に生きるわれわれは、危険な浅い時間的地平から解放される（Ialenti 2020：59-60）。未来学的思考実験の例として、以下のような試みを挙げることができる。

・ナチュラルアナログ：ナチュラルアナログとは、実験等の短い時空間スケールでは理解することが難しい数万年先のような超長期的な自然現象について、どういう現象がどのように生じるのかを考察するのに用いる自然物である。ナチュラルアナログの有名な例としては、中央アフリカのガボン共和国東部にあるオクロ天然原子炉が挙げられる。天然原子炉とは、過去に自発的な核分裂反応が起こっていたことがウランの同位体比から確認されたウラン鉱床のことである。オクロ天然原子炉は、今から約20億年前に大規模な核分裂連鎖反応を起した形跡のある天然原子炉の化石で、地質環境中に放射性核種を隔離できることの可能性を示したものとして、地層処分システムの具体的なイメージの構築に大きく貢献した（北山ほか 2010：32-33）。

・景観の再イメージ化：アイアレンティは、ディープタイム感覚をわれわれの日常の気づきと結びつけるために、野外の景観が時間とともにどう変化してきたかをあらためて想像することを提唱している。インターネットを含め様々な景観の情報を集めて、過去から未来を類推する。また、氷河期時代の

様々な景観や地形の特徴を見ることのできるウィスコンシン州の国立景観トレイル「アイスエイジトレイル」のように、すでに過去を再現するそうした取り組みがなされている場所もある。このことは、10年、100年、1000年単位の地域の景観の変化に対する認識を高め、われわれが狭い箱の中の思考から抜け出て人新世の知覚を異化することに役立つ（Ialenti 2020：60-62）[5]。

・未来人からの問い：クリスチャン『ビッグヒストリー入門』は、教育現場で用いるためのディスカッションのテーマとして、未来から現在を照射する以下のような興味深い思考実験の事例を多数提示している。「最後の氷河時代が終わり、温暖湿潤で生産性の高い気候になったことで、狩猟採集民が農耕共同体を形成するようになったとすると、21世紀に進行中の地球温暖化によって、現在の共同体の性質に変化がもたらされるだろうか。」「あなたの学校が火山灰に埋まり、1000年後に掘り出されるとしよう。考古学者は何を手がかりに、この学校の指導者が誰かを特定するだろうか。」「2001年9月11日の貿易センタービルに対するテロは、50年後にはどういう意味をもつだろうか。世界史の転換点と見なされているだろうか」（クリスチャン 2015：101, 118-119, 162）。このような問いを通じて、未来人の立場から現代を振り返ることにより、現在生じていることの歴史的意味をあらためて考えることができるようになる[6]。

以上見てきたように、ビッグヒストリーは、過去と未来、ときには何億年も前の過去や何億年も先の未来から「いま」を見つめることによって、ものごとの本質を考え、未来を拓くヴィジョンを得ようとする。アメリカの歴史学者ガブリエレ・ヘクトは、人新世を「時間尺度プロジェクト」（scalar project）として理解する必要があると述べ、次のように論じている。人新世においては、時間の尺度を反省的に捉え返し、分析の時間的尺度を劇的に拡大することが要求される。人新世における人間の技術力とそれが生み出す廃棄物は、「万年」「億年」の単位で作用する。1万年という時間ですら、人間の設計能力、さらには言語能力の限界を超えている。何万年もの保管が求められる核廃棄物は、これまでの人間の工学能力をはるかに超えるタイムスケールをもつ。原子力企業アレバの倒産は、企業がそれの作り出す汚染よりもはるかに短命であることを示

している。資本主義制度の構造的短命性は、汚染をもたらす一要因である。このような中にあって、われわれはSFの星間移動（interstellar travel）に当たる、「時間尺度間の移動手段」(interscalar vehicle）を必要としている。インタースカラー・ヴィークルは、われわれがディープタイムとヒューマンタイムの間を行き来するための物体と分析方法である（Hecht 2018：111-115, 135）。ビッグヒストリーは、ここで彼女の言うインタースカラー・ヴィークルの機能を果たすものである。ディープタイムのもたらす長期思考と未来的思考実験は、時間的視野における俯瞰的思考の実践であるということができよう。

3　人間中心主義の問い直し

　第2にディープタイムは、われわれのアイデンティティのあり方に深い影響を与える。それはまず、われわれの人間中心主義的な思考へ批判的なまなざしを向ける。

　われわれがディープタイムを感覚として身につけるためには、時間の地図を俯瞰する立ち位置から、さらにディープタイムの中に入ってそれを実感的・実存的に感じ取る立ち位置へと身を置き直す必要がある。しかし、ディープタイムはそれを抽象的に理解することはたやすいが、人間の日常的な体験の枠をはるかに越えているため、それを本質的に理解する、ないし実感をもって把握することは非常に困難である。そこでディープタイムを理解するために用いられるのが比喩である。アメリカの進化生物学者のスティーヴン・グールドが、地質学によるディープタイムの発見について論じた『時間の矢・時間の環』で紹介しているディープタイムの比喩には、「エッフェル塔が地球の年齢を表すとすれば、そのてっぺんのペンキの厚さが人類の時間の長さとなる」というマーク・トウェインの比喩、「地球の歴史を鼻から伸ばした手の先までの長さにあたる1ヤードに押し込むと、中指の爪を爪やすりで一こすりしただけで、人類の歴史は消え去ってしまう」というジョン・マクフィーの比喩などがある（グールド1990：17-18）。

　また、クリスチャンが『オリジン・ストーリー』で示している、138億年の

図表2-1　ビッグヒストリーの年表

スレッショルド	おおよその絶対年代	10億分の1に換算した年代
ビッグバン	138億年前	13年10ヵ月前
最初の恒星が輝き出す	132（?）億年前	13年2ヵ月前
新しい元素が作られる	恒星形成から現在まで	恒星形成から現在まで
太陽系と地球の形成	45億年前	4年6ヵ月前
地球上の最初の生命	38億年前	3年10ヵ月前
ホモ・サピエンス	20万年前	105分前
農耕の最初の徴候	1万年前	5.3分前
化石燃料革命が始まる	200年前	6.3秒前

出所：クリスチャン（2019：27-28）より筆者作成。

宇宙地球史を10億分の1の13.8年に縮めた年表（**図表2-1**）も、そうした比喩の1つであろう。彼が述べているように、人間の進化において自然選択は、何百万年、何億年という時間単位に対処するようにはわれわれの脳をデザインしなかったので、この短縮版の年代の方が感覚的にとらえやすい。彼の作成した年表では、ホモ・サピエンスの出現が105分前、農耕の始まりが5.3分前、そして化石燃料革命が始まった200年前がわずか6.3秒前の出来事として示されている。

　ある社会が「世界の時間の長さ」をどのようにイメージするのか、または、「世界の時間の長さ」と「人間の時間の長さ」の比率をどのように考えるのかは、その社会の「人間中心主義度」を表す指標の一つである。「産めよ、増えよ、地に満ちて地を従わせよ。海の魚、空の鳥、地の上を這う生き物をすべて支配せよ」という創世記の言葉に示されているように、キリスト教の人間中心主義的な性格はしばしば指摘される点であるが、確かに、6000年の宇宙史で900歳を超えているとなれば、アダムやノアは宇宙史の6分の1近くを生きていたことになり、キリスト教の「人間中心主義度」はかなり高いということになろう。これは言い換えれば、人間中心主義にとって、ディープタイムやディープス

ペースのような無限性をもつ時空の認識は、その「人間中心性」を脅かすものとなることを意味している。人間中心主義は、時間と空間をヒューマンスケール化せずにはおかない。ジョルダーノ・ブルーノの宇宙論を当時のキリスト教権力が決して許さず、彼を火あぶりの刑に処したのは、そのコペルニクス的な地動説の主張よりもむしろ、天球図の天蓋を取り払った無限の宇宙という認識が、キリスト教の人間中心主義的な空間認識を根底から揺るがすものであったからである。

　近代の短期思考についても、その根底には同様に人間中心主義が潜んでいる。ハーヴェイの指摘した「時間と空間の圧縮」は、地球の環境容量に対する人間の生産力の比率の増大を示すだけでなく、人間による自然支配、地球支配の思想の現われでもある。特に、次章で論ずるように、人新世の加速現象を肯定し、加速の果てにトランスヒューマニズム的な未来を展望するニック・ランドなどの加速主義は、人間中心主義の現代的な形態であると言える。これに対して、加速現象を「時間距離の汚染」すなわち「現実生活の正常なプロポーションへの汚染」が進行する現象であるととらえるヴィリリオは、次のように述べている。「建築家は、人間を取り巻くプロポーションがエコロジーの本質的な部分だと言っています。サイズが重要なのです。たとえば6メートルの人間がいるとして、その人間と世界との関係は、他の人々と世界との関係とは当然違っているでしょう」（ヴィリリオ 2019：116）。成長の限界を知り、成長がおのずと止まる通常の生命体とは異なり、人間はその生物学的限界を超えて成長を追求する。6メートルの身長をもつ人間というヴィリリオのイメージは、生物としての適切なプロポーションの維持能力が崩壊してしまった人新世社会の「人間中心主義度」の大きさ・異常さを示している。

　比喩としてのディープタイムは、人間の歴史が宇宙地球史においていかに短いものであるかをわれわれに実感させ、そうすることによって人間中心主義を相対化し、環境との適切なプロポーションを回復することに役立つ。「ほとんど理解不能なほどの長い時間があって、しかもその中で人間が存在したのは最後の何十億分の一秒の間だけという考えの、いかに驚異的なことか」とグールドは述べている（グールド 1990：16-17）。文化思想家のローマン・クルツェ

図表2-2 「玉川上水46億年を歩く」の地図

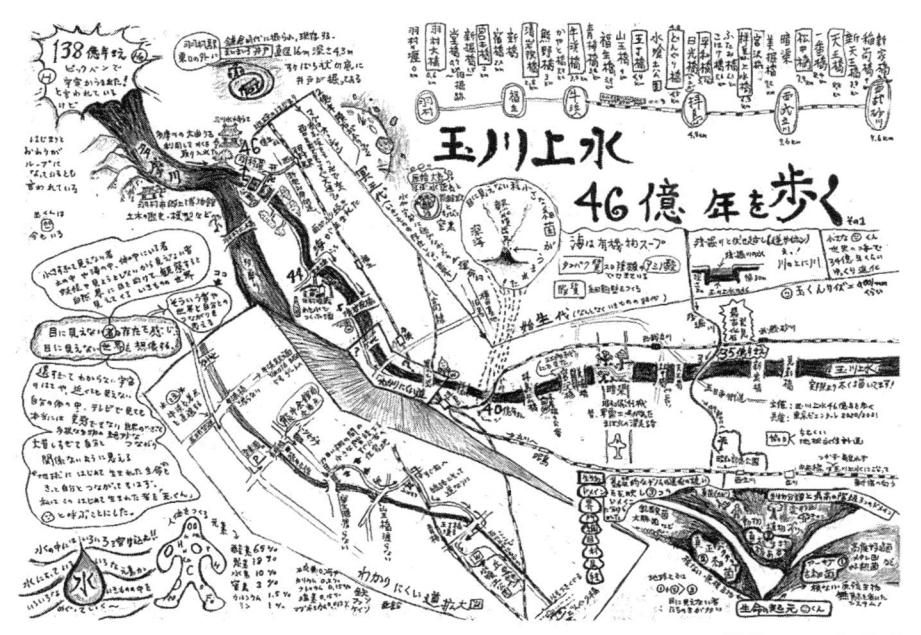

提供：リー智子氏

ナリックは、ディープタイムを知った人々が抱く謙虚な感情を「ディープタイムの慎み」(deep time humility) と呼んでいる。彼の著書『グッド・アンセスター』は、長期思考のアプローチ方法や事例が豊富に論じられており、長期思考の宝庫といえる名著であるが、そこで彼が長期思考を身につけるための出発点に据えているのがこのディープタイムの慎みである。彼は、何十億年もかけて進化した世界を、われわれが信じられないほど短期間で危険にさらしている現状を批判し、次のように述べている。「私たちは生物の大いなる連鎖の中のちっぽけな一片に過ぎないのに、生態系を無視したり、危険なテクノロジーを開発したりして、すべてを危険にさらすとは、一体何様のつもりだろう。地球の未来や、これから生まれてくる人類や他の種の世代に対して、義務や責任がないとでもいうのだろうか」(クルツェナリック 2021：60)。このようにして

ディープタイムは、自然に対する人間の傲慢な態度に反省を促すのである。

　東京ビエンナーレ2020/2021の共催企画として行われたプロジェクト「玉川上水46億年を歩く」は、ディープタイムの比喩アプローチの驚くべき試みである。これは、玉川上水の全流域46kmを地球の歴史46億年に見立て、一日かけて歩くというプロジェクトである。ヒトの歴史は20万年であるから、ゴール手前の2mがヒトの歴史となり、300年前からの産業革命はわずか3mmとなる。人間中心主義の限界を、まさに体力の限界の中で実感しようというのである。本プロジェクトの主催者であり、玉川上水で人と自然の関係を考える活動を続けてきたリー智子は、本プロジェクトのねらいについて、「46kmという距離を生き物の歴史と照らし合わせることで、生物100万種が絶滅してゆくスピードを、インパクトをもって体験できる」と述べている[7]。**図表2-2**（P.57）は、リー智子が作成した「玉川上水46億年を歩く」の5枚綴りの地図の1枚目である。人間が建設したものでありながら豊かな自然をもった玉川上水の行程と、宇宙地球史のイベントが大胆に組み合わされた魅力的な地図絵巻となっている。

　近代における科学技術の発展は、自然に対する人間の影響力や支配力を極めて大きなものとし、したがってまた人間中心主義の観念を助長させてきたが、同時にまた科学の発展そのものが、宇宙における人間の真の位置を明らかにすることにより、人間中心主義にこれまで数波にわたって打撃を与えてきた。その代表は言うまでもなくコペルニクスの地動説であり、またダーウィンの進化論である。地質学に始まり、年代測定革命によって科学的に実証されたディープタイムの発見は、これらと並ぶ、科学がもたらした人間中心主義への打撃ということができよう。

　人間が人間中心主義を克服することを、ガンジーは「自己浄化」と呼んだ。人間は、自己浄化を通じて、あらゆる生命を持つものを同一視し、「非殺生」を実現できる。ガンジーは次のように述べている。「私自身を無に帰せしめなければならない。人は、自由意志から、自分を同胞の最後の列に置くようにならないかぎり、救いはない。非殺生は、謙譲の極限である」（ガンジー 2004：452）。つまりガンジーにとって自己浄化とは、自己を無であると言えるまで

に欲望を抑える禁欲主義を徹底することによって、他の存在に対して徹底的に謙遜する態度を獲得することである。しかし、ガンジー自身が述べているように、自己浄化の道は困難で険しい。完全な純潔を達成するためには、肉体の禁欲を守るばかりでなく、思想、言葉、行為においても節制を守り、愛と憎悪、愛着と嫌悪、喜怒哀楽の情から自らを解放しなければならない、と彼は論じている。これに対して、ビッグヒストリーがもたらす「ディープタイムの慎み」は、宇宙と自己との適切なプロポーションの回復を、徹底した禁欲主義を通じた自己の無化によらずして行うことを可能にする。自己の無化ではなく、宇宙の無限性を認識することが、ビッグヒストリーの「自己浄化」の道である。

　ディープタイムの力は、現在の人間の経済社会を支える自然的基盤のあらゆるところに見出すことができる。例えば「農業のビッグヒストリー的基礎」について考えてみよう。現在われわれが農業という活動を行うことができるようになるためには、少なくとも以下の3つの地球史的な出来事が必要であった。

（1）光合成：地球上でシアノバクテリアによって光合成が始まったのは、約27億年前といわれる。その後、25億年前には呼吸を行う真核生物が出現し、太陽光のエネルギーを生命活動の栄養分として合成する能力と、それを食料として活用する能力が発展を遂げた。(2) 土壌の形成：土壌とは、風化した岩石に死んだ動植物が有機物として混ざったものである。まず5億年前にコケや地衣類が岩を溶かし始めた。4億年前にはシダ植物が上陸し、それが泥炭となって蓄積される。さらに3億年前には裸子植物が出現し、リグニンで巨大化するが、当時それを分解できる分解者は存在していなかったため、その遺骸は化石燃料の石炭として今日まで残っている。しかしその後、2.5億年前にキノコが進化してリグニンを分解できるようになり、生産者・消費者・分解者による物質循環が完成した。このように、土壌は5億年の年月をかけて形成された[8]。

（3）ミランコビッチ・サイクル：地球の自転軸の傾きの周期的変化（周期4万1000年）、自転軸の歳差運動（周期2万年）、地球公転軌道の変化（周期10万年）により日射量が変化し、気候変動をもたらす。1万1700万年前に始まった完新世とともに、地球は急速に温暖になる。われわれの生命活動を支えている農業は、何十億年もの地質学的・天文学的な活動によってその条件が形成され

てきたのである。これを人為の力をもって再現することはとうてい不可能であろう。

このように、ディープタイム感覚をもつことによって、現在われわれが享受している自然環境が、人為を超えたいかに長い地質学的な時間の営みの中で形成されてきたかを実感できるようになるのである。

4　ディープタイム・アイデンティティ

しかし、こうした人間中心主義の批判は、人間のアイデンティティの棄損や喪失をもたらす危険性はないであろうか。人間が悠久の宇宙史の中で取るに足りない存在であるとしたら、人間という存在の意味、さらに〈わたし〉という存在の意味はどこにあるのであろうか。ディープタイムは、人々をニヒリズムに陥らせるのではないか。

ネイチャーライターのロバート・マクファーレンは、ディープタイムのニヒリズムについて次のように述べている[9]。「ディープタイムを考えることには危険な心地よさがつきまとう。倫理的な責任など放棄せよという甘い誘いが聞こえてくる。ホモ・サピエンスは地質学的な観点からすればあっという間に地上から消えてしまうのだとしたら、どのように行動しようと大した問題ではない。砂漠や海のことを思えば、人間の道徳性などくだらない、ごく些細なことに感じられる。価値あることを主張するのは無駄なように見えてくる」(マクファーレン 2020：24)。しかしそうではなく、われわれはディープタイムを、われわれに「根源的な視点」を与え、無気力ではなく行動に駆り立てるものとして捉えなければならない、と彼は言う。ディープタイムを意識することによって、「人は過去から未来へつながる数百万年もの時間の中で贈られ、引き継がれ、遺されてきたものの網目のなかにいると感じ、自分たちのあとに来る時代や存在に何を残せばよいかを考えることもできる」からである(マクファーレン 2020：24-25)。

このディープタイムの捉え方や受け止め方の差はどこから出てくるのであろうか。人がディープタイムからニヒリズムを感じてしまうのは、自分を孤立し

た存在として捉えているからである。宇宙とのつながりを持たず、宇宙から絶対的に隔てられた存在としての自我は、近代に特有のセルフイメージである。マクファーレンはこうした状態にある人間種を「孤独の種」と呼んでいる（マクファーレン 2020：134）。つまり近代自体が、人間がニヒリズムに陥る根本的な原因をもっているといえよう。近代人にとって宇宙の無限性は、ニヒリズムを助長するものとして感じられる。宇宙が無限であればあるほど、自己は卑小な存在として浮かび上がるからである。しかし実際には、わたしという存在は、宇宙史のはじまりから138億年という時間をかけてつながってきたものの帰結であり、わたしという存在を無限の過去に負っている。またわたしの前には、わたしから引き継がれてきたものを発展させる人々や他の存在の未来がある。このとき宇宙が無限であることは、人間を卑小な存在へ貶めるものではなくなり、逆に人間の尊厳やかけがえのなさを支えるものとなる。このようなつながりの感覚が、ディープタイムをニヒリズムの源泉から自己の存在の最も深い根拠、「ディープタイム・アイデンティティ」へと転換させるのである。

　このようにディープタイムは、人間中心主義を批判する側面と、人間の尊厳を明らかにする側面と、2つの側面をもっている。すなわち、人間のもつ自然操作的な、自然をモノとして扱う側面が限りなく小さいものとして捉えられる一方で、人間が自然の一部であり、人間とつながっているという側面が極大までクローズアップされるのである。

　ディープタイム・アイデンティティがわれわれに与えてくれるのは、「もとは一つ」という感覚である。ビッグヒストリーは、あらゆるものをその起源からとらえる方法である。現在地球上には80億人の人間がいるが、われわれはみな20万年前にアフリカに生まれたホモ・サピエンスとしてその起源を一にしている。またわれわれは、38億年前に地球上に現れたLUKA（Last Universal Common Ancestor：最終普遍共通祖先）の子孫として、他の生命とDNAやたんぱく質など共通の構造をもっている。そしてわれわれは、カール・セーガンの有名な言葉「われわれは星のかけらからできている」(We are made of star-stuff)に示されているように、恒星の中で形成された複雑な元素からなるものとして、宇宙のあらゆる存在とその起源を一にしている。このように、ディー

原案：中村桂子／協力：団まりな／画：橋本律子　提供：JT生命誌研究館

プタイムをさかのぼって自分たちの起源にたどり着くとき、他の人間たちと、人間以外の生命と、そして宇宙のあらゆるものと「もとは一つ」であることを感ずることができるのである。

　ディープタイムによる人間のアイデンティティの変化は、他の人間はもちろんのこと、他の生命、他の存在の尊重へとつながっていく。生命科学者・中村桂子の「生命誌絵巻」は、クリスチャンの「時間の地図」アプローチを日本の伝統的な絵巻表現と結合したユニークな試みである。生命誌絵巻は扇の上に38億年の生命進化を表現したものであり、扇形の半径が38億年の時の長さを表し、扇の要の位置には全生物の共通祖先たる祖先細胞が置かれ、扇の天には現在の生物が同列・同等に配されている（**図表2-3**）。「どの生きものにも38億年という歴史がある」（中村 2016：24）というのが生命誌絵巻の中心的なメッ

セージであり、現存する生きものにはどれも38億年というディープタイムの「存在の重み」があること、生きものの間には上等・下等の区別はないこと、人間もまた他の生物と共通の祖先をもつ生きものの1つであることが、1枚の絵巻の中に示されている。その意味で生命誌絵巻も人間中心主義を批判的に捉える試みであるとみなすことができるが、同時に、人間もまた38億年の生命史を背景にもつかけがえのない存在であること、そして他の全ての生命と「もとは一つ」であることを表現している。このように、生命誌絵巻は、人間の尊厳を人間中心主義とは異なる形で示すのである。

5　『火の鳥・未来編』におけるディープタイム表現

　ここで、ディープタイムおよび人間のディープタイム・アイデンティティをみごとに表現した作品として、手塚治虫の漫画『火の鳥・未来編』を取り上げたい。

　西暦3404年、核戦争により人類を含む地球上の全生命が絶滅し、ただ一人生き残った山之辺マサトは、火の鳥により不死の体となり、地球の復活を命じられる。500年後には恋人のムーピー・タマミが死に、5000年後の対面を期待していた棺桶中の人もこなごなにくだけていた。生物合成の試みも失敗に終わるが、最終的に地球自身による生命の再創成と30億年の進化のやり直しによって、マサトは地球上に再び人類の現れるのを見る。

　以上が『火の鳥・未来編』のあらすじであるが、本作品で驚くべきはディープタイムの芸術的形象化であり、30億年という悠久の時間が、まさに気の遠くなるような時の流れとして表現されている。そこには、確かに実存時間としてのディープタイムが実感される。こうした芸術的形象化を可能にした要因として、30億年という地球的・宇宙的時間と500年の生物的時間、5000年の文明的時間とを対比させる遠近法的な時間表現や、出来事のコマとト書きの入る直線時間的な地のコマの交替による重層的な時間表現など、手塚が駆使する様々な漫画的表現技法が指摘できるが、おそらく最も中心的な役割を果たしているのは、マサトによる「待つ」という行為である。

そもそも「待つ」というのはどのような行為であろうか。われわれの過去にはある長さの時間の持続があるが、この過去の持続時間は、容易に忘却され、また抽象的な時間へと容易に転換される。一方、われわれはある一定の時間が経過した未来において、あることが実際に起きることを待つ。この未来時間は、過去時間よりも時間の抽象化が行われにくい性質をもつ。単なる時間の流れではなく、それを「待つ」人間がいることによって、時間は実存時間として立ち現れてくるのである。同様に、これまで論じてきたビッグヒストリーのディープタイムは、われわれの過去を流れていた時間、過ぎ去った時間であった。この時間は、たとえ30億年という生命進化の長大な持続時間であっても、容易に抽象化される。しかし『火の鳥・未来編』においては、全生命・全人類そしてマサト自身の過去に背負ってきた生命進化の持続時間が、マサトの未来時間に投影される。それゆえこの持続時間は、実存時間たるディープタイムとして立ち現れてくるのである。

　本作品における「待つ」行為については、さらに以下の2点を指摘することができる。第1に、マサトが生命創成・進化を「待つ」行為が、彼の生命を「つくる」行為と対比されていることである。タマミの面影を求めて「完全なロボット」を作ろうとするマサトを、火の鳥は厳しく批判する。「マサト……なぜロボットをつくるのですか？　私はあなたにいったでしょう？　人間は新しく生まれ変わるんです　それをやるのがあなたの役目ですって……ロボットではだめなのよ　血のかよった人間なのよ　新しい人間が生まれるのをあなたは見守らなければなりません！」（手塚 1992：224）。この言葉を聞いたマサトは、ロボットから合成生物を「つくる」ことへと向かうのであるが、火の鳥の批判は、合成生物を含めて、マサトが生命体・擬似生命体を「つくる」ことそれ自体への批判であるといってよいであろう。その代わりに火の鳥が提示するのが「見守る」という行為である[10]。手塚は、『火の鳥』シリーズにおいて人間のディープタイム・アイデンティティを「宇宙生命」（コスモゾーン）として形象化しているが、本作品の最後の場面で、主人公は世界に満ち溢れている宇宙生命をみることになる。この宇宙生命は、30億年という実存時間としてのディープタイムを経たからこそ、自らその姿を現すに至ったのであろう[11]。

第2に、マサトが棺桶に眠る人との対面を「待つ」ことと、生命の創成・進化を「待つ」ことが対比されている点である。この2つの「待つ」行為には、5000年と30億年という時間の長さには還元できない本質的な相違がある。すなわち、前者の「待つ」行為は、「起こることを期待して待つ」ことである。この「待つ」行為には5000年後という期限が区切られており、また「待つ」ことそのものに楽しさがある。その時間意識は、ユダヤ・キリスト教的な終末論的世界観、超越的歴史観のそれであり、マサトにとって棺桶で眠る人はまさにメシア的な存在である。一方、後者の「待つ」は「起こるかどうか分からないことを待つ」ことである。それは結果的に30億年であったが、現存在としてのマサトには、それがいつ実現するかも分からない。棺桶の人がこなごなにくだけていることを発見したマサトは、「期待」としての「待つ」を打ち砕かれて絶望する。「五千年……わしは待つのが楽しかった!!　次の五千年……その次の五千年……わしはなにを期待して生きればいいのだ？……」（手塚 1992：213）。しかし、その後に生物合成の試みが失敗し、ついに生命の創成・進化を「見守る」ことを決意したマサトは、この新たな「待つ」に向き合うのである。「何億年たとうと……わしは待つぞ……」（手塚 1992：233）。

　『火の鳥・未来編』は、こうしたディープタイムの形象化を通じて、人間中心主義から「生命中心主義」への転換を成し遂げている。ビッグヒストリーはふつう、ビッグバンから人間に至る宇宙進化の歴史として、「人間のリトルビッグヒストリー」（リトルビッグヒストリーについては次節を参照）として描かれる。そこでは、人間が宇宙進化の到達点として描かれることから、容易に人間中心主義の弊害に陥りやすい。これに対して、『火の鳥・未来編』は、人類の絶滅と進化のやり直しを描くことによって、宇宙史の焦点を人間から生命に転換し、「生命のリトルビッグヒストリー」として描くことに成功している。宇宙は生命を産み、人間は生命の一局面として出現する。手塚の生命中心主義は、いわゆる「自然中心主義」とは異なる。自然中心主義がおうおうにして人間と自然を対立的なものととらえ、人間を反自然的存在として否定的にとらえがちであるのに対して、生命中心主義は、人間を含めたあらゆる生命を尊重するものだからである。

本物語は、「今度の人類こそきっとどこかで間違いに気がついて……生命を正しく使ってくれるようになるだろう」（手塚 1992：281-28）という火の鳥の述懐で終わる。いのちを正しく使うとはどういうことか？　火の鳥はマサトにその答えを託しているが、おそらく火の鳥も、その答えをもってはいないのであろう。この問いこそが、人間がみずからに問うべきと手塚の考える「究極の問い」なのである。

6　リトルビッグヒストリー

　ディープタイムをわれわれが身近に感じ取るための試みの一つとして、「リトルビッグヒストリー」がある。アムステルダム大学でこの教育実践に取り組んでいるビッグヒストリアンのエステル・クアーダカースによれば、リトルビッグヒストリーとは、「ある特定の対象をビッグヒストリーの主要な段階と結びつける研究」（Quaedackers 2020：279）と定義される。つまり、ビッグヒストリーの方法を個別の事物に適用し、ある具体的なもの・ことを取り上げてその起源・進化生成を学際的にたどるのがリトルビッグヒストリーである。
　彼女は、リトルビッグヒストリーについて次のように論じている。リトルビッグヒストリーは、特定の、相対的に小さな題材が、われわれのもっている世界の最も大きな絵であるビッグヒストリーにどのように当てはまるかを語ってくれる。それはまた、なぜそれらの題材がそのようなものであるのかについて、われわれがより完全に理解するのを助けてくれる。今日地球上に存在する、もしくは過去に存在した現象のほとんどは、「同時に存在する多くのもの」（many things at once）である。例としてレンガを取り上げてみると、それはクォークと電子の集合体であると同時に、酸素・ケイ素・アルミニウム・鉄といった原子の集合体でもあり、さらに宇宙史のある時点で生命が作り出した建築資材であり、時代とともに変遷する文化の一部でもある。
　地球上の諸現象が「同時に存在する多くのもの」であるのは、それらが複雑であるから、あるいは複雑なものの一部であるからである。大部分の現象がこうした多様なものごとの関連性のうちに存在しているにもかかわらず、特定の

アカデミックな専門分野に属する人の多くは、何か一つあるいは限られた数の
ものごとしか見ようとしない。しかし、そうした態度は、それらの異なるもの
ごとがいかに相互に影響し合っているかを見えなくする。「リトルビッグヒス
トリーは、その題材を構成する異なるレベルの複雑性の間の相互作用がどのよ
うに時間とともに発展したかの研究に用いることができ、その結果として、そ
の対象が今日あるようなものにどのようにしてなったのかについてのより完
全な理解へと導く」と彼女は述べている（Quaedackers 2020：279-281）。彼女
がリトルビッグヒストリーの例として挙げているのは、Jan Zalasiewicz（2010）
"The Planet in a Pebble" とNeil Shubin（2013）"The Universe Within"（邦訳『あ
なたのなかの宇宙』）であるが、これらはそれぞれ小石、人体という比較的小
さな題材を、ビッグヒストリーの主要な局面と結びつけ、なぜ小石や人体がそ
のようなものであるのかのより完全な理解をもたらし、またリトルビッグヒス
トリー的に対象を記述することによって、読者がそれらの対象の豊かさを正し
く十分に評価するよう促している。クアーダカースは、上記ザラシエウィッツ
の著作に引用されているウイリアム・ブレイクの詩「無垢の予兆」（Auguries of
Innocence）の冒頭部分を取り上げ、これはリトルビッグヒストリーの精神を
完全にとらえたものであると論じている（Quaedackers 2020：281-282）。

To see a world in a grain of sand,	一粒の砂にも世界を
And heaven in a wild flower,	一輪の野の花にも天国を見、
Hold infinity in the palm of your hand,	君の掌のうちに無限を
And eternity in an hour.	一時のうちに永遠を握る[12]

　クアーダカースのリトルビッグヒストリーの理論、特にその「同時に存在す
る多くのもの」をとらえる方法的視点は、たくさんのものが集まる場所の研究
に拡張することができる。アレセイア湘南中学高等学校の世界史教諭である
市川賢司は、中学校の地理・歴史の授業の総まとめとして行っている江の島の
社会科見学をもとに、「江の島のリトルビッグヒストリー」を提唱している[13]。
図表2-4（P.68）は、本社会科見学で使用されているテキスト『江の島ウォー

図表 2-4 『江の島ウォーカー』

提供：市川賢司氏

カー』である。江の島の成り立ちから現在までを見ると、自然の島としては
2000万年前の葉山層群、500-700万年前の聖天島の地層、7万年前の海底の隆
起による江の島の形成、2万年前の地震と沈降による江の島の島としての形成、
1万年前〜10万年前の関東ローム層、6000年前の岩屋、1923年の関東大震災
による島の約2メートル隆起、約3万年前からの黒潮の影響を受けての常緑樹
の森の形成などがあった。そこに9000年前の縄文時代早期の集落遺跡、鎌倉
時代からの弁財天信仰と江島神社、江島神社参道や江の島旧市街などの古い町
並み、高度経済成長期の埋め立て、湘南港、江ノ島大橋など、人間の活動が加
わっている。市川は、江の島の社会科見学において、実際に上記の様々なもの
を見たり触ったりしながら、それぞれが形成された時間の長さを実感させるの
だという。近代の時間、人間の時間、生物進化の時間、地質学的な時間という
異なるタイムスケールを自由に行き来する市川の「江の島のリトルビッグヒス
トリー」の取り組みは、ディープタイム感覚を身につけるための格好の取り組

みであるといえよう。

　また、地質学者の天野一男は、「ビッグヒストリー概念のジオパークへの適用」を提唱している。ジオパークは、「大地（ジオ）の上に広がる動植物や生態系（エコ）の中での私たち人（ヒト）の生活や文化や産業・歴史を楽しみながら学ぶこと」を目標としているが、これはまさにビッグヒストリーの目指す方向と一致していると彼は述べている（天野 2021）。このような考えに基づき、茨城県北ジオパーク構想のジオストーリーにビッグヒストリーの考え方を導入し、水戸のオリジン・ストーリーを作成する実践として天野らが取り組んだのが、2020年2月9日から3月15日にかけて水戸市立博物館で開催された展覧会「水戸の大地の成り立ち―水戸140億年史―」である。本展覧会のパンフレット（水戸市立博物館 2020）には、地球と太陽系の誕生に始まり、先カンブリア時代、古生代、中生代、新生代、そして未来の地球へと続く水戸の歴史が辿られている。ここに描かれているのは、日本の一地方都市としての水戸ではなく、宇宙史、そして地球史における水戸である。

　われわれがディープタイム感覚をもって世界をながめるとき、それまで動かないもの、生命をもたないものと思っていたものまでが動き始める。ウェゲナーの大陸移動説がプレートテクトニクス説として復活したのは20世紀の後半であるが、SF作家の小松左京は、地球物理学者の竹内均との対談の中で、この「新しい地球像」に触れたときの興奮を次のように語っている。「それによれば、地球という天体は、45億年前に誕生して以来、その表面ばかりでなく、その内奥部、中心部から、ダイナミックに変貌し、まるで一個の巨大な生き物のごとく、いきいきと「進化」をつづけてきたのだ、という」（小松 1996：17）。もちろんプレートの動きは1年に数センチというわずかなものであるが、これを「千万年」「億年」単位のディープタイムとして見ることによって、地球が「生きている」存在として浮かび上がってくる。竹内はこの関係を〈0×無限大＝有限〉と表現している（小松 1996：21）。ほとんどゼロに近い自然の変化も、無限大のディープタイムの時を経ることによって、目に見える変化として現れてくる。いいかえれば、この自然のゼロを有限の目に見える動きのイメージに転換するものが、ディープタイム感覚なのである。

先述のマクファーレンは、人間を超える世界にも生命があることを「世界の有生性」（the animacy of the world）という言葉で表現している。そこでは生命と非生命の境界があいまいになる。彼は言う。「ディープタイムの中では、動かないと思われたものに生命が宿る。守るべきものが新たに現われてくる。存在の喜ばしさが心と目に飛び込んでくる。世界は気味が悪くなるほどに多様性と刺激を取りもどす。氷は呼吸する。岩は漂う。山は満ち引きする。石は脈打つ。この地球は動きを止めることがない」（マクファーレン 2020：25, 49, 133）。古代の、そしていまもなお見られるアニミズム的な世界観が、ディープタイムの下でよみがえるのである。

　かくして、ディープタイム感覚の下でいまや空間は「多様なリズムとテンポを備えた時間のモザイク」ないし「寄せ木細工」（セール 2007：9）として現われる。われわれを取り巻く空間は、土地、山と岩、川と岸辺、動植物、人間、人間の作ったもの、空の星など様々なタイムスパンの歴史をもつものたちがからみあってできている。あらゆる存在は時間をもっている。世界は多様な存在によって成り立っているが、世界の多様性は、それぞれの存在がもつ時間の多様性によってもたらされていることをわれわれは感ずる。またこの多様な時間は、空間のようにわれわれを分け隔てるのではなく、われわれは時間を通じてつながっている。そして、このような多様な時間のモザイクや寄せ木細工のイメージをわれわれが形成するのを可能にしてくれるのが、ビッグヒストリーの時間の地図が与えてくれる各年代のタイムラインなのである。ビッグヒストリアンのデイヴィッド・ルポアが言うように、われわれの周りのものすべてがビッグヒストリーに由来している（LePoire 2021）。われわれはビッグヒストリーに囲まれているのである。

注

(1) 直線時間と円環時間という2つの時間観念が生ずる物質的な根拠を、ビッグヒストリーの観点から考えてみると、まず、宇宙地球史の基軸をなすのは直線的時間である。それは宇宙が熱力学第二法則（エントロピー増大の法則）に服していることに根拠をもつ。系のエントロピーが絶えず増大することを示すエントロピー法則は、物理学の法則の中で唯一、時間の非対称性・不可逆性を内包した法則である。エントロピー法則は、さらに生と死という形をもって、われわれの生活世界における「はじまり」と「おわり」の観念を形作っているが、それだけではなく、宇宙自体に「はじまり」と「おわり」をもたらす法則でもある。まず宇宙の時間は、ビッグバンという「はじまり」をもっている。また、宇宙には「おわり」もある。宇宙の構造形成が最も活発になるのは、宇宙暦数億年から百数十億年の時期である。宇宙暦数百億年になると宇宙の恒星を形成する力が弱まり、宇宙の老化が始まる。宇宙暦1兆年になると長寿命の恒星も死を迎える。恒星が輝きを失い暗黒の天体集団となった銀河は、宇宙暦10^20年にはブラックホールに飲み込まれ、ブラックホールと漂流天体だけが宇宙に残される。さらに宇宙暦10^40年には物質を構成する素粒子が崩壊し、宇宙暦10^100年にはブラックホールが蒸発して、宇宙は「ビッグウィンパー」と呼ばれる永遠の静寂を迎える（吉田 2017：12-13, 276）。一方、宇宙において円環時間が生み出される契機として、少なくとも2つの宇宙現象を指摘できる。第1に、46億年前（宇宙暦92億年）における太陽系の生成である。地球の自転は昼と夜、1日という時間の循環を生み出し、太陽の周りを回る公転は春夏秋冬、1年という時間の循環を生み出した。また月がもたらす28日周期の満ち欠けや潮の干満などの現象も、円環時間の基礎となっている。第2に生命の出現である。生命による生殖という行為自体が、「はじまり」と「おわり」をつなぐ循環的現象であるが、人間の循環的時間観念を作る上では、植物の発生と進化、特に被子植物の「種子」の形成が大きいと考えられる。被子植物は、今から1億4000万年前のジュラ紀に裸子植物から分化し進化した。植物の本体は枯れても種子を残し、その種子がまた新しい植物へと成長することによって、生命が連綿と伝えられていく。この循環的な植物時間にあっては、死という非連続的な観念は成立しがたい。日本の古

代人は、そうした循環的時間における生成の原理を「ムスヒ」「ナル」（現代の「実を結ぶ」「実がなる」）といった言葉で表現した（永藤 1979：12-13, 30-31）。

（2）進化生物学者のスティーヴン・グールドは、地質学者によるディープタイムの発見について論じた『時間の矢 時間の環』で、地質学者ハットンの友人プレイフェアが地質学的時間にはじめて触れた際に述べた「時間の深淵をかくも深くまで覗き見て、めまいのする思いがした」（グールド 1990：92）という言葉を紹介している。

（3）このことを示すのが「倍増時間」（あるものが2倍の量に増加するのにかかる時間）である。あるものの成長率と倍増時間の間には、「成長率（％）×倍増時間≒70」という関係がある。したがって倍増時間は、70÷成長率で求められる。例えばある経済の経済成長率が0.1％の場合、その経済のGDPが2倍になるのにかかる年数は700年である。一方、経済成長率が2％の場合には、GDPが2倍になるのにかかる年数は35年である。経済規模の1年先の変化を示す短期的視野の経済成長率では0.1～2％と大きさにほとんど差がないが、それが長期的視野の倍増時間でみると大きな差となっている。このように、成長には限界があるにもかかわらず人々がそれに気がつかない原因は、幾何級数的成長と倍増時間に対して短期思考が生み出す錯覚にあると『成長の限界』は指摘している（メドウズほか 1972：17）。

（4）ただし、翌2024年3月、IUGSの第4紀層序小委員会で人新世を新たな地質時代とする案は否決された。

（5）日本におけるこうした取り組みの例として、高度成長期における大規模な開発が行われる以前の自然の姿を、当時を知る人々から聞き取りを行って記録するという試みがある。例えば「矢田・庄内川をきれいにする会」が2020年に発行した冊子『庄内川の語り部』は、戦前・高度成長前の矢田川、庄内川を知る人々から当時の川の様子を聞き取ったものである。本冊子には、例えば以下のような証言が収録されている。「ほんとに水がきれいだったもん。あんなもん、もう何百人てあそこへもう海水浴のように泳ぎにいったんだからね、川へ泳ぎに。家から裸であそこまで行くんだわね、歩くんだわ。裸でね、パンツ一丁で走ってく訳だわ」「まぁフナ、ハエシラハエねそれからモロコそれからウナギ、テナガエビ、今と一緒だね。それからモエビかな、小さい。それと、からシジミそれから僕らはドウビンって言った、カラスガイかな」「あー、食べたよ。全然臭くないよー。ほんと臭くないよ。ウナギ

でもかば焼きとか」（矢田・庄内川をきれいにする会 2020：31-32）。これを読むと、まだ開発が行われる前の川がいかに清浄であったか、いかに魚があふれる生産力の豊かな川であったか、そして子どもたちや住民がいかに川と親しんでいたかに驚かされる。現在のわれわれは、かつての驚くべき豊かさを失った自然を当たり前のものとして認識しているが、おそらくこうした河川に対する認識の変化は、全国各地の河川において見られるものであろう。人々の記憶に基づいて自然再生のヴィジョンを得ようとするこうした取り組みは、人新世の知覚を異化する重要な試みの一つであると言える。

（6）日本地質学会監修（2009）で描かれている「美の化石美術館」構想も、「未来人からの問い」の試みの一つである。恐竜が絶滅してからおよそ6500万年後に高度な知的生物であるわれわれ人間が進化してきたという古生物学的事実から考えると、人類絶滅から早ければ5000万年後、遅くとも1億年後には再びわれわれと同等以上の知能をもつ動物が出現すると予測できる。美の化石美術館とは、現在の堆積盆のなかから、1億年後に地層として地表の山の中腹や麓に露出するであろう場を選び出し、そこに様々な美術品を埋蔵して、1億年後の知的生命体に、人間とはいかなる生き物で、いかに生きてきたのかを語らせるための超未来の美術館である。美術品とは人間の「美を求める心」の結晶であり、人間の本質が「暴力的な征服欲や野放図な物欲にあるのではなく、平和希求的な芸術的想像力にあることを明かす物証」である。収蔵品は1億年後へのメッセージになると同時に、その目録はわれわれの未来を指し示す道標になる（日本地質学会監修 2009：204-206）。このように、人類の絶滅という未来思考実験を通じて、人間の本質や人間の向かうべき未来を考察することもできる。

（7）READYFORホームページ（https：//readyfor. jp/projects/tamagawa46）を参照。2020年4月に予定されていたイベントは新型コロナウイルス問題のために1年延期となり、2021年4月に実施された。このイベントには私も参加し、朝7時に羽村の取水堰を出発した一行は12時間かけてゴールの皇居に到着、私も1時間遅れて何とか歩き抜くことができた。

（8）土壌に関する以上の説明は、藤井（2015）を参照。

（9）以下の訳文において、原文の「deep time」は翻訳書では「悠久の時間」と訳され

ているが、本章では全体との整合性から訳語を「ディープタイム」に変えてある。

(10) ここには、人間による技術を用いた自然への介入と支配を批判し、「存在の牧人」たるべきことを説いた後期ハイデッガーと通底する思想が表現されているように思われる。存在の牧人については、例えば『「ヒューマニズム」について』におけるハイデッガーの次の記述を参照。「人間は、存在へと身を開き–そこへと出で立つ者として、存在の心理を損なわれないように守らなければならないからである。人間は、存在の牧人なのである」。そのとき存在者としての人間は、「存在の光」「存在の開けた明るみ」の中に入って行くとハイデッガーは論じている（ハイデッガー 1997：57）。

(11) 火の鳥の上記の言葉でもう1つ重要であると思われるのは、見守りとしての「待つ」行為が、通常われわれがこの言葉に対して抱いている受動的なイメージとは異なり、人間の生まれ変わりを「やる」役目を果たす行為として、能動的な行為として捉えられていることである。永藤（1979）によれば、日本語において「まつ」という言葉は、「二つ以上のものが一つに帰する」意味を有し、「待つ」という時間意識は、人間の主体的な意思が介在しない自然界の生と死の円環的な時間、自然界の巨大な力に対して人間が主体的に対峙する姿勢を示すものであった。その結節点の1つが「まつり」であり、そこでは「自然という、人間の力ではいかんともしえない絶対的ともいえる世界と、人間の期待とが、祭というこの一点において出会」い、その結果「人間的な時間としての「待つ」という時間意識が、祭りの世界において出現してくる」こととなる（永藤 1979：74-76）。

(12) 訳はブレイク（2004：319）による。

(13) 江の島のビッグヒストリーについての以下の説明は、市川賢司の国際ビッグヒストリー学会の2023年度カンファレンスにおける報告「Layered Structure of Little Big History —Case Study of Enoshima, Japan」（2023年7月10日実施）、同学会の2021年度カンファレンスにおける報告「Finding the Hidden Big History!」（2021年8月2日実施）および論文「『隠れたビッグヒストリー』を見つけよう!」（未発表）による。

参考文献

Christian, David（2005）*Maps of Time : An Introduction to Big History*, University of California Press : California.

Hecht, Gabrielle（2018）Interscalar Vehicles for an African Anthropocene : On Waste, Temporality, and Violence, *Cultural Anthropology* 33, no. 1, pp. 109-141.

Ialenti, Vincent（2020）*Deep Time Reckoning : How Future Thinking Can Help Earth Now*, The MIT Press : Cambridge.

LePoire, David（2021）Big History Around Us, *Origin*, Volume X Number 1.（https : / / ibha. wildapricot. org / resources / Documents / Origins / XI_01 / Origins_XI_01. pdf）

Quaedackers, Esther（2020）A case for little big history, in Craig Benjamin, Esther Quaedackers and David Baker ed. , *The Routledge Companion to Big History*, Routledge : UK.

ヴィリリオ、ポール（2019）『黄昏の夜明け-光速度社会の両義的現実と人類史の「今」』土屋進訳、新評論。

片山博文（2021）「ディープタイムの歴史学と文学」『桜美林世界文学』第17号、pp. 29-40。

グールド、スティーヴン・J（1990）『時間の矢・時間の環』渡辺政隆訳、工作舎。

クリスチャン、デイヴィッド（2015）『ビッグヒストリー入門科学の力で読み解く世界史』渡辺政隆訳、WAVE出版。

クリスチャン、デイヴィッド（2019）『オリジン・ストーリー 138億年全史』柴田裕之訳、筑摩書房。

クリスチャン、デヴィッド、シンシア・ストークス・ブラウン、クレイグ・ベンジャミン（2016）『ビッグヒストリー：われわれはどこから来て、どこへ行くのか 宇宙開闢から138億年の「人間」史』長沼毅監修、石井克弥・竹田純子・中川泉訳、明石書店。

クルツェナリック、ローマン（2021）『グッド・アンセスターわたしたちは「よき祖先」になれるか』松本紹圭訳、あすなろ書房。

小松左京（1996）『小松左京コレクション5地球を考える』ジャストシステム。

セール、ミッシェル（2007)『白熱するもの-宇宙の中の人間』豊田彰訳、法政大学出版局。

手塚治虫（1992)『火の鳥②未来編』角川文庫。

ダーウィン、チャールズ（1990)『種の起源（上)』八杉龍一訳、岩波文庫。

永藤靖（1979)『時間の思想』教育社。

中村桂子（2016)『絵巻とマンダラで解く生命誌』青土社。

日本地質学会監修（2009)『地学は何ができるか-宇宙と地球のミラクル物語-』愛智出版。

ハイデッガー（1997)『「ヒューマニズム」について』渡邊二郎訳、ちくま学芸文庫。

藤井一至（2015)『大地の5億年』ヤマケイ新書。

ブレイク（2004)『対訳ブレイク詩集』松島正一編訳、岩波文庫。

ヘーゲル（1994)『歴史哲学講義（上)』長谷川宏訳、岩波文庫。

マクファーレン、ロバート（2020)『アンダーランド記憶、隠喩、禁忌の地下空間』岩崎
晋也訳、早川書房。

水戸市立博物館（2020)『特別展水戸の大地の成り立ち-水戸140億年史-』水戸市立博物
館。

矢田・庄内川をきれいにする会（2020)『庄内川の語り部-次世代に伝えたい、きれいだっ
たあの頃-』矢田・庄内川をきれいにする会。

吉田伸夫（2017)『宇宙に「終わり」はあるのか最新宇宙論が描く、誕生から「10の100
乗年」後まで』講談社ブルーバックス。

吉田伸夫（2020)『時間はどこから来て、なぜ流れるのか?最新物理学が解く時空・宇宙・
意識の「謎」』講談社ブルーバックス。

ローザ、ハルトムート（2022)『加速する社会 近代における時間構造の変容』出口剛司
監訳、福村出版。

第 3 章

宇宙的ヒューマニズム

1 人新世におけるヒューマニズムのヴィジョン

　本章ではヒューマニズムを取り上げ、ビッグヒストリーに基づくヒューマニズムのヴィジョンを提示することを試みる。ヒューマニズムはそれ自身の長い歴史があり、様々な意味をもっている。それらを詳細に検討することは、ここでの検討の埒外にある。務台理作は、ヒューマニズムを「人間の生命、人間の価値、人間の教養、人間の創造力を尊重し、これを守り、いっそう豊かなものに高めようとする精神」であり、「したがってこれを踏みにじるもの、これを抑圧し破壊させるものに対してつよい義憤を感じ、これとのたたかいを辞しない精神」であると定義している（務台 1961：4-5）。ここではさしあたり務台の定義にしたがって、人間の尊厳を認め、人間を抑圧するものに反対する精神としてヒューマニズムを定義し、ビッグヒストリーがこれをどのように扱うべきかを論ずる。

　ビッグヒストリーがわれわれに示すべきヒューマニズムは、どのような特徴をもっていなければならないだろうか。第一に、それは人類を分断するものではなく、人類を統合するものでなければならない。デイヴィッド・クリスチャンが述べたように、ビッグヒストリーは各国史や民族史のようなある特定の「部族の歴史」ではなく、人類全体の歴史であろうとするものである（Christian 2015）。それは、日本人だけでなくその他の国民・民族の全てに当てはまる歴史である。したがって、ビッグヒストリーが示すヒューマニズムもまた、少なくとも地球市民としての地球上の全ての人間に当てはまるもの、全ての人間を含むものである必要がある。

　この点で、過去のヒューマニズムは必ずしも人類全体のヒューマニズムとは言えなかった。周知のように、ヒューマニズムという言葉は、古代ローマの「フマニタス」（humanitas）にその起源を求めることができる。この言葉は、文明化された「人間らしい人間」（ホモ・フマヌス）であるローマ人と、文明化されていない「野蛮な人間」（ホモ・バルバロス）である周辺の人々を区別するために用いられた。また近代におけるヒューマニズムで特に問題となるのは、

宗教との関係である。近代ヒューマニズムは、ヨーロッパのルネサンス時代に始まる。ルネサンスのヒューマニズムは、キリスト教の文脈において、人間を超越した神を否定し、人間の尊厳と神からの独立をうたったものであり、それゆえ近代ヒューマニズムは、そのそもそもの出発点において、神を否定する思想を土台にしていた。ところがその一方で、こうした近代ヒューマニズムの反神的特徴は、ヒューマニズムと宗教の間の障壁となり、宗教を信ずる者とそれを否定する者との間に分断をもたらすものとなる。アメリカヒューマニスト協会（American Humanist Association）は、ヒューマニズムを「ヒューマニズムとは、有神論やその他の超自然的信仰なしに、より大きな善を目指してそれを各人が実現する倫理的な生活を送るために、われわれの能力と責任を肯定する進歩的な人生哲学である」と定義しているが[1]、この定義には、近代ヒューマニズムの反宗教的性格が表れていると言える。しかし、現在、地球上において多くの人々が何らかの宗教を信じている現実がある以上、ビッグヒストリーのヒューマニズムは、近代ヒューマニズムの反宗教的性格をそのまま引き継ぐものであってはならない。そうした対立を克服し、いわば「人類ヒューマニズム」[2] として、人類の統合的なヴィジョンを示すものでなければならない。

　第2に、ビッグヒストリーのヒューマニズムは、人新世の時代に適したものでなければならない。近代におけるヒューマニズムは、その時々の時代状況において、人間の抑圧や疎外をもたらす要因と対決することを通じて、自らの思想を深め発展させてきた。したがってヒューマニズムには、時代を超えた何かある出来合いの内容や定義があるわけではなく、その時代時代の課題に応じて内容が見直され、時代の課題の解決に役立つように改めて構築されていくものであると言える。

　では、人新世という時代がヒューマニズムに特に突きつけている課題とは何か。それは、人間中心主義の問題である。福井（1989）が指摘しているように、ヒューマニズムの時代とは、人間性を超越した神や、非合理的な神秘に包まれた自然や、封建的な不合理に拘束された社会から人間が独立し、逆に人間が神、自然、社会を解釈・構成・変革・支配できるという意識に貫かれた「人間中心の時代」である（福井 1989：11）。それゆえ、ヒューマニズムとはその

本性からして人間中心主義的な性格をもった世界観である。しかし、逆に人新世は、われわれが人間中心主義を問い直さなければならない時代である。人間が近代の過程で地球の地質的構造を変えるような科学技術力や産業力をもつようになり、その結果気候変動や生物多様性の喪失のような地球規模での環境問題を生み出している人新世の現在、われわれは近代のあり方を再考し、人間中心主義を反省的に捉え返す必要がある。

　しかし同時にわれわれは、ヒューマニズムを完全に捨て去って、「反ヒューマニズム」ないし「トランスヒューマニズム」の立場に立つべきではない。資本主義による人間の疎外や貧困・格差の拡大、権威的・独裁的な政治体制による人間の抑圧と政治的弾圧、戦争や飢餓など、人間の尊厳が踏みにじられている現実がいまだ世界中に存在している以上、それらに抗する上で、ヒューマニズムの思想は不可欠のものだからである。

　したがって、人新世におけるヒューマニズムは、これまでのヒューマニズムがもっていた人間中心主義的な性格を見直すとともに、その人間尊重の精神は維持し続ける必要がある。それは反人間中心主義と人間中心主義の両方でなければならないのである。ハイデガーは、書簡『「ヒューマニズム」について』において、近代に対する批判的な視点に基づきながら、自分の求めるヒューマニズムを「これまでのあらゆるヒューマニズムに反対する語り方をしながら、しかしそれでいてみずからを断じて非人間的なものの代弁者とはしない」ヒューマニズムであると述べているが（ハイデッガー　1997：94）、それはまさに、人新世におけるヒューマニズムのもつべき性格を端的に表現するものであるといえよう[3]。

　以上から、ビッグヒストリーに基づくヒューマニズムは、人間中心主義の見直しの上に成り立つ人類ヒューマニズムと要約することができる。私は、ビッグヒストリーによる、人新世におけるヒューマニズムのヴィジョンを、「宇宙的ヒューマニズム」（cosmic humanism）と呼ぶ[4]。宇宙的ヒューマニズムは、ビッグヒストリーの宇宙的視点とディープタイムという時空認識が示す「宇宙における人間」という人間像をもとに構築されるヒューマニズムのヴィジョンである。以下本章では、こうした観点からビッグヒストリーが参照す

べきヒューマニズムとして、心理学者スティーブン・ピンカー（1954-）の啓蒙主義ヒューマニズム、および進化生物学者ジュリアン・ハクスリー（1887-1975）の進化論的ヒューマニズムを順次取り上げる。そして、それらの批判的検討を通じて、「宇宙的ヒューマニズム」のヴィジョンを明確に提示することを目指したい。

2　啓蒙主義ヒューマニズム

　ピンカーの「啓蒙主義ヒューマニズム」（Enlightenment humanism）は、彼の著書『21世紀の啓蒙』の中で論じられている。本書の目的をピンカーは「啓蒙主義の理念を21世紀の言語と概念で語り直そうとする試み」（ピンカー 2019上：30）と述べている。ポピュリズム、極右、イスラム原理主義のような非合理的な政治潮流が欧米をはじめ世界中で生じている状況の中で、啓蒙主義の理念や原則が今まさにかつてないほどの意味をもっている、との問題意識が、本書の執筆の動機となっている。ピンカーによれば、啓蒙主義は理性、科学、進歩、ヒューマニズムという4つの理念によって構成されており、その原則は「わたしたちは理性と共感によって人類の繁栄を促すことができる」（ピンカー 2019上：27）というものである。このうち、ヒューマニズムとは、啓蒙主義がよって立つ、宗教以外の道徳基盤であり、「部族、種族、国家、宗教の栄光よりも、個々の男性、女性、子どもの幸福を重視する考え方」（ピンカー 2019上：39）と定義されている。またヒューマニズムは、「人類の繁栄—長寿、健康、幸福、自由、知識、愛、豊かな経験など—を最大化するという目標」（ピンカー 2019下：337-338）をもつものである。そして彼は、啓蒙主義を構成する理念としてのヒューマニズムを特に「啓蒙主義ヒューマニズム」と呼び、啓蒙主義の不可欠の要素であるとしている。

　そもそも近代ヒューマニズムは、その起源において啓蒙主義と密接に関係しているが、ピンカーの論じるヒューマニズムには、啓蒙主義の考え方の特徴がよく現われている。そこには、ビッグヒストリーが学び自らのヒューマニズムの構想に取り入れることのできる、多くの優れた点があるように私には思

われる。第1に、啓蒙主義におけるヒューマニズムの主導的な役割である。上述のように、ピンカーの構想では啓蒙主義は理性、科学、進歩、ヒューマニズムの4つの理念からなるが、彼はこれらの理念のうち、ヒューマニズムがガイド的な役割を果たすべきだと考えている。例えば彼は次のように述べている。「ヒューマニズムは私たちが知識を活かして"何を"達成すべきかを明らかにしてくれる。ヒューマニズムは「こうである」を補う「こうあるべきだ」を示してくれる。ヒューマニズムは単なる達成と真の進歩を区別してくれる」（ピンカー 2019下：338）。「ヒューマニズムに導かれない進歩など、進歩とはいえない」（ピンカー 2019上：42）。ここで彼は、理性、科学、進歩が価値中立的であるのに対して、ヒューマニズムこそがわれわれが「何をなすべきか」を決定するための価値判断の担い手であることを強調している。プラトンの『パイドロス』に出てくる「馬車の比喩」では、「気概」と「欲望」という2頭の馬を「理性」という御者が操るという人間の魂のモデルが語られているが、ピンカーの啓蒙主義モデルでは、ヒューマニズムがこの御者の役割を果たすわけである。この理念間の明確な役割分担によって、理性、科学、進歩の働きをヒューマニズムが制御し、それらの暴走を抑えるとともに、環境破壊などの近代が生み出した問題を考える際に、反合理主義、反科学、反進歩という落とし穴に陥ることを回避できる。近代や人新世の問題を克服できるかどうかは、われわれが理性や科学を否定するのではなく、それらをどのように使用するか、そしてどの方向に進歩するかを決定するヒューマニズムのガイドに依存するからである。

　第2に、ピンカーの啓蒙主義ヒューマニズムは、人間の普遍的で自然な感情に基づいている。上述の定義にあるように、ヒューマニズムは集団よりも個人を重視する考え方であるが、それは喜び、痛み、満足、苦しみを感じるのは集団ではなく「感覚をもつ存在」である個人だからである。この「人間なら誰もがもつ苦しんだり喜んだりできる能力」が、われわれの道徳的関心を呼び起こす。また人間の本性には「共感」という感情が生まれながらにあり、その共感の輪を広げていくことによって、われわれはコスモポリタニズムにたどり着くことができると彼は論じている（ピンカー 2019上：39-40）。彼の議論で私が

特に重要だと考えるのは、アイディアの単純さの重要性を強調している点である。ピンカーは、ヒューマニズムの哲学体系はあくまでも「薄い」ものであるべきであると指摘し、「コスモポリタンな世界で通用する道徳哲学」は、深遠な形而上学的信念や宗教的信念ではなく、「誰もが理解し、同意できるような、シンプルで率直な原理の上に立つものでなければならない」と述べている（ピンカー 2019下：352）。コスモポリタンの道徳は単純であるべきだと強調することによって、彼は知的エリート主義の弊害に陥ることを回避している。それは彼の議論の優れて実践的な傾向を示すものと言えよう。

　第3に、ピンカーは「エントロピー」と「進化」という2つの科学的概念でヒューマニズムを基礎づけようとしている。まずエントロピーの観点からは、人間すなわち「肉体をもった理性的主体」という存在は、エントロピーによる破壊を免れて複雑で適応可能な体を作り上げてきた。人間の喜びや苦しみという感情は、生と死、つまり理性的主体が物質界で生存しうる物理的要件を脳内に実装化したものであり、禁欲的な制度とは異なり、ヒューマニズムの倫理はその価値を疑わない。また、エントロピーは非暴力の思想を根拠づける。エントロピーの法則がある限り、われわれには常に肉体の機能停止や死という脅威がつきまとう。そして誰もが暴力に対してきわめて脆弱である以上、逆に暴力をやめると合意できれば、その合意からわたしたちは計り知れない恩恵を受けることができるし、無慈悲で独善的・誇大妄想的な人々でさえも、肉体をもった理性的主体である以上、非暴力の道徳論に向き合わざるを得なくなる（ピンカー 2019下：345-346）。また、進化は、ヒューマニズムの道徳のもう一つの基盤である、われわれの「共感」という能力を提供してくれる。進化心理学は、道徳がわれわれを社会的動物たらしめている「感情」に由来するものであると説明している。それは遺伝子的成り立ちが共通した親族関係から発生し、自然淘汰による進化の過程で共感をはじめとする様々な道徳感情へと発展した（ピンカー 2019下：346-347）。エントロピーと進化によってヒューマニズムの道徳を基礎づけようとするピンカーのアプローチは、ビッグヒストリーのアプローチと共通するものである。

　以上がピンカーの啓蒙主義ヒューマニズムの優れた点である。彼のヒューマ

ニズムの構想には、ビッグヒストリーのヒューマニズムが取り入れるべき多くの長所がある。しかし同時に、彼の構想には重大な問題点もあるように思われる。第1に、啓蒙主義ヒューマニズムの宗教に対する否定的な態度である。ピンカーは、啓蒙主義の理念に抵抗する反啓蒙主義の潮流として、理性よりも感情を重視するロマン主義運動（宗教的信仰を含む）、人間を超個体の一部とみなす世界観（ナショナリズム、宗教、現実離れした環境運動）、進歩を否定的にとらえる衰退主義、科学批判などを挙げているが（ピンカー 2019上：72-81）、中でも宗教は、代表的な反啓蒙主義として本書の各所で批判の対象となっている。彼は宗教的信仰について、もっともな理由もなく超自然的存在を信仰することは理性と相容れず、また宗教は「道徳的善を人の幸福より上に置こうとする」点で、ヒューマニズムと対立することが多いと指摘している（ピンカー 2019上：73）。特に彼は、ヒューマニズムについて論じた第23章において、宗教とその有神論的道徳に対する批判を重点的に行っている。

　西欧のキリスト教文化の文脈において、宗教は、「宗教vs科学」という図式で、科学との関係で取り上げられることが多い。アメリカの物理学者でありキリスト教神学者でもあるイアン・G. バーバーは、科学と宗教を関連づける類型として、対立、独立、対話、統合の4つの類型を提案している。「対立」では、進化論と有神論が両立不可能なものとして敵対する。「独立」は、科学は客観的な事実を扱い、宗教は価値と究極の意味を扱うので、両者は競合せず共存可能であると考える。「対話」では、例えば科学が答えられない限界問題に神学が考察を加えるなど、科学と神学が双方を尊重しつつ対話を行う。「統合」は、宇宙現象に超越的原理を求めたり、科学を考慮して信仰を再構成したりするなど、両者の統合を求める（バーバー 2004：18-21）。このように、バーバーは科学と宗教の関係を4つの類型に整理しているが、これをさらに、（1）科学と宗教を別個の2つの知識体系とみなす立場（対立・対話・統合）と、（2）科学を知識体系、宗教を価値体系とみなす立場（独立）の2つに大きく分けることができるであろう。この区別を念頭にピンカーの宗教批判をみると、（1）の「対立」の立場に立った宗教批判を行いつつ、同時に、（2）の「独立」の立場から宗教を価値体系とみなし、それに啓蒙主義ヒューマニズムという別の価値体系

を対置させるということが、彼の宗教批判の特徴となっている。実際、ピンカーが宗教批判をヒューマニズムを擁護する第23章で中心的に行っていることが、宗教を価値体系としてとらえ批判するという彼の方針の現われであろう。ただそのために、宗教とヒューマニズムの対立は、価値体系の対立として非和解的なものになっており、「人類ヒューマニズム」としての性格を弱めてしまうことにつながっている。

　啓蒙主義ヒューマニズムの第2の問題点は、地球環境問題に対する過度の楽観主義である。ピンカーは、環境問題の根本原因を啓蒙主義の理性・科学・進歩の問題点に求める環境保護主義（グリーニズム）を、半宗教的・ロマン主義的な自然信仰に基づき人間の利益を生態系という超越的存在に従属させようとする運動であると規定し、反啓蒙思想の1つに位置づけている。彼によれば、人間の活動を環境の観点から否定的にとらえるグリーニズムは「人間嫌い」（misanthropy）の思想であり、いわば「人間嫌いの環境主義」（misanthropic environmentalism）である。これに対して彼は、エコモダニズムやエコプラグマティズムといった「啓蒙主義的環境主義」ないし「ヒューマニスティックな環境主義」を、自らのよって立つ環境主義として対置している。エコモダニズムは、ある程度の汚染は熱力学第二法則の避けられない結果であり、工業化が人類に利益をもたらしていることをきちんと理解し認め、人類が環境に与えるダメージは技術力で克服できると考える。また彼は、脱成長や環境正義に反対し、経済成長を継続することが必要であると主張している（ピンカー 2019上：76, 228-233, 286）。

　エコロジー経済学者のハーマン・デイリーが指摘したように、生産力が上昇し自然資本に対する人工資本の相対的比重が著しく大きくなった地球環境時代には、経済の資源配分における「効率」や、財の分配における「公正」だけでなく、経済の「規模」の問題が重要な経済政策の目標となる。しかし、エコモダニストは規模の問題を認めず、経済の環境効率性に焦点を当てる効率性アプローチを強調することによって、規模の問題から注意をそらそうとする傾向がある[5]。なぜ啓蒙主義的環境主義は経済成長に固執するのか。それは、啓蒙主義は経済成長を基盤としており、成長の限界を認めることは、啓蒙主義の限

界を認めることにつながるからである。ロバート・マルサスはその著書『人口論』(1798)において、「人間と社会の完成可能性」に楽観的な当時の啓蒙主義者ウィリアム・ゴドウィンやコンドルセを批判し、例の算術級数的・幾何級数的増加の論理を用いて、人口の増加力と土地の生産力の間にある自然の不均衡が、社会の完成可能性にとって乗り越え不能の大きな難関になると主張した（マルサス 2011：32）。マルサスの議論は、啓蒙主義と経済成長の間には深いつながりがあることを示している。デイリーやマルサスが指摘した地球の環境容量の問題は、現在、エコロジカル・フットプリントや惑星限界（プラネタリー・バウンダリー）という概念によっていっそうクローズアップされるようになっている。ピンカーは主に効率性アプローチや技術革新の有効性を強調する一方で、惑星限界に関する議論は注意深く避けている。ピンカーは、啓蒙主義の理性、科学、進歩に批判的な目を向ける環境主義を「人間嫌いの環境主義」であると批判しているが、成長の限界を認めるとき、われわれはむしろ彼の言う「ヒューマニスティックな環境主義」が、啓蒙主義の思想としてもっている人間中心主義的な性格を問い直さなければならないのである。

3　進化論的ヒューマニズム

　次に検討するのは、進化生物学者ジュリアン・ハクスリーが提唱した「進化論的ヒューマニズム」(evolutionary humanism) である。ハクスリーは、ダーウィンの進化論を宇宙史に拡張し、宇宙全体を進化現象として「進化の相の下で」(sub specie evolutionis) みることにより、宇宙および人間の運命について新しいヴィジョンを提示しようとした。彼によれば、進化とは「不可逆の自然の過程」のことで、そこから「組織の新奇さ、多様さの増加」が生ずる。宇宙の進化には、無機的・宇宙的段階、生物学的段階、そして人間的進化の段階である心理・社会的段階の3つの段階がある。それぞれの段階は、オペレーションの仕方に独自の方法があり、無機的段階のランダムな相互作用、生物学的段階の自然選択、心理・社会的段階の「心理・社会的選択」が進化のメカニズムとして作用する。心理・社会的段階においては、生物学的段階とは異なり、生

物体の型ではなく、文化や観念の組織化の型が進化する。人間は、進化を継続するために、染色体と遺伝子の機構のほかに、概念的思考と記号言語に対する能力を獲得し、それにより生物学的制約を乗り越えて、心理・社会的段階に突入することが可能となった（ハックスリー 1973：37-43）。このように、宇宙進化に関するハクスリーの認識は、複雑さの増大、新しいものの創発、スレッショルド、コレクティブ・ラーニングといった概念で構成されるビッグヒストリーの構想と極めて近いものになっている。当時の科学的知見に基づいて宇宙進化のヴィジョンを提示したハクスリーは、事実上のビッグヒストリアンであるということができよう。

　ハックスリーは、心の進化に関して独自の見解を示している。彼は、宇宙は物質的側面と精神的側面の両方の性質をもつ「世界原質」（world-stuff）から進化したと考えた[6]。人間には肉体と精神という二面があるが、心に相当する主観的な認識能力や感情は、人間だけでなく類人猿やその他の哺乳類、鳥類、下等脊椎動物、高等無脊椎動物の一部、ミツバチやアリなどの生物にも認められる。さらに、受精卵やアメーバなどのようなより単純な形態の生物にも、心の可能性ないし心に似た性質があるとしている。彼は、全ての生物が潜在的にもつ精神や主観のはじまりのようなものを、「メントイド」（mentoid）と呼んだ。彼によれば、脳とはこの生命の原始的なかすかな主観性を強化し、増殖し、組織するための器官である。かすかな主観性はそうして心と呼ばれるようになり、動物の生活に重要なものとなる。さらに人間は、記号言語を発達させることによって脳と心を使う新しい方法を開発し、心理・社会的進化という進化の新しい段階が始まるに至った（ハックスリー 1973：54, 65, 73）。

　ハックスリーは、こうした考えから、精神と肉体、科学と宗教、人間と他の生命、そして全ての人類を統合する総合的なヴィジョンである「進化論的ヒューマニズム」を提唱する。彼はその内容を以下のように要約している[7]。「進化論的ヒューマニズムは必然的に単一であって、二元論的なものではない。それは、心とからだが一体であることを肯定するものである。普遍的であって特殊のものではなく、人間がその他の生命とともに存在し、生命が宇宙のその他のものとともに存在しつづけることを肯定する。超自然主義者でない自然主義で

あって、精神的なものと物質的なものとの一体性を肯定する。普遍的なもので
あって分断的なものではなく、全人類が一つであることを肯定する」（ハック
スリー 1973：98)。そして、進化論的ヒューマニズムは、宇宙における人間の
位置と、宇宙における人間の運命、人間の果たすべき役割を明らかにする。す
なわち人間とは、宇宙における膨大な進化の過程の一部をなすものであり、そ
の運命ないし役割とは、「この地球上にあって、未来の進化のための主要なエー
ジェントであること」である（ハックスリー 1973：42)。地球上で、人間以外
の動物が心理・社会的段階の進化をする可能性は全くない。そこで人間は、「こ
の惑星の未来の進化を左右するただ一つの力」、「一層の進化発展の唯一の受
託者（trustee)」、「今日までの進化過程の相続人（heir)」（ハックスリー 1973：
103, 11, ハックスレー 1950：22）としての役割を果たさなければならない。

　以上がハクスリーの進化論的ヒューマニズムの内容である。それは、ビッグ
ヒストリーのヒューマニズムにとって多くの優れた点がある。第1に、二度の
世界大戦および冷戦期を生きたハクスリーは、進化論的ヒューマニズムによっ
て、人類全体の統合に向けた普遍的なヒューマニズムの枠組みを提供しようと
した。われわれは、ユネスコを設立するための彼の努力にそれを見ることがで
きる。周知のように、ユネスコ（国際連合教育科学文化機関）は、教育、芸術、
科学、文化における国際協力を通じて世界平和を促進することを目的とした国
連の専門機関である。ハクスリーはユネスコの創立に携わり、1946年に初代
事務局長に就任している。

　1947年に発行されたパンフレット『ユネスコの目的と哲学』の中で、ハク
スリーは、ユネスコがその目的を達成するのに必要な哲学ないし指導原理に
ついて論じている。彼はまず、ユネスコが採用すべきでない哲学として、「互
いに対立する競合的な世界の神学」（イスラム、ローマ・カトリック、プロテス
タント、仏教、ユニタリアニズム、ユダヤ教、ヒンズー教)、「今日の世界にお
いて競合し他を排斥する政治経済的教義」（資本主義的自由企業、マルクス主
義的共産主義、半社会主義的計画化)、「ある特定の哲学ないし見解」（実存主義、
エラン・ヴィタル、合理主義、スピリチュアリズム、経済決定論、人類史の循
環説）を挙げる。なぜなら、党派的であることはユネスコの憲章と本質に反

するからであり、また集団間の敵対や国家間の非協力・脱退を招くからである。またユネスコは、民主主義、人間的尊厳、平等、相互尊重の諸原則を重視するので、「国家を個人よりも高次の重要な目的であると見なす見解」や、硬直した階級理論を採らない。さらにユネスコは、地上における平和と人類の福祉という目標などから、来世的世界観も採用しない（ハックスレー 1950：9-10）。

　ではユネスコが依って立つべき哲学とは何か。ハクスリーは、平和と安全保障と人類の福祉というユネスコの関心から、ユネスコの見解はある種のヒューマニズムに基づかなければならないと言う。それは世界の全民族と各民族の全ての個人を考慮に入れる「世界的ヒューマニズム」、科学の応用・実践・理解を重視する「科学的ヒューマニズム」、そして静的で観念的なヒューマニズムとは反対の「進化論的ヒューマニズム」でなければならない。以上から彼は、「ユネスコの一般的哲学は、その広さにおいては地球的、その背景においては進化論的な科学的・世界的ヒューマニズムでなければならない」と主張している（ハックスリー 1973：10-12）。さらに彼は、われわれの時代の衝突の中心は国家主義と国際主義の間の衝突にあり、これを克服するために、ユネスコは人類の蓄積された伝統の共通のプールを作ることによって、将来実現されるべき世界の政治的統一の基礎を作ることができると論じている（ハックスリー 1973：25-25）。

　進化論的ヒューマニズムの第2の優れた点は、宗教に対する肯定的な態度である。宗教に総じて否定的であったピンカーとは異なり、ハクスリーは、人間が宇宙の「神性」(divinity) を享受するために宗教が重要であることを認めた。彼によれば、神性とは「崇敬にあたいすると感じられるものであり、人間に畏怖の念を起こさずにはおかぬもの」である。科学は、諸現象から神秘のベールを取り除いたが、世界はなぜ存在するのかという存在一般についての神秘と、特に精神の存在についての神秘にわれわれを直面させる。われわれは、宇宙と人間の存在をひとつの基本的神秘として認めることを学ばなければならない。そして彼は宗教を、こうした宇宙の神秘を感じ取るために人間が進化させてきた「器官」であると規定している。科学と宗教は、進化する人間性の2つの異なる器官であって、その間に根本的な分裂はない（ハックスリー 1973：

116, 142-143, 222-223）。人間は、宗教という器官を進化させることによって、科学では捉えることのできない存在の神秘を感じ、崇拝や畏敬の念などの生き生きとした宗教的体験や、そうした体験をもとにした様々な優れた芸術を生み出してきた[8]。

　第3に、進化論的ヒューマニズムには、自然環境の保全を志向するエコロジカルな性格がある。これまでの進化のプロセスを振り返るならば、人間は宇宙における孤立した、他の自然から切り離された存在ではないことが分かる。人間は宇宙の全てのものと同じ物質でできており、また遺伝的な継続によって地球上の他の全ての生物と結びついている。「動物・植物・微生物のすべては人類のいとこないしは遠い親族であり、新陳代謝する原形質が枝分かれしつつ進化していくひとつの流れの部分である」（ハックスリー　1973：106）。次に、人類は地球上の将来的な進化のプロセスに責任を負っているという自覚から、進化論的ヒューマニズムは、人間には自然を保全する集団的義務があると主張する。人間の義務は、進化の過程が正しい方向に向かうべく舵をとることであり、「みずから舵をとることは、進化論的ヒューマニズムの骨子であり、核心をなすもの」である。そしてこの目的を成し遂げるために、人間が自然の一部であることを忘れず、自分の住む惑星上の環境に対して、調和のとれた共生の生活をなすべきであり、自然を無責任に開発することをやめ、自然に対して責任ある友人関係を保つことを学ぶべきであると述べている（ハックスリー　1975：77-78、ハックスリー　1973：160-161）。また彼は、世界人口をコントロールし、人口の絶対数を減少させる必要があることを再三にわたって論じている（ハックスリー　1973：114, 251）。こうした点に、啓蒙主義とは異なるハクスリーの自己批判的な人間観を見てとることができる。

　以上がハクスリーによる進化論的ヒューマニズムの優れた点である。ピンカーの啓蒙主義ヒューマニズムに比べると、ハクスリーは宇宙進化とそこにおける人間の位置というビッグヒストリー的な視点を前面に出しながら、宗教信仰者や他の生命をも包括する、より普遍的なヒューマニズムのコンセプトを打ち出しているように思われる。進化論的ヒューマニズムは、冷戦時代における「ビッグヒストリーの適用」の大きな成果であるということができよう。

しかし、ハクスリーの進化論的ヒューマニズムにも問題点がある。それは彼が、優生学を積極的に提唱したことである。彼の優生学の主張は、欠陥のある好ましくない人間の遺伝子の拡大と増加を阻止する「消極的優生学」と、好ましい遺伝子の拡大と増加を確保する「積極的優生学」の両者を含んでいる（ハックスリー 1973：253）。消極的優生学では様々な遺伝的欠陥をもつ人々の産児制限や避妊手術を行い、積極的優生学では人工授精によって知能を始めとする人間の望ましい遺伝的能力を増大させる。これらを通じて、人間という種を遺伝学的に改良していくべきことを、ハクスリーは再三にわたって主張している。

　優生学に対するハクスリーのこうした態度は、優生学に対する批判的認識を欠いた当時の時代的状況もあったであろう。しかし問題なのは、ハクスリーによる優生学の肯定が、進化論的ヒューマニズムの論理的帰結として導き出されているということである。それはまず、人間は地球上の将来的な進化に責任を負う唯一の存在であるという進化論的ヒューマニズムの人間観に基づいている。「人間の果たすべき役割は、この惑星上の進化の過程を支配し、将来の進路を好ましい方向へみちびくために最善をつくすこと」であり、優生学はその出発点であると彼は言う（ハックスリー 1973：269）。そして、人間による進化プロセスへの介入と望ましい方向への舵取りを可能にしているのが、心理・社会的段階における進化の特性である。すなわち第1に、生物学的段階の自然選択は盲目的に作用し、意識的な目的は存在しないのに対して、心理・社会的段階において作用する心理・社会的選択は、常に何らかの目的を意識し、「正面から人間をひっぱって」前進させる（ハックスリー 1973：43）。第2に、心理・社会的段階における進化のスピードは著しく速い。無機的・宇宙的段階における変化は10億年の単位ではかられ、生物学的段階の変化は1億年の単位ではかられるのに対して、心理・社会的段階における変化のテンポはそれよりはるかに速く、しかも著しい加速度をもっている、と彼は述べている（ハックスリー 1973：39-40）。ここで彼は、一種の加速主義の論理をもって、自然選択に対する人為選択の優位を主張しているのである。

　ハクスリーは、「トランスヒューマニズム」(transhumanism) という言葉を最

初に用いたことで知られているが、この言葉は、進化論的ヒューマニズムにおける「地球上の未来の進化を担う存在」という人間のヴィジョンから生まれている。彼はこの言葉について、次のように語っている。「人間種族は、そうしたいと思えば、自分自身を脱することのできる存在である。それも……人間種族の全部が全部、人間性として自分を脱することのできる存在である。……人間は、人間のままでありはするが、かれの人間的本性の新しい可能性と人間的本性への新しい可能性を実現させることによって自分自身から脱しつつある存在でもあるからである」（ハックスリー 1975：42）。ハクスリーにとって、人間とは進化の途上にある種、より完成された種に向かっての中間点にある種である。彼はそのような種へ、人類全体として移行していくことを夢見ている。しかしそれは現実には、遺伝子の優劣による格差や差別を人類にもたらすことにつながるであろう。「全人類は一つである」という進化論的ヒューマニズムの理念は、ここにおいて崩壊せざるをえない。

4 宇宙における人間と進化・進歩の陥穽

　本章ではこれまで、ピンカーの啓蒙主義ヒューマニズムとハクスリーの進化論的ヒューマニズムを検討してきた。これらのヒューマニズム構想に見られるビッグヒストリー的な性格は、その「人間」に対するとらえ方に現れている。

　ピンカーのヒューマニズム構想の優れた点は、彼が優れてビッグヒストリー的な「人間」に焦点を当ててヒューマニズムを組み立てようとしている点である。その「人間」とは、宇宙地球史における進化のプロセスの中で、エントロピーの法則に抗いながら、悠久の時間をかけて複雑性を積み重ねて形成されてきた人間、すなわち「宇宙における人間」である。エントロピーの法則は、「生命と精神、そして人間の努力の究極の目的」が、「エネルギーと知識をうまく使ってエントロピーの流れに逆らい、わたしたちにとって有益な秩序という避難所をつくり上げること」であることを示している（ピンカー 2019上：51）。さらに人間は、動物、特に哺乳類としての進化のプロセスにおいて、ヒューマニズムの中核となる共感という能力を発達させてきた。このように、ピンカー

はあらゆるイデオロギーから距離をおいた、ビッグヒストリー的に規定された「宇宙における人間」にヒューマニズムの基礎をおいており、それゆえ彼のヒューマニズムの構想は、どのようなイデオロギーをもつ人間をも含む「人類ヒューマニズム」となりうる普遍性をもっている。

ハクスリーについても同様である。当時、世界は二度の世界大戦を経て、米ソの冷戦の時代に突入しようとしていた。彼のユネスコについてのパンフレットからは、世界がイデオロギーや国家主義によって分断されていた状況において、進化論的ヒューマニズムによって分断を克服しようとするハクスリーの強い意志を読み取ることができる。彼はそれを、進化のプロセスをさかのぼり、人間の間に様々なイデオロギーが発展する前の共通の人間像を探ることによって行おうとする。ハクスリーにとっての共通の人間像とは、宇宙進化の無機的段階、そして生物学的段階を経て進化を遂げ、心理・社会的段階という新しい進化のステージを担う存在となった「宇宙における人間」である。彼はここから「全人類は一つである」という人類ヒューマニズムのヴィジョンを導き出した。ハクスリー自身は全く触れていないが、ここに人類のアフリカ起源説を根拠として付け加えることができるであろう。

このように、啓蒙主義ヒューマニズム、進化論的ヒューマニズムの双方とも、その中核となる人間像に、宇宙地球史の中で宇宙進化を通じて形成されてきた「宇宙における人間」を据えて、ビッグヒストリー的なヒューマニズム、つまり「人類ヒューマニズム」のヴィジョンを志向しているということができる。私が彼らのヒューマニズム論を、宇宙的ヒューマニズムが参照すべきものと考えるゆえんである。

しかし、これまで見てきたように、彼らのヒューマニズム構想には人類ヒューマニズムの理念をゆがめてしまう要素が含まれている。したがって、彼らのヒューマニズムからそうした要素を取り除き、真の人類ヒューマニズムとして再構築する必要がある。その際に、中心的な問題になると思われるのは、「進化」および「進歩」に対する考え方である。

ヒューマニズムが進化の概念を取り入れることには、メリットとデメリットがある。メリットは、宇宙的ヒューマニズムの中核となる「宇宙における人

間」というコンセプトに、科学的・具体的な内容を付与できることである。例えば比較のために、アインシュタインの「宇宙的人間」(cosmic man) というヴィジョンを取り上げてみよう。宇宙的人間は、数学や物理法則などの「宇宙的秩序」を理解する能力をもち、党派的教条にはとらわれず自分の心で考える自立した世界市民である。宇宙的人間には、宇宙を「永遠の相」の下にとらえ、「宇宙と、地球よりはるかに大きく、光が到達するまで何百年もかかる無数の星々の広大無辺さに対する理解」をもち、自分を無限の一部と感ずる「宇宙的宗教感覚」が備わっている。そうした宇宙的人間は、「一つの人類、一つの愛、一つの平和」を意味する「宇宙的宗教」と呼ぶべき新しい宗教に帰依するようになる。「宇宙を完全な調和に保つ見事な法則を意識するようになるにつれ、自分自身がいかに小さい存在なのか悟り始める。人間の野望や陰謀、利己主義とともに、その存在の小ささを知る。これが宇宙的宗教の芽生えだ。同胞意識と人類への奉仕が、その道徳規範となる（ヘルマンス 2000：48, 92, 114, 122）。ここで彼は、宇宙的宗教感覚、すなわち宇宙物理学者としての研究を通じて感じた空間的無限感覚、私が第1章で論じた「ディープスペース感覚」を元に、宇宙的人間＝宇宙的宗教のヴィジョンを展望しており、宇宙的ヒューマニズムと極めて近い内容をもっている。

　しかし同時に、私は彼のヴィジョンに、ヒューマニズムにとって何かどうしても外在的なものを感じてしまうのである。アインシュタインの宇宙的人間が外在的に見えるのは、それが進化という積み重ねのプロセスを経ていないからである。いいかえれば、アインシュタインの宇宙的人間にはビッグヒストリーがないのである。進化、そしてそれを元にしたディープタイム・アイデンティティは、人間の宇宙感覚（自分というミクロコスモスが、宇宙というマクロコスモスと一致しているという感覚）に科学的・具体的根拠を与える。そうしないと、宇宙感覚は単なる直感として、神秘主義に陥ってしまうからである。アインシュタインの宇宙的人間という人間像は、人間がビッグバン直後の素粒子や水素原子からより重い元素そして太陽系と地球の形成、生命の進化を経て形成されてきたという宇宙進化的な内容を欠いているがゆえに、神秘主義的ないしスピリチュアリティ的な性格を帯びてしまっていると私には思われる。実際、

彼の語る内容には、時間の契機が全く含まれていない。アインシュタインは神秘主義者であるという対談者の指摘に対して、彼は「私は神秘主義者ではないよ……私は科学における追求を通じて宇宙的宗教感覚を知った」と弁明しているが（ヘルマンス 2000：196）、ビッグヒストリーに基づかない宇宙的人間像は、生命的・熱力学的な具体的性格がどうしても弱いものになってしまうのである。時間、および進化の概念は、人間の宇宙感覚を肉付けする上で不可欠のもののように思われる。

　一方、ヒューマニズムに進化の概念を取り入れることのデメリットは、それによって人類の間に優劣を、したがって分断を持ち込みやすいことである。ハクスリーの構想における進化概念の負の影響は、その「将来の進化の唯一の担い手」という人間のヴィジョンと優生学の主張に現れている。彼のヴィジョンの背景には、笹原（2006）がハクスリー倫理観の特徴として指摘する「進化論的倫理」がある。地球上における進化の舵取り役として、人間はみずからも進歩を続ける種でなければならない。ハクスリーはこのような観点から、進化的進歩を善とする道徳律を提起した（笹原 2006：189-191）。ハクスリーの進化論的倫理は、個の多様な可能性の発現を重視する倫理・教育理念や、進化の舵取り役として自然環境の保全を人類の義務と見なす環境倫理など、積極的な側面もあるが、それが生物学的な種としての人間自身に適用されることにより、優生学的な観点から逆に人間種の分断を持ち込んでしまい、さらにはトランスヒューマニズムの思想を生み出すに至っている。また、進化の舵取り役として人間を特別視する考え方は、自然を人間による操作や管理の対象と見なす自然観や、遺伝子工学をはじめ、自然や生命に対する人間の様々な介入の正当化に容易につながる恐れがある[9]。

　私は、進化と複雑性を中心的なコンセプトとして構築される主流派ビッグヒストリーにも、同様の陥穽が存在すると考えている。そこには、進化にこそ人間の存在価値があると考える近代的な価値観がある。これに対して、宇宙的視点とディープタイムを中心的なコンセプトとして構築されるビッグヒストリーは、人間の存在価値をその悠久の過去に、ディープタイム・アイデンティティに見出す。両者の違いは、料理研究家の土井善晴にならって、「進化」と「深

化」の違いであると言うこともできよう[10]。人間の「深化」によって得られるディープタイム・アイデンティティは、進化の最先頭にいる孤立した存在ではなく、他の生命や他の存在と深い所で結びついたミューチュアルな存在であることを示す。またディープタイム・アイデンティティは、人間がその遺伝子的状況にかかわらず、誰もが尊厳をもつ存在であることをわれわれに示してくれる。ただしこの「深化」は、人間が「宇宙における人間」として、宇宙史における人間の「進化」によってもたらされたものでもある。「進化」のプロセスをさかのぼり、根源にまでたどり着くことによって自己と他者の尊厳を感受する。これがビッグヒストリーの本来抱くべき進化感覚である。

　この点、ピンカーの啓蒙主義ヒューマニズムには優生学的な観点は全く見当たらず、ハクスリーの進化論的視点の陥穽から自由であったように思われる。しかしピンカーの場合、対宗教の関係において、啓蒙主義が彼のヒューマニズム構想の人類的性格をゆがめてしまっている。ピンカーはヒューマニズムを1つの価値として宗教と絶対的に対峙させる。啓蒙主義は、歴史的には確かにキリスト教批判の中から発展してきた思想である。だが、ビッグヒストリーの描く「人間」は、「宇宙における人間」として、そうした様々な価値体系をもつ人々の根底に共通のものとして存在するものである。ピンカーも、そうした「人間」に基礎をおいてヒューマニズムを組み立てているはずなのであるが、宗教に関しては、そうした構想から離れて「宗教vs啓蒙主義」「宗教vsヒューマニズム」という図式に自ら嵌まり込んでしまう。彼にとって啓蒙主義は、理性、科学、進歩、ヒューマニズムによって構成されるものであるから、宗教は反ヒューマニスティックなものであるだけでなく、反理性的、反科学的、反進歩的な「遅れた」人間意識としてとらえられることとなる。そしてそうすることによって、啓蒙主義ヒューマニズムは、その「人類ヒューマニズム」としての性格を歪めてしまうのである。

　宇宙的ヒューマニズムは、「人類ヒューマニズム」として、人類共通のアイデンティティに立ち返ることにより、宗教やイデオロギー、人種や民族の違いを絶対視する考えを克服しようとする。それは人間を対象とするビッグヒストリーの宇宙的視点である。第1章で述べた「地球の出」における宇宙的視点と

同様に、人間を宇宙史のなかで眺める俯瞰的な視点においては、イデオロギー的相違が捨象され、「人間」というイデエが前面にクローズアップされるからである。

アフガニスタンで長年にわたり医療活動と灌漑水利計画の実施に携わってきた医師の中村哲は、アフガニスタンのイスラム社会で活動する際に、自らもキリスト者としての信仰をもつなか、異なる宗教や文化の狭間で、いかに「人としての共通項」「人としての一致点」を日常生活のなかで見いだすかに努力を費やしたという。彼は次のように述べている。「私は現地のイスラム教徒や共産主義者たちと、けっして神学的論議をしなかった。良いことはだれにも良いことで、悪いことは誰にも悪いことである。ただ行為として現れる結果に、人々は信を置く。共通の神の発見は、共通の人の発見である。そして、その普遍性は無限に多様な外形を超えて厳在し、神聖な空白地帯として、存在の根底において万人をつなぐものである」（中村 2003：113）。ここで中村が言っている「人」とは何だろうか。中村は宇宙史については全く語っていないが、少なくともそれは、宗教や文化、イデオロギーをもつ人間の、そうした意識の外皮の奥にあるなにものかであろう。中村自身は、この「共通の人の発見」を、自らの医療活動や灌漑水利建設という実践活動を通じて行おうとした。ビッグヒストリーは、「宇宙における人間」というイデエの下に、共通の「人」を実現すべく行動するのである。

ピンカーの標榜する啓蒙主義の底流には、人類史を過去から未来へとより高度の段階に発展する歴史であるととらえる、近代に特有の「進歩の観念」があると考えられる。進歩の観念は、18世紀啓蒙主義の時代に理性や科学の概念を元に形作られるようになり、19世紀には資本主義の発展によってその枠組みを拡大させていく。20世紀前半における2度の世界大戦は、進歩の観念に対する深刻な疑念を呼び起こしたが、第二次大戦後の経済発展は、進歩の観念に新たな力を与えた。進歩の観念がもっている信念は、進歩とは人間の歴史における歴史的一般法則であり、この法則はあらゆる人類に有効であるという信念である（ポラード 1971：6）。こうした確信に立って、啓蒙主義者のコンドルセは原始的部族の段階から人間精神の未来に至るまで人類の精神史を10の

段階に区分し、社会学者のコントは人類の精神史を神学的すなわち虚構の段階、形而上学的すなわち抽象の段階、そして科学的すなわち実証の段階の3つの段階に区分した。現代における人間精神の発展段階論としては、例えば、人類史における意識の発達段階を、古代的段階のベージュから全体的段階のターコイズまで8つの色＝意識に色分けした、アメリカの心理学者クレア・グレイブスの「スパイラル・ダイナミクス理論」を挙げることができよう。

　これらの歴史観は、全て進歩を人間精神の発展としてとらえるものであるが、その対極に立つのが、「すべての文明の哲学的同時性」を唱える歴史学者アーノルド・トインビーの歴史観である。トインビーは、主著『歴史の研究』において、人類史における21の文明を同定しているが、これらの文明は全て「哲学的に同時代であり、哲学的に等価値とみなすべきである」（トインビー1979：125）と主張している。その理由は、文明史の時間の尺度が、人類史、さらには生命史・宇宙史に比べて、極めて短いことによる。彼は次のように論じている。「地質学や宇宙発生学によっていまや展開されるに至った時間の尺度で計ってみますと、わたくしたちが「文明」という張り札をつけている種類の人間社会の代表的なるものがはじめて出現してこのかた経過した五千年ないし六千年という歳月は、人類の、この地球上の生命の、地球そのものの、われわれの太陽系の、また太陽系がそのなかでは一粒のちりにすぎない星群の、あるいはさらにそれよりも無限の大きさと古さをもつ星辰的宇宙の総計の最近の測定による年齢と比較してみるならば、まるで極微的に短いわずか一瞬の時間にすぎないということがわかりました。」そして、このようにまるで次元を異にする時間的な大きさと比較した場合、人間の文明はいずれもお互いに現代文明というよりほかにない、と述べている（トインビー　1966：10-11）。つまりトインビーは、宇宙史のディープタイムを根拠に、文明の同時代性・等価値性を主張しているのである。

　トインビーの歴史観と啓蒙主義のそれとの違いは、人類史を宇宙史の一部とみなすのか、それとも人類史を宇宙史から切り離して考えるのかの違いである。人類史をビッグヒストリーとしてとらえるのか否かの違いである。われわれは、人新世の現在、人類が直面している危機を克服するために、あらゆる文明や文

化の知識を動員しなければならない。そのための障害となっているのが、近代の進化的・進歩的な時間意識である。われわれは、そうした観点によって世界を序列づけることから自分自身を解放しなければならない。そのために役立つのがビッグヒストリーである。気候変動への対処や生物多様性保全の文脈で重視されている先住民の知識も、「宇宙における人間」「宇宙史のなかの人類史」というビッグヒストリーの宇宙的視点とディープタイム思考によって、その重要性を根拠づけることができる。私の考えるビッグヒストリーは、単なる人間中心主義の批判ではない。人類のあらゆる力を結集するためのものなのである。

5 人間中心主義の系譜

　宇宙的ヒューマニズムは、「人類ヒューマニズム」を超え、他の生命を含むより普遍的な倫理に発展していく可能性をもっている。ピンカーは、彼のヒューマニズムの中心的能力である「共感」の輪を、全ての「感覚をもつ存在」に広げていくことができると述べている（ピンカー 2019下：347）。またハクスリーにも、人間は宇宙進化のプロセスを他の生命と分かちもっているという同胞感情が存在する。

　しかし、宇宙的ヒューマニズムのこうした可能性を十全に開花させるためには、これまでのヒューマニズムの特徴であった人間中心主義ときっぱりと決別しなければならない。福井（1989）は、ベーコンやデカルトからカントやヘーゲル、そしてキルケゴールの実存哲学に至るまで、近代ヒューマニズム思想はみな「人間を中心におき、人間をこれ以外の動植物から区分して、人間のみに特別の尊厳を認めるヒューマニズム」であったと述べ、「人間からのみ神や人間や世界を見るのではなく、動植物が動植物として一つの特殊的存在であるように、人間も人間として一つの特殊的存在であり、それぞれ宇宙の一つの尖端として存在たらしめられているという "宇宙における人間の位置" を決定的に問い直さなければならない」と論じている（福井1989：267-268）。宇宙的ヒューマニズムは、まさに彼が論ずる人間中心主義の見直しの上に展望されるヒューマニズムである。

この点、ピンカーやハクスリーのヒューマニズム構想には、いまだ人間中心主義の影響が存在している。ピンカーの啓蒙主義ヒューマニズムでは、成長の限界を認めようとしない経済成長至上主義に人間中心主義の性格が見られた。ハクスリーの構想における人間中心主義は、その「将来の進化の唯一の担い手」という人間のヴィジョンと優生学の主張に現れている。進化の舵取り役として人間を特別視する考え方は、自然を人間による操作・管理対象と見なす自然観や、自然や生命に対する人間の介入の正当化に容易につながる恐れがあることは、すでに指摘した通りである。

　ここで、人類史における人間中心主義の系譜を簡単にたどってみることにしよう。人間中心主義の変遷は大きなテーマであり、言うまでもなくその解明には人類史の広範かつ詳細な考察を必要とする。したがってここで行うのは、簡単な試論的スケッチにすぎないものである。人間中心主義の展開の歴史とは、自然に対する人間の技術的・経済的影響力や支配力が増大していく過程を反映するものであると考えられる。狩猟採集時代、農耕文明、近代工業社会、そして人新世と、自然と人間の力関係が人間に優位になるにつれて、人間の意識に経済の発展段階に応じたその優位性が反映され、新たな人間中心主義の観念が形作られる。このような観点から人類史をみた場合、特徴的な人間中心主義の思考様式として、少なくとも、（1）狩猟採取時代におけるローラシア型神話、（2）農耕文明におけるユダヤ・キリスト教的世界観、（3）近代工業社会における科学革命、（4）人新世における加速主義、という4つの思考様式を挙げることができるであろう。

（1）ローラシア型神話

　これは、神話学者のマイケル・ヴィツェルの唱える世界神話学説で論じられている神話の型である（Witzel 2012）。以下、後藤明『世界神話学入門』（後藤 2017）に依拠してその内容をみてみると、世界神話学説は、世界の神話がゴンドワナ型神話とローラシア型神話の2つのグループに大きく分けられるという仮説である。ゴンドワナ神話に含まれるのは、サハラ砂漠以南のアフリカ中南部の神話、インドのアーリア系以前の神話、東南アジアのネグリト系の神

話、パプアやアボリジニの神話である。ゴンドワナ神話では、人間も動物も、そして神や精霊も、地上において一緒に暮らしていたとされ、また夜空の天体もかつては生命をもち、人々の隣で暮らしていたとされる。それらの間に上下関係や階層関係はなく、平等な相互依存関係こそあるべき姿だという主張がその基底にはある。また、ゴンドワナ型神話は一般にストーリー性は弱い。一方、ローラシア型神話には、エジプトやメソポタミア、ギリシアやインドのアーリア系神話、中国や日本神話の大半が含まれる。ローラシア型神話の究極的な問いは、世界と人間の起源はどのようなものだったのか、ということであり、至高神による世界の創造（クリエーション）、あるいは無からの世界の出現（エマージェンス）とその進化（エボリューション）が語られる。ローラシア型神話は強いストーリー性をもち、世界の創造・出現ののちには、神々の物語から人間の誕生とその子孫たる王族の出現等々と続き、多くの場合、最後は支配者の正統性を主張して終わる。それは、人間の現状を説明する手段として「なぜわれわれはここにいるのか」という問いに象徴的に答えようとするものである（後藤 2017：10, 133-134, 136, 182）。

　この2つの神話群を比較したとき、ローラシア型神話がより人間中心主義的であることは明らかであろう。後藤は、ゴンドワナ神話はそもそも「物語」という営みが成立する以前に存在していたホモ・サピエンスの原型的な思考であり、自民族中心主義や征服者の思想には決して導かれることのない神話であるのに対して、ローラシア型神話は、「結局のところは進化思想であり、右肩上がりの思考であり、さらには自民族中心主義につながりかねない危険性を孕んだ」神話であると論じている（後藤 2017：266, 270）。

（2）ユダヤ・キリスト教的世界観

　農耕文明を特徴づける精神史上の出来事は、哲学者カール・ヤスパースの言う「枢軸時代」の到来である。この時代には、人類の精神史上において驚くべき事件が集中的に生じた。中国では孔子と老子が生まれ、墨子、荘子、列子などの思想家が排出した。インドではウパニシャッドが発生し仏陀が生まれ、イランではゾロアスター、パレスチナではエリア、イザヤ、エレミアといった予

言者、ギリシアではホメロスや、パルメニデス、ヘラクレイトス、プラトンなどの哲学者、悲劇詩人、トゥキュディデスやアルキメデスが現れた。枢軸時代は、人間が自己の限界を自覚的に把握するとともに、自己の最高目標を定めるようになった時代であり、ヤスパースが「精神化」と呼ぶ人間存在の全面的変革が始まった。ギリシア、インド、中国の哲学者や宗教家たちはまた、理性と合理的精神をもって神話に対する闘いを始め、古い神話の世界は徐々に没落し、神話時代は終焉した（ヤスパース 1964：22-25）。

　枢軸時代は、人間が自らを人間として自覚し始めた時代である。そこに文明や世界宗教という形で本格的な人間の自己認識、人間観が発生するに至ったが、人間中心主義の観点からみると、そこにもまた大きな分岐が存在していた。なかでもユダヤ・キリスト教的歴史観は、人間による自然支配を是とする人間中心主義的な性格の強い世界観である。

　トインビーは、文明の歴史観を、人間が生命として本来的にもっている「自己中心性」との関わりという観点から考察している。彼によれば、歴史家の目にうつる宇宙の姿は、「インド・ギリシア的歴史観」と「ユダヤ・ゾロアスタ的歴史観」という2つの歴史観として現れる。インド・ギリシア的歴史観は、宇宙の律動を「1つの非人格的な法則に支配された循環的な運動」だととらえる歴史観である。それは人間の自己中心性への偏向を根本的に是正してくれるが、そのために「歴史」からその意義を奪うという犠牲を払わねばならない。その結果、自分のおかれている「いま・ここ」が、そして同様に他の人間の「いま・ここ」も、何か特別な重要性をもっているということが信じられなくなってくる。これに対して、ユダヤ・ゾロアスタ的歴史観は、宇宙の律動を「理知と意志とに支配された回帰することのない運動」ととらえる歴史観である。この歴史観において歴史は最大限の意義を与えられることになるが、それは「唯一紳」や「選民」という観念に示されているように、自己中心性への逆行をもたらす危険を冒すことになる（トインビー 1967：26-28）。

（3）科学革命

　ここで言う「科学革命」とは、イギリスの歴史家ハーバート・バターフィー

ルドが『近代科学の誕生』(1949) において提唱した、17世紀における近代科学の成立を指している。コペルニクスやケプラーの地動説、ガリレイによる自由落下運動の法則などの力学的発見、そしてニュートン力学は、従来の目的論的自然観をくつがえし、近代的な機械論的自然観をもたらした。17世紀科学革命は多くの技術革新の原動力となり、18世紀以降の産業革命と資本主義の発展を準備した。

　科学革命が人間の自然観に与えた影響やその問題点については、すでに多くのことが語られている。ここでは、科学革命の精神を代表する哲学者として、フランシス・ベーコン (1561-1626) とルネ・デカルト (1596-1650) の思想内容を簡単に確認しておこう。ベーコンの哲学の根本理念は、有名な「知は力なり」(Scientia est potentia) という言葉に示されている。彼は自然の探究によって自然を支配し、人類に福祉をもたらすことを主張した。彼は『ノウム・オルガヌム』(1620) においてルネサンスの三大発明（印刷術、火薬、羅針盤）を「世界の事物の様相と状態を変革し、そこから無数の事物の変化が続いた。どんな帝国もどんな宗教も、こうした機械的発明以上に、人間社会に大きな効果、いわば強い影響を及ぼしたものはない」と評した。また、技術的発明を評価する「時代の雄々しい生誕」と題された一草稿には、「宇宙に対する人間の支配権の大刷新」という副題がつけられている（松山 2004：62-63）。17世紀科学革命は、キリスト教の人間中心主義のうち、天動説的宇宙観を否定したが、キリスト教がもつ人間による自然支配の思想は、松山（2004：63-64）が指摘するように、ベーコンの自然支配思想を支えるものとして受け継がれている。またデカルトは、精神と物体（身体）を互いに独立なものとして区別し、純粋な意識の世界と、精神的な要素を全て払拭した機械的な物体（身体）の世界とに世界を区分する心身二元論や、自然界の諸現象を機械として理解する機械論的世界観によって知られる。デカルトのこうした自然観は、人間のみを精神を有する優越的な存在とし、動物を精神をもたない「自動機械」と考える人間中心主義の基盤となった。ベーコンによる自然支配の思想とデカルトによる機械論的自然観は、自然を単なるモノとして技術的に操作・改変し、人間の目的に利用するという近代的自然観を形作った。

（4）加速主義

　第2章で論じた通り、人新世の最大の特徴は「加速現象」である。加速現象の現状と問題点についてはすでに同章で論じたが、「加速主義」（accelerationism）とは、こうした加速現象を肯定的にとらえる思想の総称である。加速主義は「左派加速主義」と「右派加速主義」に分けることができる。左派加速主義は、資本主義がもたらすテクノロジーを用いて、それを資本主義的な諸目的への従属から解き放ち、集団的な自己制御の下において、労働からの解放を果たすことを目指す[11]。一方、右派加速主義は、資本主義のもたらすテクノロジーによって、人間の新しい進化を実現しようとする。右派加速主義はトランスヒューマニズムの一種であり、代表的な論者として、テクノロジーの特異点（シンギュラリティ）の到来を唱えGNRテクノロジー（遺伝子工学、ナノテクノロジー、ロボット技術）を駆使して死を克服しようとするレイ・カーツワイルや、生物工学を通じた新しい人間種の誕生を展望するニック・ランドなどが挙げられる。ランドは、著書『暗黒啓蒙』において、現在も問題となっている人種問題は、人間の生物学的多様性を示すものであると指摘する。そこで、生物工学を通じて人間を生物学的に同一な存在に変え、従来からある「人間」という種を消滅させることにより、人種問題を解決することを提唱する。「科学技術を用いた人間による人間の生産は明らかに……進化の新たな段階の閾となるもの」である。これはダーウィン的な「適応的進化」とは異なる「発生的進化」であり、この発生的進化を通じて、新たな種を形成する「優れた進化」（euvolution）を実現すべきであると論じている（ランド 2020：248-255）。

　ここにおいて人間はついに、自然支配の論理を徹底させて、外界にある自然対象だけでなく、自分自身の身体やDNAをも「合理的に」組織しようと試みるに至る。その意味でカーツワイルやランドのような右派加速主義には、近代化の最終的な段階とも言える自己言及的な近代化、自己を対象とする近代化の傾向がみられる。これは社会学者のウルリッヒ・ベックが、「再帰的近代化」（reflective modernization）と呼んだ後期資本主義の特徴を反映するものであ

る。彼によれば、再帰的近代化は工業社会の創造的自己破壊の可能性を意味するものであり、「発達が自己破壊に転化する可能性があり、またその自己破壊のなかで、ひとつの近代化が別の近代化をむしばみ、変化させていくような新たな段階」（ベック他 1997：11-12）のことである。それはまた、経済人類学者カール・ポランニーの自己調整的市場から社会学者ジャン・ボードリヤールの「シミュレーションとシミュラークル」に至る、自然から離床した人間および人工物の自己運動的な過程でもある。しかしこの自己を近代的合理性によって改変していくトランスヒューマニズム的過程が、加速主義にとっては、人間を新たな進化の段階へと引き上げる肯定的な過程として現れる。これが人新世に特有の人間中心主義の形式であり、こうして近代は、哲学者のユク・ホイが指摘するように、「技術的加速によってホモ・サピエンスをホモ・デウスとして改造しようとする類の人間主義の勝利」（ホイ 2019：168）をもたらすのである。

6 人類ヒューマニズムから宇宙的ヒューマニズムへ

　以上、人間中心主義の変遷を大まかにたどってきたのであるが、ここで気になるのは、主流派ビッグヒストリー自身が、これらの系譜と性質をもつ人間中心主義と共通する特徴をもっているのではないかということである。

　まず、ローラシア型神話の特徴である、創造、創発、進化を語る強いストーリー性は、主流派ビッグヒストリーの特徴そのものであると言える。実際クリスチャンは、『時間の地図』においてビッグヒストリーを「現代の創造神話」（modern creation myth）と述べており（Christian 2004：2）、また共著の中では「起源物語」（origin stories）、つまり万物がいかに創造されたかについての物語であると述べている[12]。その場合、ローラシア型神話が後藤の言うように「自民族中心主義につながりかねない危険性」をはらんでいるのと同じように、ビッグヒストリーの物語構造が人間中心主義につながりやすい性格をもっていることは否定できない[13]。次に、宇宙史を始まりと終わりのある直線的な時間ととらえる点において、ビッグヒストリーの物語の基本構造はユダヤ・キリスト教的世界観・歴史観に通ずるものがあると考えられる。もっともこれ

は、現在の宇宙科学が、ビッグバンという宇宙の「始まり」と何らかの宇宙の終焉の予測を科学的に明らかにしてきたことによるのであって、それ自体はユダヤ・キリスト教の影響によるものではない。しかしその一方で、ユダヤ・キリスト教歴史観と同様の直線時間に基づくビッグヒストリーは、人間中心主義の観念を助長してしまう懸念がある。ビッグバンによる宇宙の始まりからホモ・サピエンスの出現、そして近代までのスレッショルドを一本道の宇宙進化のプロセスととらえれば、人間種を宇宙における最高の存在と見なし、さらには宇宙が出現した目的とさえ見なす観念が生ずることもありうる。

　近代の科学革命や人新世の加速主義についてはどうであろうか。ビッグヒストリーは言うまでもなく、現在の最新最良の科学的成果に基づいて組み立てられる物語であって、科学を否定するものではないが、またそうであるがゆえに、ピンカーの啓蒙主義ヒューマニズムが陥ったような、宗教に対する否定的な言説となる可能性がある。そして、私が最も問題であると考えているのが、ビッグヒストリーの加速主義に対する態度である。われわれはすでに、ハクスリーが彼の言う宇宙史の3つの段階（無機的・宇宙的段階、生物学的段階、心理・社会的段階）における時間尺度の加速化から、優生学とトランスヒューマニズムを導いたのを見てきた。実際、主流派ビッグヒストリーと思想潮流的に近い所にある複雑性理論においても、現代社会の加速現象に危険性を感じ取りながらも、それに対する有効な展望を示せていないと思わせるものが多い。その最も大きな理由は、これまで示してきた人類の人間中心主義の系譜を、基本的には肯定的なものとして受け入れているからである。例えば、複雑系研究のメッカであるサンタフェ研究所の所長も務めた理論物理学者のジョフリー・ウェストは、著書『スケール』の中で、生命、都市、経済を貫いて見られる指数関数的な成長の法則を肯定的に論じながら、最終章において、現代の加速現象に対する危機感を示している。「私たちがこれから直面することになる21世紀の大きな課題の一つは、経済から都市に至るまだ5000年程度しか存在していない人工社会システムが、その出自であり数十億年続いてきた「自然」生物界と共存し続けられるのかという、根本的問題だ」（ウェスト　2020：209）。だが彼がこれに対して示す処方箋は、つまるところ、加速現象をさらに加速させること

である。「崩壊を回避するには、時計をリセットする新しいイノベーションを開始し、成長を持続させ、差し迫ったシンギュラリティを回避する必要がある」。そして「指数関数的成長よりも速い一連の加速サイクル」が実現されるという予測に期待を寄せるに至っている（ウェスト 2020：209, 218）。

こうした人間中心主義の諸相と主流派ビックヒストリーの近親性から明らかなように、ビッグヒストリーは、人類史における人間中心主義の系譜を批判的にとらえ返す必要がある。そうした反省的とらえ返しの契機を欠いたビッグヒストリーには、近代と人新世がもたらした諸問題に取り組む上で、どうしても限界があると私には思われるのである。

その際に参考になると思われるのは、歴史家トインビーによる人間中心主義の考察である。彼の人間中心主義に対する理解の特徴は、その「自己中心性」（self-centredness）が人間に限られるものではなく、宇宙における生命そのものの本質であるととらえていることである。彼は、『一歴史家の宗教観』において次のように論じている。生命は、宇宙における一片の分子的存在ではあるが、自らの生存を維持するために、宇宙における他のものを自らの利己的な目的に添わせるよう努力する一個の自律的な力として存在している。したがって自己中心性は、全ての生命に欠くことのできない生活の必要条件の一つである。しかし同時に、宇宙に存在するいかなるものも宇宙の中心たり得ないことを考えれば、自己中心性は知的に誤りであり、また自らが宇宙の中心としてふるまう権利がないことを考えれば、それは道徳的にも誤りである（トインビー 1967：16-17）。

自己中心性をめぐるトインビーの議論には、さらに2つの注目すべき点がある。第1に、彼は自己中心性を、各個人だけでなく共同体という集団においても見出していることである。彼は、人類史において共同体が実践してきた諸宗教を、「自然崇拝」から「人間崇拝」、そして自然や人間を超える「絶対的実在」（Absolute Reality）を崇拝する世界宗教の3つに区分する。自然宗教とは、人類が狩猟採集の段階に入ったときに始まったもので、いわゆるアニミズムを指している。人間崇拝とは、文明の段階に入った人間社会に現れた共同体意識で、地方国家のモザイク的な構造から世界帝国の形成へと進むにつれて、「地方共

同体の偶像化」から「世界共同体の偶像化」へと展開する。これらのうち、トインビーによると、自然崇拝は様々な共同体に属する全ての人を無力にする自然力の崇拝であるがゆえに自己中心性を免れているが、人間崇拝はそれとは異なって、「集団的利己性」(nosism) という自己中心性の1つの表現に他ならないとされる。彼によれば、集団的利己性は、個人の利己主義（egoism）よりも危険である。というのは、「個人がその自己中心性を一つの共同体に投射すると、それほど罪の意識を感ずることなくして、一層無法にこの自己中心的な自我をおしすすめることができる」からであり、また「自己を欺いて、この一人称複数の自我中心性が利他主義であるとうかつにも思いこむことが可能」だからである（トインビー 1967：62-63, 400）。

　第2に、トインビーは、この自己中心性が「業（カルマ）」として、死を超えて、また個人を超えて因果の法則として受け継がれていくものと考えていた。彼は、池田大作との対談『21世紀への対話』において、次のように述べている。「私は、生命の法則とは、宿業（カルマ）のことであると思っています。行動は必ず結果を生み出しますが、その結果からは誰も逃れることができません。しかし、その結果は変えられないというものではありません。次に起こす行動によって、良くも悪くも変えることができるわけです。……あらゆる生物は、"カルマのバランス・シート"に記帳を重ねています」（池田・トインビー 2003：104）。そして彼によれば生命の業は、個体ないし個人にとどまるものではなく、ある社会が集団的にもつものでもある。「私は……人間社会や制度の数々の歴史のなかにもカルマが働いていたことを、見ることができるのです」（池田・トインビー 2003：188）。仏教用語では、個人の業のことを「不共業」といい、多人数の共同の行動がもたらす業を「共業」というが[14]、トインビーはこのように、人間の歴史には共業が作用し、それがまた人間の歴史を形作っていると考えている[15]。

　以上紹介してきたように、トインビーは、宇宙における生命の本質を自己中心性に求めるとともに、さらには人類史を含む生命史を自己中心性が受け継がれていく「業」の歴史としてとらえ、人間中心主義をその延長であり発展であると考えている。そして、業を好転させるためには一種の「自己超克」が必要

なのであるが、トインビーにとって、この自己超克を行うための方法が「歴史」なのである。「歴史家の専門の仕事というものは……たんに人間だけでなく、この地球上のあらゆる生命に本来的にそなわった限界や欠陥の一つたる一種の自己中心性を是正しようとする一つの試みだと言えるのである。」そもそも人間は、「集合的人智」（Collective Human Intellect）を用いて自らの視野を広げようとするのであるが、歴史家もまた、1人の人間として免れることのできない自己中心的な観点から、歴史学を通じて意識的にその視角をそらそうと努めなければならない。それゆえ歴史家の仕事は、「自己超克を通じた自己是正」（self-correction through self-transcendence）にある。さらに、歴史家を動かして過去の記録の研究に向かわせるものはある種の「とらわれない好奇心」（disinterested curiosity）であるが、この好奇心こそ人間を他の生物から分かつものであり、この好奇心を土台にして「生命に内在する自己中心性から離脱することこそ、人間性の生得的能力でありまた使命なのである」と彼は論じている（トインビー 1967：16, 20-21）。

　これは言い換えれば、人間を他の生命から分けるものは宇宙的視点である、ということである。自己中心性ないし「中心主義」（centrism）は生命それ自身がもっている性質であり、人間も生命である以上セントリズム的本質をもっている。しかし人間は同時に「集合的人智」を用いて宇宙の姿を明らかにし、そこから得られる宇宙的視点をもって、セントリズムの宇宙史を変えることができる。ただトインビー自身は、「人間である観察者は、観察の対象の外にある固定した一点から観察する立場に立つことはできない」（トインビー 1967：406）として、自己超克の可能性を結局はキリスト教的な愛の理念である「絶対的実在」に求めるに至った。これに対してビッグヒストリーは、「観察の対象の外にある固定した一点」としての宇宙的視点に立つことによって、人間的な立ち位置にとどまりながら、セントリズムを克服しようとする。ここにおいて、ビッグヒストリーのヒューマニズムは、人類ヒューマニズムから宇宙的ヒューマニズムへと展開することになるのである。

注

（1） American Humanist Associationのウェブサイトにある"Definition of Humanism" を参照。

（https：//americanhumanist. org/what-is-humanism/definition-of-humanism/）

（2） これは務台（1961）が用いている言葉である。務台は、人類ヒューマニズムを「全体的人間の立場に立って、人類の平和と幸福とを保証するために、人類共同体がこの地上に実現されることを目標」とするヒューマニズムであると規定している（務台1961：152）。ここでいう「全体的人間」とは、人間が自然史のながい過程の中で獲得した「私たち人間が人間として本来もっている可能性」の全体であり、「生産的労働の可能性の全体」である（務台 1961：136-137）。務台は、ヒューマニズムの担い手に着目しながら、近代ヒューマニズムの歴史的変遷を、貴族による人文主義ヒューマニズムからブルジョアジーによる市民的・個人主義的ヒューマニズム、そして生産労働者による人類ヒューマニズムないし社会主義ヒューマニズムへという3つの段階の変化として描いている。そして人類ヒューマニズムの特徴を、ダーウィンの進化学の思想に基づく自然史観の上に立ち、将来の歴史の担い手は物質的・知的労働者の手に移るという信念の上に立つものと規定している（務台 1961：71-73）。彼が人間の本質を生産的労働にあるものとして捉え、労働者と人類、そして社会主義を同一視している点にマルクス主義の影響がみられる。

（3） また、上述の福井も、近代ヒューマニズムを「人間中心的ヒューマニズム」と規定し、それは「一切を人間的なるものへと還元し、一切を人間的なるものから評価することによって、却って人間存在の本質、いいかえれば本来の意味でのフマニタスを、未だ十分には摑みきっていない憾みがある」と批判している（福井 1989：14）。

（4） 私の知る限り、これまで日本語の文献で「宇宙的ヒューマニズム」という言葉を用いているのは、池田（2011）、石神（1998）、原（1972）のみである。池田は、法華経の人間主義を宇宙的ヒューマニズムと規定している。そこでは、「他の生命を犠牲にした"人間中心主義"との違い」（池田2011：26）が強調されている点も興味深い。石神は、本章の本文中でも言及しているように、人間中心主義により宇宙とのつながりを失い、人間の孤立を招いてしまった近代ヒューマニズムに対して、コス

モロジーを回復したヒューマニズムを「宇宙論的ヒューマニズム」と呼んでいる。原は、英国の作家ジョン・クーパー・ポウイスの「生命道」(life cult) の思想、すなわち「謙虚（humility）と人間的な親切（human kindness）とヒューモアの三つのHの人間主義と純粋感覚による宇宙的抱擁としての宇宙主義」(原1972：194) を宇宙主義と呼んでいる。

(5) 例えば、気候変動問題において、総排出量の目標をGDP単位当り排出量の目標によってすり替えようとすることもこれに該当する。持続可能性と経済の「規模」の問題については、デイリー（2005）、片山（2008）第6章を参照。

(6) 原（1965：70）によれば、world-stuffという言葉は、アメリカの心理学者ウィリアム・ジェイムズの作った言葉をハクスリーが採用したとのことである。なお、「世界原質」という訳語も、原の訳に倣っている。

(7) 以下の引用は、ハックスリー（1973：98）による。なお、訳文中の「進化論的人間主義」は、訳語を統一するため「進化論的ヒューマニズム」に改めた。その他、文脈に応じて訳文を変更したところがある。

(8) ただし彼は、超越的な絶対神を信仰する従来型の宗教には批判的である。超自然的な創造主や支配者に対する信仰は、人間の抑圧と分裂をもたらし、また科学の成果を認めないという否定的な側面をもっている。それゆえ彼は、「神中心」ではなく「進化中心」の新しい宗教が近い将来に出現すべきことを説いている。新しい宗教は、科学的知識を利用して新しい神学を構成し、人間によりよい道徳的支柱を与える。彼は「新しい宗教は、超自然的な支配者を崇拝するかわりに、芸術や愛、知的な理解と憧憬における人間性の高度の発露を聖別するであろう。そして、神聖な委託財産である生命のもつさまざまの可能性を、より十分に実現してゆくであろう」（ハックスリー 1973：117）と述べ、現在の互いに矛盾し相いれない多数の宗教系に代わるべき、新しい単一の宗教体系が必要であると論じている。前節で言及した科学と宗教の関係に関するバーバーの4つの類型に従えば、ハクスリーは、両者の「統合」に未来の科学と宗教の姿を展望していたということができる。

(9) ハクスリーにおける進化の観念の根底には、過去に対して未来を優位におく時間意識が感じられる。こうした未来優位の時間意識を、社会学者の真木悠介は、「時間のニヒリズム」と呼んだ。真木は『時間の比較社会学』において次のように論じて

いる。「人間存在の自然からの自立と疎外は、自然の加工者（ホモ・ファーベル）としての人間に、未来に向かって現在の生を手段化する構造（目的性の回路）を獲得せしめるとともに、他方また、人生と歴史の一回性にたいする切実な感受をとおして、回帰する自然の時間性に対して異質の、つぎつぎと過去を帰無しつつ未来に向かう不可逆性としての時間の観念を切実たらしめる」（真木 2003：312-313）。難解な文章であるが、おおよそ次のようなことを意味するのであろう。近代は、時間からその個性的・地域的性格をはぎ取って時間を抽象化するが、そのことにより人間は時間を無限に短いものとして、そして究極的には未来に死を控えているものとして感受する。時間が人間にニヒリズムをもたらすのである。人間は、生の虚無と死の恐怖から自身の過去に意味を見い出すことができず、未来における「進化」に、自己の存在する意味を見い出さざるを得なくなる。

（10）土井は、新しいこと・誰もやっていないことを目指す「進化」の考え方に対して、和食には素材を活かすこと、今あるもの（旬）を食べることなど「何もしないこと」「工夫しないこと」を最善とする考えが根本にあることを指摘し、次のように述べている。「では、「進化」とは何か?西洋の自然観から生まれた人間の存在価値です。和食における、人間存在の創造は「深化」です。西洋の人間存在の創造である「進化」とは、まるっきり違うのです。……私たち日本人が得意なことは「深化」です」（2023年5月13日付聖教新聞）。

（11）左派加速主義を代表する文書としては、ニック・スルニチェクとアレックス・ウイリアムズが2013年に発表した「加速派政治宣言」（スルニチェク・ウイリアムズ 2018）、またロビン・マッカイとアルメン・アヴァネシアンの『加速主義読本』（Mackay and Avanessian ed. 2014）の彼ら自身による序論などが挙げられる。

（12）クリスチャン他（2016：4）を参照。ただし翻訳ではorigin storiesを「創造神話」と訳している。

（13）もし、ストーリー性の弱い「ゴンドワナ型ビッグヒストリー」というものが成り立ちうるとすれば、それは少なくとも、ゴンドワナ型神話のように、「世界と実存的に触れ合うための方法」という性格を重視したものになるのではないかと思われる。

（14）共業については、干潟（1975）を参照。なお同論文において干潟は、業の社会性について次のように論じている。「個人（自）は万人（他、社会）なくしては有り

得ないし、万人は個人なくしては有り得ないのだから、業（人間の行為行動）はすべて個人的（不共業）であると同時に社会的（社会の人皆の行動、即ち共業）であるのである。……業はすべて社会性を持ったもの、即ち共業なのである」（干潟1975：7）。

（15）思想家の梅原猛は、業を仏教における歴史哲学ととらえ、業の思想の重要性を次のように論じている。「やはり、人間が、自己を超えた因果、いってみれば、普遍なる宇宙の生命発生以来の運命の支配を受けているという考えが、十二因縁の思想の中にあるように思うのです。こういう宇宙発生以来の生命の無意識の支配力を「業」というのでありましょう。」そして、人類の破滅の危機からわれわれの目をそらさせている西洋の進歩史観や終末史観を批判し、国家や戦争を人間の業であると指摘しながら、「人間の業の深さを凝視して、この業をまぬがれる道を考える哲学が必要なのです。業の歴史的反省のみが、この戦争をまぬがれる方向だと思います」と述べている（増谷・梅原1996：319-325）。

参考文献

Christian, David（2004）Maps of Time, An Introduction to Big History, University of California Press, California.

Christian, David（2015）We Need A Modern Origin Story：A Big History, Edge, May 21, 2015.

（https：//www. edge. org/conversation/david_christian-we-need-a-modern-origin-story-a-big-history）

Mackay, Robin, Armen Avanessian ed.（2014）#Accelerate#, Urbanomic, UK.

Witzel, E. J. Michael（2012）The Origins of the World's Mythologies, Oxford University Press, New York.

池田大作（2011）『法華経の智慧』上、聖教新聞社。

池田大作、アーノルド・トインビー（2003）『21世紀への対話（下）』聖教ワイド文庫。

石神豊（1998）『ヒューマニズムとは何か』レグルス文庫。

ウェスト、ジョフリー（2020）『スケール〔下〕生命、都市、経済をめぐる普遍的法則』

山形浩生訳、早川書房。

片山博文（2008）『自由市場とコモンズ—環境財政論序説』時潮社。

笹原英史（2006）『J・S・ハクスリーの思想と実践』専修大学出版局。

クリスチャン、デヴィッド、シンシア・ストークス・ブラウン、クレイグ・ベンジャミン
　　（2016）『ビッグヒストリーわれわれはどこから来て、どこへ行くのか宇宙開闢から
　　138億年の「人間」史』長沼毅監訳、明石書店。

後藤明（2017）『世界神話学入門』講談社現代新書。

スルニチェク、ニック、アレックス・ウィリアムズ（2018）「加速派政治宣言」水嶋一憲・
　　渡邊雄介訳、『現代思想1月号特集：現代思想の総展望2018』青土社、pp. 176-186。

デイリー、ハーマン・E.（2005）『持続可能な発展の経済学』新田功・大森正之・藏本忍訳、
　　みすず書房。

トインビー（1967）「一歴史家の宗教観」深瀬基寛訳、『トインビー著作集4一歴史家の宗
　　教観』社会理想社所収。

トインビー、アーノルド・J（1966）『試練に立つ文明（全）』深瀬基寛訳、現代教養文庫。

トインビー（1967）『世界の名著73トインビー』長谷川松治訳、中央公論社。

中村哲（2003）『辺境で診る 辺境から見る』石風社。

バーバー、I・G（2004）『科学が宗教と出会うとき—四つのモデル』藤井清久訳、教文館。

ハイデッガー、マルティン（1997）『「ヒューマニズム」について』渡邊二郎訳、ちくま
　　学芸文庫。

ハックスレー、ジュリアン（1950）『ユネスコの目的と哲学』上田康一訳、日本教文社。

ハクスリー、ジュリアン（1968）『進化とは何か—20億年の謎を探る』長野敬・鈴木善次
　　訳、講談社ブルーバックス。

ハックスリー、ジュリアン（1973）『進化と精神』若林千鶴子訳、思索社。

ハックスリー、ジュリアン・S.（1975）『脱・ヒューマニズム』石塚京子・沢田允夫・吉田
　　謙二訳、法律文化社。

ハックスレー、ジュリアン編（1964）『ヒューマニズムの危機新しい人間主義の構想』日
　　本ユネスコ協会連盟ヒューマニスト・フレーム翻訳刊行委員会訳、平凡社。

原一郎（1965）『ヒューマニズム』毎日新聞社。

原一郎（1972）『宇宙的ヒューマニズムJ・C・ポウイスの生命道』公論社。

ピンカー、スティーブン（2019）『21世紀の啓蒙―理性、科学、ヒューマニズム、進歩』上下、橘明美・坂田雪子訳、草思社。

福井一光（1989）『ヒューマニズムの時代』未来社。

ベック、ウルリッヒ、アンソニー・ギデンズ、スコット・ラッシュ（1997）『再帰的近代化―近現代における政治、伝統、美的原理』松尾精文・小幡正敏・叶堂隆三訳、而立書房。

ヘルマンス、ウィリアム（2000）『アインシュタイン、神を語る』神保圭志訳、工作舎。

ホイ、ユク（2019）「啓蒙の終わりの後に、何が始まろうとするのか?」河南瑠莉訳、『現代思想6月号特集：加速主義』青土社、pp. 162-179。

干潟龍祥（1975）「業の社会性―共業について」『日本学士院紀要』第33巻第1号、pp. 1-7。

真木悠介（2003）『時間の比較社会学』岩波現代文庫。

増谷文雄、梅原猛（1996）『仏教の思想1知恵と慈悲〈ブッダ〉』角川ソフィア文庫。

松山壽一（2004）『増補改訂版科学・芸術・神話シェリングの自然哲学と芸術―神話編研究序説』晃洋書房。

マルサス（2011）『人口論』斉藤悦則訳、光文社古典新訳文庫。

務台理作（1961）『現代のヒューマニズム』岩波新書。

ヤスパース、カール（1964）『歴史の起源と目標』重田英世訳、理想社。

ランド、ニック（2020）『暗黒の啓蒙書』五井健太郎訳、講談社。

第4章

複雑性を再考する

1 複雑性概念の功罪

　デイヴィッド・クリスチャンやフレッド・スピールに代表される主流派ビッグヒストリーの理論構成にとって、「複雑性」（complexity）は最も核となる概念である。ビッグヒストリーは、宇宙地球史をもっぱら複雑性の増大の歴史として捉える。ビッグバンによる宇宙の出現から始まる宇宙、地球、生命、そして人間に関する事象を、複雑性の増大という観点から一つの物語にまとめようとするのが、ビッグヒストリーの基本となる方法である。

　宇宙史を複雑性の増大としてとらえる主流派ビッグヒストリーは、一般システム理論（ベルタランフィ）、サイバネティックス（ウイーナー）、自己組織化（ヤンツ、カウフマン）、散逸構造論（プリゴジン）、シナジェティックス（フラー）、オートポエーシス（マトゥラーナ、ヴァレーラ）、自生的秩序（ハイエク）など、20世紀後半に発展を遂げた複雑性理論ないし「複雑系の科学」の流れを汲むものといえよう。これらのアプローチは、宇宙に存在する組織体を、環境に適応することによって進化する「複雑系」と見なすものである。

　複雑系研究の拠点であるサンタフェ研究所の教授メラニー・ミッチェルは、著書『ガイドツアー 複雑系の世界』において、複雑系を「数多くのコンポーネントから構成されながらも、単純な運用規則を持つのみで中央制御機構を持たない大規模なネットワークから、集合体としての複雑な振る舞い、複雑な情報処理や、学習、進化による適応が生じるシステム」と定義している。また彼女は、複雑系をより簡潔に「創発的で自己組織化する振る舞い」を示すシステムであると述べている。彼女によれば、自己組織化するシステムとは、「内部、外部の制御装置やリーダーの存在なくして組織化された振る舞いを生むシステム」であり、創発的であるとは、その自己組織化が単純な規則によっては予測ができなかった、予想外の性質をもつ振る舞いを生み出す場合、その性質を指す言葉である（ミッチェル 2011：35）。これらの説明にあるように、複雑性という概念は、さしあたり「創発」（emergence）と「自己組織化」（self organization）という2つの概念によって規定することができよう。

複雑性の理論は、「複雑系の科学」として、自然科学から社会科学に至る広範な科学分野における分析の方法論として力を発揮してきた。しかし、本章で考察したい複雑性の概念は、様々な科学において適用され用いられている複雑性の具体的な姿ではなく、「複雑性の哲学」ないし「複雑性の世界観」とでも呼ぶべきものである。つまり、複雑性の概念が、どのような新しい宇宙観や自然観、人間観、そして社会観を切り開いたのか、そしてそれは人新世の現在、どのような限界や問題を抱えているか、そういった点を考察したいのである。それは、宇宙物理学者の佐藤文隆が言う「ワールドビュー科学」[1] として複雑性をとらえることであると言ってもよい。かつて地動説や進化論、プレートテクトニクスといったパラダイム・チェンジを引き起こしてきた科学の理論が、単にそれがもっぱら関わっている対象の認識のみならず、人間の世界に対する認識そのものに大きな変化をもたらしたように、複雑性の概念もまた、私たちの世界に対する見方に大きな影響を与えてきた。その影響を、哲学ないし世界観のレベルで考察することがここでの課題である。

　複雑性の科学の担い手の中で、「複雑性の哲学」の最も雄弁な語り手の一人は、生物学者のスチュアート・カウフマンである。彼によれば複雑性は、第1に、宇宙がその本来の姿として創造的であることを示してくれる。宇宙は、外部から介入され操作される何らの力に寄らずして、宇宙にそれまで存在していなかったものを、それ自身の力で生み出すことができる。宇宙は、創発的で自生的な秩序を作り出すことができるのである。「宇宙における、創発と絶え間ない創造性は現実に存在するのだ」（カウフマン　2008：5）。近代において科学を手にした人類は、かつて神が与えてくれた「宇宙における居場所」を失った。近代科学による宇宙喪失は、次のような3つの相をもっている。(1)　ニュートン力学に始まる物理学の決定論的・機械論的世界観。ニュートン力学は、「たった3つの運動法則と重力に関する普遍的な法則を得て……西洋人の心を時計仕掛けの世界へと解き放ってしまった」（カウフマン　2008：21）。(2)　ダーウィン進化論の、ランダムな突然変異と自然淘汰による選別。ここには、偶然の出来事、歴史的偶発、除去によるデザイン設計という観念が含まれている。ダーウィンの進化論は、生物学を「偶然でその場限りのことに関する科学」に変え、

人間や他の生物を「進化によって便宜的につくられた歴史的偶発物」にまでおとしめてしまった（カウフマン 2008：24-25）。(3) 熱力学第二法則によってもたらされる、宇宙の「熱的死」というペシミスティックな未来像。「減速しつつある宇宙、われわれの前に待ち受ける熱死、無秩序こそがその日の秩序」これが熱力学第二法則の教える宇宙の姿である。複雑性は、こうした静的で硬直した、悲観的な宇宙観からわれわれを救い出してくれる。宇宙は、予想できない、常に変化するダイナミックなものであり、宇宙において生成する秩序が偶然の産物では全くなく、複雑性の法則により、自生的に形成されたものであることを示す。また、宇宙はエントロピー増大の法則に逆らって秩序を生み出す生成力をもっている。「私が魅せられるのはエントロピーではなく、秩序の途方もない高まりである」（カウフマン 2008：30）。ここでカウフマンは、複雑性理論の目的が、近代世界において「パラダイスの喪失」という過度にペシミスティックな感覚におちいった人間を救い出し、やすらぎの場所を与えることにあると示唆している。

　第2に、複雑性は、「聖なるもの」(the sacred) の感覚をわれわれに与えてくれる。科学の進歩と技術の発展は、宗教に縛られない世界観をわれわれにもたらしたが、その結果、われわれは目的や価値を見失い、精神的に満たされない思いをもっている。それゆえわれわれは現在、「聖なるものの再発明」（reinvent the sacred）という大きな課題に直面している。カウフマンは、複雑性の研究を通じて「宇宙を知るという神聖な感覚、宇宙が開示される感覚、われわれは宇宙の一部であるという感覚に包まれた」と述べている（ワールドロップ 2000：223）。彼が言うように、われわれは、自生的に進化を続けてきた宇宙における存在の神秘に、深い畏敬の念を抱かざるを得ない。その中で人間は「およそ40億年もの間生物が拡大していった生命の長い歴史の相続人」であり、その過程に深くかかわることにより、われわれは神聖なものに対する畏敬の念を抱くとともに、近代社会において失った「価値の感覚」(sense of worth) をもつことができるようになるとカウフマンは論じている（カウフマン 2008：18-19, 567-568）。それは、われわれ人間が価値あるものであるという自覚であり、またわれわれ以外の全ての存在もまた価値あるものであるとい

う感覚であろう。「われわれは、聖なるものを、そしてわれわれ自身の深い価値の感覚を再発明しなければならない。そしてそれを、再び新しい文明の中核に置かなければならない」（カウフマン 2008：20）。こうした価値の感覚は、意味と倫理の感覚を生む [2]。

　第3に、複雑性の理論は、多元的な社会の基盤になる。カウフマンは、人類が直面する最も重要な課題は「世界文明の創発」(the emergence of the world civilization) であり、複雑系の科学は、現在生まれつつある「多元的でグローバルな共同体」(pluralistic global community) ないし「多元的で民主的な社会」を支えるための知的基盤として役立つと論じている。というのは、そうした社会は単に人間が作り出したものではなく、物事の自然な秩序の一部でもあることを、複雑性の科学は教えてくれるからである（カウフマン 2008：18-19）。ここには、20世紀後半の冷戦時代を経て、世紀末に崩壊するに至ったソ連・東欧の社会主義体制に対する評価が反映されていることは容易に推測されるであろう。カウフマンは、おそらく同様の考えをもって、マトゥラーナとヴァレーラのオートポイエーシス概念に言及している。「オートポイエーシスというシステムは、文字通り自らを作り出していく力をもつシステムのことである……生物をオートポイエーシス的統一体とみる考え方は、いまでは生物を「中央指令機関」の一つの表れとする考え方に取って変わられている」（カウフマン 2008：512）。ここには、マトゥラーナとヴァレーラのチリの独裁体制に対する哲学的プロテストとしてのオートポイエーシス理論に向けたカウフマンの共感を見てとることができると思われる。

　ここまで、カウフマンの著作に依拠しながら、複雑性の理論がもつ哲学的・世界観的内容について見てきた。宇宙史を複雑性の増大のストーリーととらえるビッグヒストリーも、こうした世界観を共有していることは言うまでもない。しかし、私は実はこうした複雑性理論のあり方に強い不満を抱いてきた。というのは、複雑性理論は、冷戦の時代における世界観としては大きな有効性を有していたが、人新世の問題を批判的にとらえ、その解決策を考える上では著しい困難を抱えていると私には思われるからである。それがとりわけ当てはまるのは、気候変動や生物多様性の喪失のようなグローバルな環境問題であり、歴

史学者のユヴァル・ハラリが『ホモ・デウス』で「データ主義」と呼んだ情報化社会の諸問題である。複雑性理論は、複雑性の概念それ自体に対する批判的な視点を欠く場合、「ものごとは複雑であればあるほどよい」という複雑性の優越主義へと容易に転化する。近代社会は複雑性を増大させることによって巨大な成果を生み出したことは確かであるが、その一方で、現代の地球規模の諸問題もまた近代がもたらしたものであり、その意味で複雑性の一つの帰結であることも確かである。複雑性というみずからのあり方に対する批判的・反省的な視点を欠く複雑性理論では、こうした問題克服のための適切な視座を提供することはできない。このことは、複雑性理論に依拠するビッグヒストリーにも当然当てはまる。それゆえ、われわれはあらためて、ビッグヒストリーが依拠している複雑性の概念そのものを、批判的に捉え直す必要があるのである。本章の目的は、こうした観点から複雑性の概念を再検討し、ビッグヒストリーにふさわしい複雑性概念のあり方を考察することである。

2　複雑性概念の歴史—創発と自己組織化

　まず本節では、とくに「創発」の概念に焦点を当てて、複雑性の概念がいかに作られてきたかを検討する。生化学者のピエル・ルイジ・ルイージは、創発を「より複雑性の低い下位の構成物が集合することによって、より高い複雑性が実現される際に生じる、それまでには存在していなかった新しい性質の出現を表現するもの」と説明している（ルイージ 2009：139）。創発の概念は、J. S. ミル、ベイン（Alexander Bain）、ルイス（George Henry Lewes）などの「初期創発主義」から、1920年代に隆盛したアレクサンダー（Samuel Alexander）、モーガン（Lloyd Morgan）、ブロード（Charlie Dunbar Broad）に代表される「イギリス創発主義」、そして現代の「複雑系の科学」へという変遷を経てきている。以下、創発の概念史に関する森秀樹の一連の研究に基づいて、簡単に創発の概念史をたどってみたい。

　創発概念の起源と見なすことができるのは、ミルの「異結果惹起的法則」（heteropathic law）である。ミルは、『論理学の体系』第3編第6章「原因の合

成について」において、何らかの複合的な事物の法則について、その事物を構成する部分の法則と同質であり、それらの合成によって説明できる場合と、そうではない場合を区別しており、後者の法則を異結果惹起的法則と呼んでいる（森 2018a：37）。前者は力学的法則、後者は化学的法則とも呼ばれる。ミルは、異結果惹起的法則が生じる領域として、化学、生物、心、政治などを挙げている。力学的法則の場合、高次の法則は要素の法則からの合成として説明でき、低次の法則に還元可能であるが、異結果惹起的法則ないし化学的法則の場合、高次の法則を低次の法則に還元することができない（森 2018b：44）。

　このミルの異結果惹起的法則を、「創発的なもの」（emergent）と呼んだのが、初期創発主義の代表的存在であったルイスである。ルイスは、力・生命・心という「実在の諸様式」を区別し、下位の階層の特別な組み合わせが新しい性質を生み出すことを論じたが、同時に、創発を時間的な現象としてとらえ、そこに進化論的な観点を持ち込んでいる（森 2019：67-68）。そして、森によれば、ルイスのこのような概念理解に大きな影響を与えたのが、哲学者のハーバート・スペンサーであった。スペンサーは、進化の概念は生物にだけ当てはまるものではなく、宇宙、地球、生物、人間、社会の全てに適用されると考えた。彼の進化論的な発想は、ミルの異結果惹起的法則において考えられている現象を、様々な領域に継起的に当てはまる原理と解釈する可能性を切り開いた。そのことによってスペンサーは、ルイスらの初期創発主義における創発概念の形成において、要の役割を果たしたのである（森 2020：126、森 2022：125）。

　そして、ルイスの「創発的なもの」を「創発」として受容したのが、モーガンやアレクサンダー、ブロードといったイギリス創発主義者であった。彼らは、進化論を背景として、生命や意識といった「高次な性質」が物質からどのようにして生み出されるかを議論し、機械論と生気論が対立する中で、生命や意識には機械に還元できない側面があるとして、創発という概念を用いた（森 2018a：37）。ブロードは創発について、「R（A, B, C）という全体の特徴的な性質は、別々にあるときのA、B、Cの性質や、R（A, B, C）という形態とは異なるあり方をした別の全体の特徴的な性質についての最も完全な知識からでも理論上、演繹することができない」ものとしてその性質を定義した。さ

らにブロードは、創発を「還元不可能性」（irreducibility）と「予測不可能性」（unpredictability）という2つの性質で特徴づけている。還元不可能性とは、特定の属性と配列をもつ集合が、低次の階層に還元することのできない特徴的な属性をもつことであり、また予測不可能性とは、構成要素が新しい状況に置かれれば、予測できない属性が現れる可能性が常にあることを意味する（森 2023：49）。

　アレクサンダーは、主著『空間、時間、神性』（1920）において、創発を定義して、「何らかの階層の存在から新しい性質が創発するということは、この階層において、そこに属する運動からある種の配列ないし配置が出現し、この配置が、より高い複合にのみ見られるような新しい性質を帯びるに至ったということを意味する」と述べている（Alexander 1920b：46, 訳は森 2023：53）。彼によれば、創発とは「より高次の性質は、より低次のレベルの存在から創発し、そこに根をもってはいるが、しかしその性質はそこから創発しているにもかかわらず、その性質はその低次のレベルには属していない」現象である（Alexander 1920b：46）。時空には、存在をより高次のレベルへと向かわせる「衝動」（nisus）があり、それが物質から生命、そして精神を創造してきた。宇宙では、有限な存在が低次から高次までの様々な性質をもって創発し、その中で最も高次の性質をもつものとしてわれわれに知られているのは精神、ないし意識であるが、それよりもさらに高次の性質が「神性」（deity）であると論じている（Alexander 1920b：345-346）。

　このように、1920年代に創発概念は注目を集めるようになるが、創発主義は、従来の機械論や還元主義の枠を超えるものとして主張されながら、生命や意識といった現象に非科学的な概念を持ち込んでいるだけではないかと批判されるようになる。例えば、当時ハンス・ドリーシュは、生命の反還元論的な原理をエンテレキーと呼んだが、これは生気論の再来として批判された。かくして、創発の概念は急速に忘れ去られるに至った（森2023：47）。創発概念が再び注目されるようになるのは、20世紀後半の「複雑系の科学」の進展によってである。本節の冒頭で言及したサンタフェ研究所のミッチェルは、「20世紀の科学は、還元論の夢の終焉によっても特徴づけられる」と述べている。気

象や気候の予測不可能性、生物の複雑さや適応的な性質、経済・政治・文化的な社会の振る舞い、情報ネットワークや知性の本質など、単純な構成要素から複雑な振る舞いが生まれるという、還元論の手法では解明できなかった現象が、カオス理論、システム生物学、進化経済学、ネットワーク理論などの新たな科学によって分析されるようになり、「全体は部分の総和以上のものである」という反還元論者の標語が重要な意義を帯びるようになったのである（ミッチェル 2011：12）。

　複雑系の科学における最も重要な概念の一つが「自己組織化」である。自己組織化とは、何らかの外的な強制力によってではなく、構成要素間の自律的な振る舞いの結果として自発的に秩序が形成されるプロセスを指す。自己組織化の考え方が形成される上で、中心的な役割を果たしたのは、イリヤ・プリゴジンによる「散逸構造」（dissipative structure）の理論であった。プリゴジンによれば、散逸構造とは、平衡から遠く離れた条件下で、ある系とその環境との相互作用を反映して、無秩序あるいは熱的混沌から自発的に生ずる構造のことである（プリゴジン・スタンジェール 1987：48）。外部からのエネルギーの流れによってその構造と組織化を維持している非平衡的システムは、外部環境との間でエネルギーや物質を交換し、熱平衡から遠く離れたところで局所的にエントロピーが減少した状態を一定期間維持する。また、そこにわずかな不安定要因やゆらぎがあれば、システムは不可逆な分岐へと向かい、振る舞いの複雑性を増大させることになる。これが、「ゆらぎをとおした秩序」（order through fluctuations）の形成である。ここで形成されるシステムは、要素間の相互作用からは予測もつかないような系全体の劇的な変化を引き起こし、系全体の性質を部分に還元できない複雑なシステムを形成する。かくして、生命のような複雑系は「非線形な因果律と散逸性を伴った自己組織化という構想」によって説明可能である（ヤンツ 1986：35, マインツァー 1997：2, 3, 119）。

　かつての創発主義が、創発現象の生成のメカニズムを、アレクサンダーの「衝動」や「神性」、ドリーシュの「エンテレキー」のような観念的・非科学的概念によって説明していたのに対して、複雑性の科学は、自己組織化の理論を通じて創発現象の生成のメカニズムをより科学的に説明することに成功したの

である。それとともに創発は、還元主義の決定論的・可逆的な線形的現象を超えた、不確実性をもち不可逆的な「非線形現象」として捉えられることとなる。

3　主流派ビッグヒストリーによる複雑性概念の特徴

　以上、主に創発の概念史に焦点を当てながら複雑性の概念について見てきたが、それでは、これまで述べてきた複雑性の概念と比較した場合、主流派ビッグヒストリーのそれはどのような特徴をもっているだろうか。クリスチャンやスピールによる複雑性概念の最大の特徴は、創発現象の生成のメカニズムとして、宇宙物理学者エリック・チェイソンの「自由エネルギー流量密度」(free energy rate density) の理論を用いていることである [4]。自由エネルギー流量密度とは、ある系における単位時間・単位質量当りのエネルギーフローの量であり、記号Φmによって表される。チェイソンは、様々な複雑系の自由エネルギー流量密度を計算し、その結果を**図表4-1**のように示している。表における「おおよその年齢」とは、個々の構造物の年齢ではなく、それらの構造の型が宇宙に出現してからの総期間を意味している。この表に明らかなように、宇宙地球史においてビッグヒストリーのいうスレッショルドが進むにつれ、各スレッショルドの画期となる複雑系の自由エネルギー流量密度がより大きくなっていることが分かる。このように、チェイソンのアプローチは、存在するあらゆる形態の複雑性の値を計算し、それらを体系的に比較することを可能にしたばかりでなく、複雑性の増大というビッグヒストリーによる宇宙進化の物語を、数量的に根拠づけるものとなったのである。

　クリスチャンやスピールは、このチェイソンの理論を全面的に取り入れて、自らのビッグヒストリーの理論を構築している。例えばクリスチャンらによるビッグヒストリーの大学テキスト（クリスチャン他 2016）では、複雑なものの特性を、①複数の多様な構成要素を持つ、②正確な構造の中に配置されている、③新しい特質すなわちエマージェント・プロパティ（emergent property）を持つ、④条件が最適の場合にのみ出現する（この条件をゴルディロックス条件と呼ぶ）、⑤エネルギーの流れによって維持される、という5点に整理して

図表 4-1　自由エネルギー流量密度の推計

発生した構造	おおよその年齢	Φm の平均 （エルグ / 秒・グラム）
銀河（天の川）	120 億年	0.5
恒星（太陽）	100 億年	2
惑星（地球）	50 億年	75
植物（生物圏）	30 億年	900
動物（人体）	1000 万年	20,000
脳（人間の頭蓋）	100 万年	150,000
社会（現代文化）	0	500,000

出所：Chaisson (2001:139)。

いるが、特にこの最後の点がチェイソンの理論に基づく規定といってよい。実際、著者らはチェイソンに言及しながら次のように述べている。「一般的に構造が複雑であればあるほど、それを維持するにはより大きなエネルギーが必要になる。これこそ天文学者エリック・チェイソンが結論として「惑星は概して恒星よりももっと複雑である」と主張したポイントである。彼は、惑星上の物質1グラムには、同じ時間内で恒星の物質1グラムよりも大きなエネルギーが流れていると言った。同様の考え方で、生物は惑星よりももっと複雑であり……さらに現代の人間社会は私たちの知るかぎり最も複雑なもののひとつであると考えられる！」（クリスチャン他 2016：7）。このように、著者らはチェイソンの自由エネルギー流量密度を明確に念頭におきながら、自らのビッグヒストリーの枠組みを構築していることが分かる。またスピールも、「あらゆる形態の複雑性の創発は、物質を通るエネルギーフローを必要とする」（Spier 2015：54）と述べ、チェイソンの自由エネルギー流量密度を詳細に紹介・解説している。

　チェイソンの自由エネルギー流量密度を自らの複雑性概念、そして創発概念の基盤に据えることによって、主流派ビッグヒストリーの複雑性概念は、エネ

ルギー論としての色彩が濃いものとなった。もちろん、複雑性がエネルギーの
フローによって維持されるという考え方は、複雑系を非平衡的な開放系ととら
える「複雑性の科学」一般が踏まえているものである。開放系においては、エ
ネルギーや物質が系を出入りすることによって、系が定常状態に維持される。
プリゴジンの「散逸構造」という概念も、エネルギーや物質が系の外部に散逸
していく特性に注目して名づけられたものであった。しかし、チェイソン＝主
流派ビッグヒストリーの複雑性概念は、複雑性がエネルギーシステムであると
いうことに対して、より自覚的なのである。そのことが端的に現れているの
は、彼らの「自己組織化」という概念に対する態度である。クリスチャンやス
ピールは、自己組織化という言葉を全くと言っていいほど使っていない。彼ら
はその理由を述べていないが、チェイソンは、自己組織化の概念について否定
的である理由を次のように述べている。「この用語や似た用語（「自己 self」と
いう接頭辞のついた用語）は、そうした秩序があたかも魔法のようにそれ自身
で生じるのではなく、エネルギーの注入によって初めて実際に生じるのである
から、その点において人を欺くものである」(Chaisson 2001：61)。つまり、「自
己」とは一般に、システムに内在する規則によって進行する過程を指すが（ル
イージ 2006：108)、この言葉はおうおうにして、システムがあたかも外部か
らのエネルギーの流入なしに（したがってまた、エントロピーが増大すること
なく）存在できるかのような誤解や幻想を与えるというのである。

　チェイソンはまた、自由エネルギー流量密度について説明する中で、複雑性
を測る指標が情報理論に基づくべきでないことに注意を促している。「われわ
れをとりまく現実世界にアピールするためには、情報の用語を避けることが最
善である」と彼は言う。なぜなら「情報量とは、あいまいな意味論、両義的な
含意、主観的な解釈に満ちた信用できない概念である可能性がある」からであ
る（Chaisson 2001：132)。ここから彼は、エントロピーの情報論的解釈にも
批判的であることが分かる。

　カウフマンが述べているように、複雑性理論は、熱力学第二法則がもたらす
エントロピー増大の熱死のペシミズムからわれわれを解放する。しかしそれは
また、エコロジー経済学者のニコラス・ジョージェスク-レーゲンが「エント

ロピーの密造」(bootlegging entropy)と呼んだ過度のオプティミズムへとわれ
われを陥れる危険性がある。彼によれば、人間は、空間、時間、および物質と
エネルギーに関して自分が制約を負わされていることを認めたがらないという
弱点をもつ。それゆえ「何らかの巧妙な工夫によって低エントロピーを密造し
て〈エントロピー法則〉を無効にできるかも知れないという考え」が周期的に
流行するのである（ジョージェスク-レーゲン　1993：7-8）。彼はこうした観点
から、エントロピーの理論を確立したとされるボルツマンを厳しく批判してき
た。ジョージェスク-レーゲンの主著『エントロピー法則と経済過程』(1971)
は、力学を範に理論を組み立てた新古典派経済学が、経済過程のエントロピー
的性格をとらえられず、経済成長の神話をふりまいていることへの批判を主目
的に書かれたものであるが、批判の主な矛先はむしろボルツマンの統計力学に
向けられている。というのは、彼によれば、ボルツマンは、エントロピー過程
を確率論的にとらえることによってエントロピー過程の不可逆性をあいまいに
し、またエントロピーの情報論的解釈への道を切り開くことによって、エント
ロピーの熱力学的性格を不明瞭にしたからである。

　当時、ジョージェスク-レーゲンが念頭においていた問題は産業公害、資源
問題、そして人口増の問題などであるが、彼が危惧した「エントロピーの密造」
は、現在の情報化社会においてますます問題となっているように思われる。例
えば、人間棋士に勝利したグーグルの人工知能「アルファ碁」は、人間の脳に
換算すると約1万2000人分の電力を消費していたという[3]。メタバースやビッ
トコインのマイニングなど、未来の情報化社会のインフラを支えるスーパーコ
ンピューターは、電力を大量に消費しCO_2の排出量が多いことで知られている。
複雑性優越主義に囚われているわれわれは、こうした現象の情報処理力の多さ
にのみ目が行きがちであるが、それこそジョージェスク-レーゲンからすれば、
われわれが「エントロピーの密造」という事態に陥っていることの証となる。

　チェイソンの自由エネルギー流量密度は、エントロピーの密造を回避する上
で、重要な役割を果たすことができる。単位時間・単位量当りのエネルギーの
大きさを意味する自由エネルギー流量密度は、ある系の複雑性が増大すれば
するほど、その系は単位時間・質量当りより多くのエネルギーを必要とするこ

とを示している。つまりチェイソンは、この概念で事実上、「複雑性のコスト」について述べたのである。このことは、「ものごとは複雑であればあるほどよい」という複雑性優越主義に深刻な反省を迫るものとなる。複雑性の増大はコストゼロでもたらされたものではなく、エネルギー消費量の増大というコストを払って得られたものであり、単純な系より複雑な系の方がエネルギー効率は低いからである。

　しかしチェイソン自身は、せっかく複雑性のエネルギー論的理解の道を切り開きながら、その可能性をさらに推し進めることはなかった。むしろ複雑さの増大を宇宙進化の結果として、もっぱら肯定的にとらえていたように思われる。その結果、チェイソンの理論は、「複雑であればあるほどよい」という複雑性優越主義に加えて、「エネルギーが大きければ大きいほどよい」という「エネルギー優越主義」の傾向を帯びるようになった。そのために、気候変動をはじめとする地球環境問題の現実を批判的にとらえることが困難になってしまったと言える。

　クリスチャンが『オリジン・ストーリー』(2019) において目指したのは、こうしたチェイソンの複雑性＝エネルギー優越主義という陥穽を克服することであった。彼は同書において、複雑性の増大がもたらすエネルギー消費とエントロピーの増大を「税」、すなわち「複雑税」ないし「エントロピー税」という言葉で表現し、複雑性の否定的な側面を強調している。「ものが複雑になろうとすれば、エントロピーがより多くのエネルギーをそれに要求するかのようで、複雑なものほど、より大きくて精妙な自由エネルギーの流れを見つけて関しなければならないらしい。……複雑さの増大は、エントロピーに対する勝利ではない」(クリスチャン 2019：69)。そして同箇所でクリスチャンは、「それならば、より複雑なものを作って維持するほうが難しいのも無理はないし、複雑なもののほうが単純なものよりもたいてい速く壊れるのも不思議はない」と、複雑性のもつ脆弱性にも言及している。

　また、人新世を「化石燃料革命」と「グレート・アクセラレーション」に基づく宇宙地球史の新たなスレッショルドととらえるクリスチャンは、人新世の否定的側面についても、エントロピーが要求する「複雑税」として批判的に論じている。現代の都市の複雑な構造を支える様々なインフラは複雑税とし

て対価を支払い、公害・廃棄物・戦争による破壊の形で浪費されるエネルギーは、複雑な構造を劣化させるエントロピーの仕事を行っている（クリスチャン2019：339-340）。

　このように、主流派ビッグヒストリーによる複雑性のエネルギー論的な把握は、複雑性のもつエントロピーの増大や、複雑性の「弱さ」など、その否定的な側面にも目を向けたものであることが分かる。それゆえビッグヒストリーは、そもそもの出発点から、複雑性理論を批判的に捉え直し、それを再構築する契機を有していたといえよう[5]。しかし残念なことに、その可能性は十分に追求されてきたとはいいがたい。チェイソンは複雑性の負の側面を強調することなく、複雑性の増大とそれによる構造変化に考察の焦点を当て続けてきたし、またエントロピー税という重要な概念を提起したクリスチャンにしても、複雑性のコストに関する危機意識を感じてはいるものの、複雑性それ自体は依然としてよいもの、望ましいものと考えている。そこで次節では、宇宙地球史の独自な哲学的解釈を通じて、複雑性のもつ「弱さ」をベースに宇宙史を構築することを目指した、中国の哲学者・王東岳の「逓弱代償理論」について見ることにしよう。

4　複雑さと弱さ—王東岳の逓弱代償理論

　王東岳[6] の主著『物演通論』（進化の一般理論）は2015年に中国で出版され、2020年には "A Unified Theory of Evolution : Natural, Mental, and Social"（進化の統一理論：自然、精神、社会）というタイトルで英訳が出版されている。以下では、主にこの英訳に基づいて彼の理論を紹介する。

　王の理論のアイディアのもととなっているのは、中国思想の古典『老子』[7] である。老子は、あらゆる存在の起源を「道」と規定した。王は、老子の思想において深い含意をもつ言葉として、『老子』第40章の「反者道之動、弱者道之用」（反とは道の動、弱とは道の用：根元に回帰していくのが道の運動であり、柔弱なのが道の作用である）を挙げる。前半の「反者道之動」には、人間の文明に対する老子の批判的な考えが示されている。例えば「国は小さくし、住民

は少なくする。人力の十倍百倍の機能を持つ道具があっても用いないように
させる」（第80章）とあるように、老子は、人間の生活が文明化されないこと、
あるいは文明化される前の社会に回帰することを望んでいた。老子は人間が単
純さへ回帰すること、自らの起源、「純粋な嬰児の状態」に立ち返ることを唱
える（第16章、第28章）。さらに彼は、「知恵を捨てる」「知識を拒否する」とい
う、反文明的・反文化的な記述へと筆を進める（第19章、第20章）。こうし
た記述からうかがえるように、老子は人間の文明が「道を失う」、つまり自然
の法から外れ迷いの中にあると信じていた、と王は論じている（Wang 2020：
26-30）。そして、この「極端に反動的な」社会思想に対応しているのが、後
半の「弱者道之用」という言葉である。その大意は、「弱化現象が道の展開と
実現の方式である」ということである。老子は、「世の中でもっとも柔らかい
ものが、世の中でもっとも硬いものを突き動かす」（第43章）や、「人は生きて
いる時は柔らかくてしなやかであるが、死んだ時は堅くてこわばっている」（第
76章）など、『老子』の各所で「柔らかさと弱さ」について触れており、王は
これを老子の「柔弱論」と呼んでいる（Wang 2020：26-27）。

　老子の柔弱論とその「弱化効果」は、「この世の中には水よりも柔らかくでし
なやかなものはない。しかし堅くて強いものを攻めるには水に勝るものはな
い」（第78章）など、水の本質に関する直感的な議論にその深い洞察を見るこ
とができる。しかし、全体的に老子は自らの柔弱論の自然科学的な論拠を示す
ことができず、それゆえ彼の議論はカオス的な思弁やあいまいな比喩の段階に
とどまったと王は言う（Wang 2020：27）。そこで王は、『物演通論』において、
老子の柔弱論を宇宙地球史に大胆に適用し、この観点から宇宙進化のユニーク
な解釈を試みている。それが彼の「逓弱代償」（weakening compensation）理論
である。その内容は、自然哲学論、精神哲学論、社会哲学論の3巻により構成
されている。王は西欧哲学の広範な知識に基づいて精緻な議論を進めているが、
ここではその内容をできるだけ簡明にまとめてみたい。

（1）自然哲学

　逓弱代償理論の出発点となるのは、「存在効价」（存在効価）という概念であ

図表4-2　宇宙史における存在効価の分布

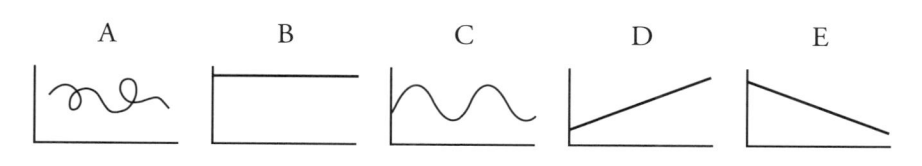

出所：筆者作成。

る。英訳ではこれはpotency of beingと訳されている。存在効価とは、ある存在体[8]の存在する力の有効性、あるいはその持続的安定性を示す言葉である。もし存在効価が十分であれば、その存在体は絶対的に安定的で永久に変化しない。しかし、存在効価が不十分であれば、その存在体は脆弱で、容易に変化し消滅する。存在効価は量的に計測可能な指標であり、その量は「存在度」（degree of being）によって表現される。ある存在体が永久に持続可能な絶対的安定性の性質をもっている場合、その存在度は1である。逆に、持続不可能な絶対的不安定性にある場合、存在度はゼロとなる。それゆえ存在度は、0＜存在度＜1の値をとる（Wang 2020：14-15）。

　さてこのとき、宇宙における具体的な存在体の存在効価は、どのように分布しているであろうか。それには以下の5つの可能性がある。A. カオス分布：各存在体の安定性はカオス的で無秩序である。B. 均等分布：各存在体の安定性は基本的に均一である。C. 波動分布：各存在体の安定性は周期的な波動状態にある。D. 趨勢的上昇分布：各存在体の安定性は、その存在体の発生上の序列が上になるにつれて逓増する趨勢にある。E. 趨勢的降下分布：各存在体の安定性は、その存在体の発生上の序列が上になるにつれて逓減する趨勢にある（Wang 2020：17-18）。

　図表4-2は、これらの分布のイメージを図示したものである。おそらく、主流派ビッグヒストリアンを含む多くの宇宙進化論者や複雑系の科学の論者は、宇宙進化は趨勢的上昇分布にあると考えるであろう。例えば王は趨勢的上昇分布の例としてダーウィンの進化論を挙げているが、進化論における「適者生

存」の考えは、種が進化するにつれてその存在度ないし生き残りの度合いが強化されていく傾向にあることを示している。宇宙進化における淘汰を経て、強いものが生き残ってきたというイメージをわれわれはもっている。しかし王は、宇宙進化は趨勢的下降分布にあるという全く逆の結論を導くのである。

　宇宙における存在体は、素粒子や原子という物理的存在体から分子という化学的存在体が出現し、それから生物の存在体が現れ、そしてついには人間の存在体が続いて出現する。王は、この転換のプロセスを、存在体の存在度が低下するプロセスであると考える。それは以下の6つの傾向にまとめられる。a. 相対量度逓減：ある存在体が進化の階梯を上がるにつれて、その空間における量的分布が反比例的に減少していく。b. 相対時度逓短：ある存在体が進化の階梯を上がるにつれて、そのタイムスパンの分布が反比例的に減少していく。c. 衍存条件逓繁：a. の状態が進むに伴い、相対的な相互依存性が上昇し、逆に絶対的な独立性が低下する。d. 存変速率逓増：b. の状態が進むに伴い、存在体は安定性の低下と活性の上昇を示し、変異の速度が加速度的に増加する。e. 自在存態逓失：存在体は、その「存在本性」のみにしたがって存在することがますます不可能となる。ここでいう存在本性は、存在効価ないし存在度の根本規定である。存在体が原始的であるほどその存在度は高く、それゆえ存在力を維持できる。f. 自為存態逓強：存在体は、その分化し不均一化する「存在属性」にますます依存するようになる。存在属性とは、存在体が変異し進化するプロセスにおいて獲得する性質ないし活動力である（Wang 2020：22-24）。

　図表4-3は、これらの傾向に基づき進化の階梯を示したものである。ある存在体が進化の階梯を昇るにつれて、その量的な分布は減少し、存在するタイムスパンは短くなり、複雑性と分化は増大する。上記eの「自在」（being in itself）は、存在体が自立して存在する力を有している状態を意味し、これに対してfの「自為」（being for itself）は、存在体の存在力が弱まり、補助的な属性や構造によって自分自身を補完しないと存在できない状態であることを意味している。

　王は、これらの傾向を一つの例をもって説明する。シアノバクテリアのような単細胞生物は、あらゆる生物の中で最大の存在度をもつ。そのサイズは小さいが、環境と接触する表面積が相対的に大きいため、栄養分を効率的に吸収で

図表4-3　進化勾配の略図

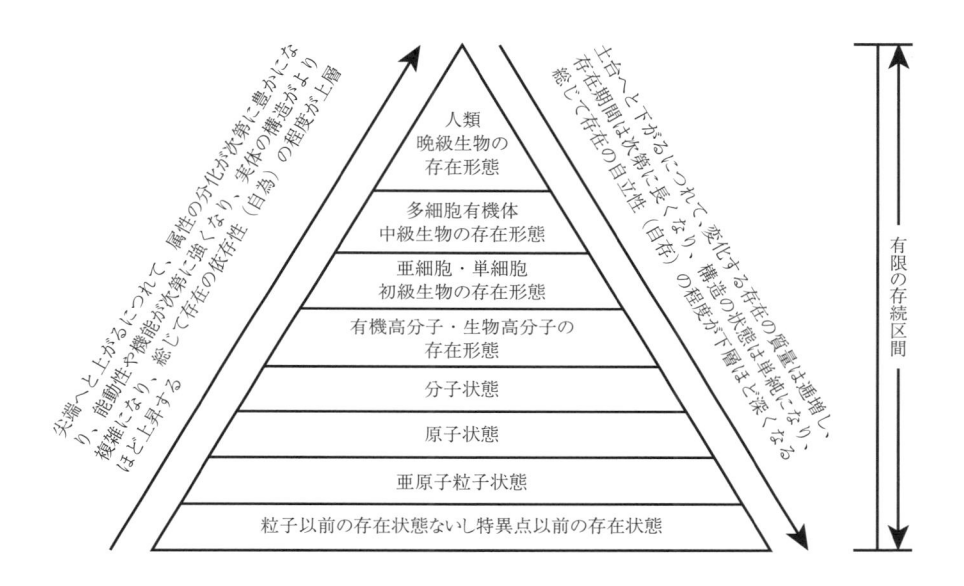

出所：Wang（2020:18）。

きる。その成長力と適応力は高く、広範囲の空間を占めている。これに対して、生物が進化するにつれてその存在度は低下し、逆にその存在属性は複雑になる。王はこうした特徴を「体積小、面積大／吸収多、特化強／生長旺、繁殖快／活応広、易変異／分布広、種類多」という30個の漢字（原文は簡体字）で簡潔に示している（Wang 2020：348-349）。

　なぜ存在体は弱化する傾向があるのだろうか。また弱化した存在体は、どのようにして存在し続けられるのだろうか。王は以下のように論ずる。存在体はそもそもの初めから欠陥をもっており、自分を自分自身で十分に支えることができない。いかなる存在体も消滅、変化、転化、死を免れず、あらゆる存在体は永遠に存在し続けることができないという欠陥を有していることは明らかである。この欠陥は、存在効価が不足していることを示す証拠である。それゆえ存在体は、自己の不十分性をなんらかの代償的な方法によって補おうとする傾

図表4-4　逓弱代償法則の略図

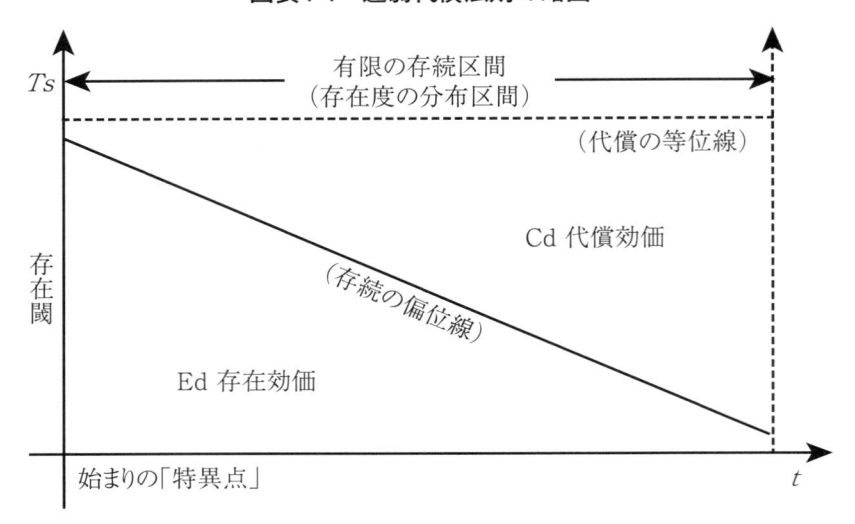

図表4-4　逓弱代償法則の略図

出所：Wang（2020:66）。

向がある。これが進化と発展の内的原動力である。この観点からすると、あらゆる代償はその前の存在度の喪失・劣化を意味しており、この喪失と代償が「弱化により代償が生じ、その代償がまた弱化を引き起こす」という正のフィードバックを生み出す。宇宙の進化プロセスでは、存在の存在度は不可逆的・漸次的に低下し、存在から「失存」すなわち存在の喪失に向かう。それとともに存在の代償的な機能が増大し、物の存在する形態が豊かになる（Wang 2020：14, 28-35）。

　その結果、**図表4-4**に示されているように、存在を維持しようとする運動が、進化の不可逆的な経路を形成する。王は、この傾向を「逓弱代償法則」（the law of gradual weakening compensation）と呼ぶ。これが彼の理論で最も基本的な法則である。この図に示されているように、単純で統一的・安定的な原初の存在体は、存在効価が次第に減少していくにつれて、その「代償効価」（potency of compensation）および「代償度」（degree of compensation）が次第に増加して

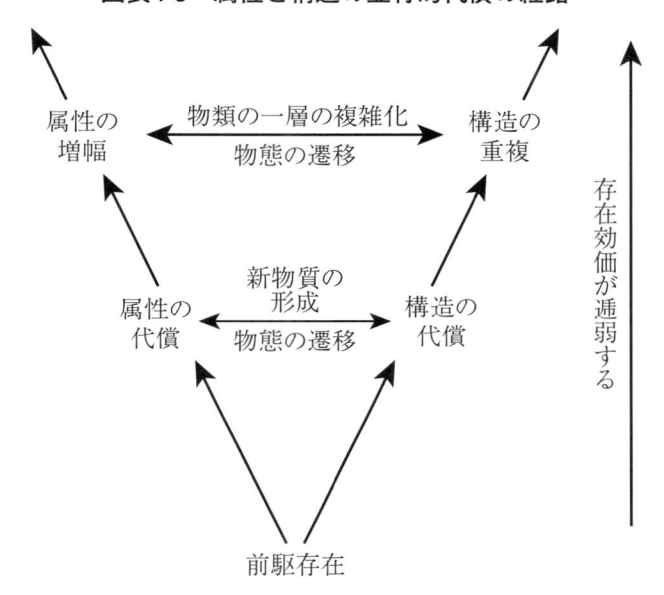

図表4-5　属性と構造の並行的代償の経路

出所：Wang（2020:38）。

いく。代償度は代償効価の度合いを示す具体的な指標であり、存在体が不可避的にその存在効価を失う際に、自身の質的状態をいかに維持するかを決定する。一方、すでに述べたように、存在度はその存在体の存在効価の具体的指標であり、存在体の存在可能度もしくは安定度を決定する。そして図の「存在閾」（existence threshold）は、存在体がその存在を実現できるか否かの分かれ目となる閾値内の範囲を示す。「存在閾＝存在度＋代償度」であり、存在閾がある一定値を下回れば、その存在体は自己の存在を維持できなくなり、解体・消滅する（Wang 2020：62）。

　ここで重要なのは、遞弱代償法則の下では、弱さは複雑さと逆の関係にあるということである。王は次のように言う。「宇宙におけるあらゆる存在体は、次第に変異し活動を活発化させ、存在体の属性（attributes）がその複雑さを増大させるが、そのことが動揺する不安定性をもたらす」（Wang 2020：47）。こ

の「属性」は、「精神」そして「社会」の形態で自己を表現する。

（2）精神哲学

　王によれば、代償には2つの方法がある（**図表4-5**。P.137）。新しい属性を獲得するという方法と、他の存在体と新しい構造を形成するという方法である。属性とは存在体の質であり、構造は存在体の相互依存の形態である。あらゆる存在体は属性を加えるか構造を形成することによって自己の弱さを補い、それによって存在体の複雑さは増大するが、存在効価は弱化し、より不安定になる。このプロセスにおいて、社会的生命体の場合、存在体の属性は精神へと進化し、構造は社会へと進化する。遞弱代償理論によれば、あらゆる存在体の存在効価は不可避的に劣化する傾向をもつが、その際、自己を維持するために存在効価の劣化に見合う量の「属性代償」が必要になる。このプロセスが進行して、属性代償の様式が極めて複雑なレベルに達したとき、それが精神存在の淵源となる。

　王は、存在体が外部環境を感知し反応する能力を「感応属性」（affective attributes）と呼んでいる。電子のような最も原始的な物質でさえ、粒子・原子間の電磁反応のような「感応」（affectivity）という感応属性をもっている。これは、物理化学的段階の感応属性である。電子は精神に類似した微小の認識属性ないし識別能力をもっており、電子が陽子の軌道に入って原子を構成する現象は、精神形成の出発点である。次に、この物理化学的段階の感応属性は、生物的な知覚属性である「感性」（sensibility）へと進化する。これは「原始低級生物段階」の感応属性であり、原始生物の走性やキネシスは、亜原子の電磁気感応の代償的拡大である。生物は次第に感覚器官と神経のネットワークを獲得し、これが認知心理の起源および基礎となる。次に、「知性」（understanding）は判断力を形成する感応属性であり、脊椎動物段階に現れる[9]。そして最後に、人類文明段階の感応属性として、象徴言語を用いて対象の概念的な判別を行う「理性」（reason）が現れる（Wang 2020：154, 206）。

　理性は、感応属性の「虚代償」（virtual compensation）すなわちバーチャルな代償の究極的な産物である。理性は、思考のために「理想論理」（ideal logic）

を用いる。バーチャル性を有する理想論理は感性や知性が用いる厳格な形態の論理よりも可塑的であり、それによって感性や知性を乗り越える。バーチャルに進化する思考の可塑性は、独り歩きして「虚存」(virtual being) ないし「偽在」(false being) を生み出す運動を行い、不可避的に「危在」(critical being) すなわち存在体の危機を悪化させるベクトルを示すようになる。理性は、最も弱く、最も相互依存的な存在体の感応属性である（Wang 2020：242）。

（3）社会哲学

各々の弱化した存在体は、自分自身に新しい属性を付け加えるだけではなく、他の存在体と相互に補完し合うつながりを形成し、そうすることによって「社会」という代償形態を獲得する。王によれば、社会とは、「自然構造進化の派生搭載体」であり、「進化した属性を結合して集合的に実現したもの」である（Wang 2020：319）。もちろん、このプロセスもまた逓弱代償法則にしたがっている。存在度が減少し、安定性が低下すれば、構造の複雑さと、構造内部の相互依存性はより大きくなる。

社会は構造の進化形態であるから、分子もまた原子の「社会化」代償形態であるということも可能である。しかし、社会の本来の意味は生命と関係している。有機体の身体的属性が弱化し、そのために有機体は社会的・構造的代償を必要とする。王は、社会を3つの段階に区分している。(1) 初級社会：単細胞生物の社会。社会は無構造・亜構造である。社会成員の形と重さは均一で、数が極めて多い。単細胞生物の存在度は高いので、それらは最も安定した自然社会の中で生きている。(2) 中級社会：カンブリア紀からホモ・サピエンス以前の石器時代に至る、あらゆる多細胞生物の社会段階。構造化の要因として例えば性差などが現れるが、構造化の度合いは低度である。(3) 晩級社会：文明化された人間社会。精神分化によって自らの弱化の代償を続ける。知的能力の変革が身体的な変異の時空的制限を乗り越えてしまったため、分化の程度は著しく大きくなり、同時に社会成員の存在能力は著しく減少して、不安定な失存の臨界点に最も近づいている（Wang 2020：342-343, 536）。

社会の進化の経路は、**図表4-3**（P.135）に示されている。生物の進化におい

て、もしある種の社会的な構造状態がその複雑さを増大させて図の左から右へシフトすれば、その種の個々の成員、また種全体の生存力が弱化する傾向にある。

5　ビッグヒストリーによる近代批判

以上、前節では、王東岳の遞弱代償理論についてその概略を見てきたのであるが、彼の理論は、複雑性理論に対してどのような含意をもっているだろうか。私は、王の理論は「複雑性」の概念に関する2つの混乱を是正するのに役立つと考えている。

第1に、「人工的複雑性」（artificial complexity）と「自然的複雑性」（natural complexity）の違いである。これは特に、自然に対する人間の工学的アプローチ、および情報社会の不安定性という、近代ないし人新世がもたらしている2つの深刻な問題とかかわっている。

工学の基本的な特徴は、状況の固有の特性や対象がそれ自体で変化する可能性に関係なく、外部から変化の均一な枠組みを当てはめることによって、自然を制御しようとすることである。その最も顕著な例の1つは、コンクリート建材やプラスチックなどの人工物で地球を埋めることである。これら人工物の総重量は現在1.1兆トンに達し、近年では20年ごとに倍増するペースで増加しており、各人の体重以上の人工物が毎週生産されている計算になるという。そして2020年には、人工物の総重量はついに生物の総重量を上回ったとされている（Elhacham and others 2020：442）。

われわれが直面している気候変動は、このプロセスを加速させ一種の悪循環を生み出す可能性がある。というのは、われわれは洪水制御のための追加的なダム建設、気候制御のための気候工学、気温上昇に耐えうる動植物への改編のための遺伝子工学など、自然への工学的なアプローチの結果もたらされた気候変動への適応を、さらなる工学技術を用いて行う傾向があるからである。こうした工学技術のポジティブ・フィードバックは、地球をコンクリートと工学技術によって覆われた、いっそう不安定で非生命的な「工学惑星」（engineering planet）に変えてしまいつつある。

　問題は、主流派ビッグヒストリーを含む複雑性理論が、こうした現状を批判できないことである。なぜなら複雑性理論は、工学を適応の一種としてとらえ、新たな複雑性、そして持続可能性をも生み出す望ましいものととらえがちだからである。クリスチャンは、『オリジン・ストーリー』において人新世を「良い人新世」と「悪い人新世」の2つの型に分け、良い人新世の長所を維持して、悪い人新世の危険を避けるべきことを論じている（クリスチャン 2019：343）。しかし、それらは同じメダルの両側である。良い人新世だけでなく悪い人新世を生み出したのも近代なのである。このことを理解せず、近代の方法をもって近代の生み出す問題点を解決しようとすることは、結果的に工学惑星を作り出す危険をはらんでいる。

　王の遍弱代償理論は、このような近代化の工学的プロセスを批判的にとらえる視点を与えてくれる。遍弱代償は、人類が達成してきた近代とその複雑な構造が、強さだけでなく弱さをも表現していることを示している。王はこのことを、「複雑な形態は、その弱さという本質を直接的に示す」（Wang 2020：55）と端的に述べている。近代化の結果、人新世の世界は洪水、山火事、干ばつといった自然災害によってますます不安定化している。これは複雑さがもたらした弱さである。そして、われわれが自身の弱さを工学によって補おうとすればするほど、世界のさらなる不安定化が進み、われわれはますます弱くなる。王の理論は、工学アプローチがなぜ・どのようにしてこうした悪循環に陥るのかをうまく説明してくれる。

　また情報社会の進展も、われわれの社会を不安定化させている。ユヴァル・ハラリは、著書『ホモ・デウス』において、情報通信技術は生命と人間を単なるアルゴリズムとして解釈し、その結果、われわれの存在は単なる情報へと解体されてしまうと論じている。彼は「生き物は本当にアルゴリズムに過ぎないのか？　そして、生命は本当にデータ処理にすぎないのか？」という問いを投げかけている（ハラリ 2018下：246）。近代化の結果である「データ主義」をどのように認識し、その悪影響にどのように対処すべきか。複雑性理論は、複雑さが判断の主要な基準であるため、これらの質問に対する適切な答えを提供

することができない。

　王は、西洋文化の本質をなす哲学的概念を「ロゴス」であるととらえ、そ
れに批判の矢を向ける。この用語は、ものごとがどのように機能するかにつ
いての単純化された機械論的な理解を指すため、現実を概念的に抽象化する
ことになる。王によれば、広義の論理には進化の各段階に応じた「論理の序
列」がある。感性段階の論理である「理化感応論理」(logic of physico-chemical
affection)、知性段階の論理である「生物本能論理」(logic of biological instinct)、
そして理性段階である「人類思惟論理」(logic of human thought) がそれであ
る。このうち、最後の理性段階において、われわれが通常「論理」(狭義の)
と呼ぶ論理序列の最終段階に達する（Wang 2015：229-230）。王は、論理を
「虚化」(virtualization、仮想化) を促進する逓弱代償の産物と見なしている。
論理の進化系列の中で、客観性は論理系列が進化すると逓減し、主観性は逆に
逓増する。理性段階の論理である人類思惟論理は、バーチャルな代償が主体の
存在性の主要な成分となるが、これは主体を弱化させ、その代償として、さら
なる仮想化が推進される。その結果、主体は「危在」となり、その存在状態は
ますます不安定になり、科学技術の発展という美名のもとに、自己喪失にまで
到達する（Wang 2015：251, 259）。このように、王は逓弱代償理論を用いて、
存在のバーチャル化が進んでいくプロセスを生命史のスケールの中で分析して
いる。

　以上、自然に対する人間の工学的アプローチ、および情報社会の不安定化と
いう、人新世がもたらす2つの問題点に対して、それに対して既存の複雑性理
論が十分に対応できないことについてみてきたが、その原因は、既存の複雑性
理論が、「人工的複雑性」と「自然的複雑性」を区別できないことにあると私
は考えている。もともと20世紀の複雑性理論は、極めて学際的な志向性をもち、
「人工」と「自然」を、同一の論理で把握することを目指していた。複雑性理
論の中に、自然現象・生命現象を扱う物理学、化学、生物学といった自然科学
とともに、市場経済を対象とする経済学が含まれているのもそのためである。
例えばチェイソンは、宇宙進化を生み出す動力について「物理学における重力、
生物学における自然選択、文化における技術革新は、変化の加速率を上げる多

様化の行為の例である」と述べている（Chaisson 2001：153）。しかし、人工物の量がついに自然物の量を上回るようになった人新世のいま、人工と自然を統一的にとらえるのではなく、両方の複雑性を峻別する複雑性理論が求められているように思われる。

　そのためには、おそらく2つのことが重要になるであろう。第1に、ディープタイムのもつ重要性である。第2章でも述べたように、地質学によるディープタイムの発見は、ダーウィンが進化論を構築する上で決定的な役割を果たした。たかだか数千年単位の宇宙地球史では、進化の発想は生まれない。「種が変化することのない産物であるという信念は、世界の歴史が短い時間のものであると考えられていたあいだは、ほとんど避けられないものであった」とダーウィン自身が述べているように（ダーウィン 1990下：251）、億年単位の時間感覚があってはじめて、進化という超長期の現象を考えることができるようになったのである。ダーウィンは『種の起源』において、自然選択と人為選択を比較しその優劣を論じている。もともと彼の自然選択のアイディアは、栽培家畜化や品種改良のような人為選択の事実の観察からヒントを得ていたのであるが、それにもかかわらず彼は再三にわたって自然選択が人為選択よりも優れていると述べている。その根拠となっているのが、自然選択がディープタイムに基づいているという事実である。「人間の願望や努力は、いかにはかないものであることか。人間のもつ時間は、いかに短いことか。そしてそのため、人間のつくりだしたものは、〈自然〉が全地質時代をつうじて集積してきたものと比較してみたとき、いかにまずしいものにすぎないことか。こういうことを考えたとき、われわれは、〈自然〉の産物は人間の産物よりもはるかに〈本物の〉性質をもつはずだということ、また自然の産物はもっとも複雑な生活条件に対して無限によりよく適応しており、明らかにはるかに高度の技術の刻印をもっていることを、うたがうことができるであろうか」（ダーウィン 1990上：116）。

　図表4-6（P.144）は、ダーウィンが『種の起源』で論じている両選択の比較のポイントをまとめたものである。これを見ると、彼が人為選択の問題点として、ディープタイムの欠如だけでなく、自然に対して外部から自己の目的を持ち込んで改変するという、人間の自然に対する人為性そのものを問題

図表4-6　ダーウィンによる人為選択と自然選択の比較

	人為選択	自然選択
働きかけの対象	生物の外的で可視的な対象のみ	生命の全機構
目的	自己の利益のため	自分が世話する生物の利益のため
方法	どれも同じ	様々な生活条件に応じて
時間	人間の一生、数世代	全地質時代

出所：ダーウィン（1990上：115）より筆者作成。

視していたことが分かる。「人間は、自分の利益のためにのみ選択する。〈自然〉は、自分がせわする生物の利益のためにのみ選択する」（ダーウィン 1990上：115）。この視点は、経済学者フリードリヒ・ハイエクのいう「自生的秩序」（spontaneous order）の議論に通ずるところがある。周知のようにハイエクは、完全な知識をもつ政府が社会を合理的に設計できるという考え方を「設計主義」と批判し、時と場所を限定された「局所的知識」にもとづいて行動する個人の相互作用の結果、自然発生的に形成され、つねに進化を続ける「自生的秩序」こそが、政府の設計するあらゆる合理的な計画よりもまさっていると主張した。ただし、政府・市場・自然という複雑系の3層構造のうち、ハイエクは政府と市場の間に人為性（設計性）と自然性（自生性）の境界線を引くのに対して、ダーウィンは市場と自然の間に境界線を引く。この違いは、ハイエクにはダーウィンとは異なりディープタイムの認識が欠如していることによると考えられる。

　広井良典は、『無と意識の人類史』において、「非生命−生命−人間」の境界に着目しながら、世界の全体をどう理解するかについて、A：すべて機械論的（近代科学一般、ニュートン、ダーウィニズム）、B：人間/人間以外で境界（ユダヤ＝キリスト教的世界観、デカルトの精神と物質）、C：生命/非生命で境界（ドリューシュのエンテレヒー、シュレディンガーの負のエントロピー）、D：すべて連続的（プリゴジンの非平衡熱力学、自己組織化、ヘッケルなどのエネルギー一元論、アニミズム）の4つの立場を提示している。そして、これらのうち最後の「すべて連続的」の立場、すなわち生命と非生命、人間とそれ以

図表4-7　生命－非生命／人工－自然のマトリックス

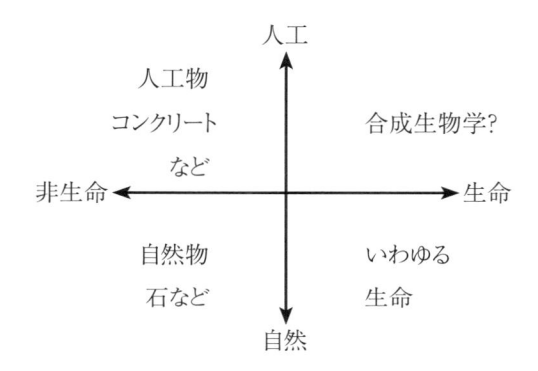

外について、それらの間に絶対的な境界線を引かず、自己組織化ないし宇宙の自発的生成の一貫したプロセスとしてとらえる見方を「新しいアニミズム」と呼んで、そこに「宇宙・地球倫理」の展望を見出している（広井 2021：239-244）。しかし人工的複雑性と自然的複雑性を峻別する立場からは、このような世界理解の分類は、逆に人工と自然の区別をあいまいにしているように見える。このような分類では、人間中心主義がもたらす人新世の人工的複雑性を批判できないのではないか。広井の議論は、人間中心主義に直接的に加担しているわけではないが、そのバイアスに無自覚であるように私には思われるのである。

　私はむしろ、生命と非生命の境界とともに、人工と自然の間に境界を引いた、**図表4-7**のようなマトリックスを考えたい。この表では、生命/非生命という対立軸における非生命にも自然の非生命と人工の非生命という2つの種類があり、世界は4つの象限に分けられる。広井の世界像がこの2つの非生命を区別していない（あるいは区別できない）のは、それが〈物質-生命-意識〉という宇宙進化像に依拠しているためと考えられる。既存の複雑性理論は、これら4つの象限を全て連続的にとらえようとするのに対して、アニミズムは通常、これらのうち生命-自然と非生命-自然には連続性を見るが、自然と人工の間には断絶性を見ようとするものである。

　人工的複雑性と自然的複雑性を峻別するために第2に重要なのは、エントロ

ピーの熱力学的解釈と情報論的解釈を区別することである。両者を混同することの危険性を厳しく批判したのがジョージェスク-レーゲンであった。彼はボルツマンの統計力学によるエントロピーの公式 $S = \ln W$ に対して、エントロピーをこのように形式的に定義すると、例えば「5角形のエントロピー」のように、全く無内容なエントロピーの意味をでっちあげることが容易になると批判する。さらに問題なのは、こうした定義のもとでは、エントロピーが信号列に含まれている情報量と等置され、そこからさらに、総情報量がネゲントロピーと同じものだとする議論が出てくることである（ジョージェスク-レーゲン 1993：9-10）。つまり、こうしたエントロピー理解のもとでは、情報量が多ければ多いほどエントロピーが低くなるといった幻想—ジョージェスク-レーゲンの言葉を用いれば「エントロピーの密造」—が生ずるのである。言い換えれば、エントロピーの情報論的解釈のもとでは、対象のもつ素材面、物質的な側面が捨象されると言ってもよい。

　この点、情報理論の祖の一人であり、サイバネティックスの概念で知られるノーバート・ウイーナーは、エントロピーの熱力学的性格と、それが情報技術にもつ意味をよく理解していたように思われる。彼は著書『サイバネティックス』において、情報処理のエネルギー集約性について次のように論じている。「機械的または電気的装置によるものであっても、あるいは脳そのものであっても、大型の計算機というものは相当の電力を要し、そのすべてが消費され、熱として散らされてしまうのである。脳から出ていく血液の温度は、入ってくるものよりも数分の1度高くなる。脳以外のふつうの計算機は、エネルギーの経済という点では脳には及びもつかない」（ウイーナー 2011：253）。また彼は、生物の機構と人工の機構の違いを次のように論じている。「生物の機構は、それに対応するものとして人工的に最適につくられたものよりもずっと寸法の小さいものになっている。しかし他方、電気技術を利用すれば、速度の点では、人工の機構のほうが、生体をはるかに凌駕することができるのである」（ウイーナー 2011：257）。つまり、生物は同じ機能を人工のメカニズムよりもより小さいサイズで発揮できるため、その意味で複雑性は人工のメカニズムより大きいが、人工のメカニズムの方が生物よりも機能のスピードは速いというのであ

る。おそらくこのことが、人工的複雑性に対する幻想を与え、加速主義のような思想を生み出す一つの要因となっているのであろう。

なお、以上との関連で、ビッグヒストリアンはコレクティブ・ラーニングにおける「知識」とは何かを再考する必要があると私は考えている。例えば、気候変動や生物多様性保全の分野では、かつては自然科学的知識よりも劣っているものとされていた先住民族の自然に関する知識が、科学的知識よりも具体的で、その地域の実態に沿った文脈的なものであり、しばしば自然とより調和しているため、科学的知識と同様に、あるいはそれ以上に重視されるようになってきている。王の言葉を用いるならば、先住民の知識は「存在効価」が大きいため、先住民の知識の代償の程度は科学的知識よりも低くなる、ということになろう。このように、逓弱代償理論は、複雑性理論と主流派ビッグヒストリーが、複雑性を基準としてものごとに順位を設けようとする傾向を是正してくれるのである。

6　ミューチュアリゼーションとしてのビッグヒストリー

王の理論が明らかにする複雑性概念の第2の混乱は、現在の複雑性理論が「閉じられた複雑性」(closed complexity) と「開かれた複雑性」(open complexity) を区別できないことである。

王東岳は、著書『物演通論』の最後に結論として次のように述べている。「「人性」はみな「物性」が花開いて満開となったものであり、「人道」はみな「天道」の連続である。「人道」は「天道」の近年来の弱化の敷衍形態であり、これが中国古代哲学思想にある「天人合一」の現代的な解釈である」(Wang 2020：511)。ここで王が述べていることは、おそらくこういうことである。人間は、進化の最端に位置する存在として、最も複雑であると同時に最も弱い存在でもある。ソクラテスの「汝自身を知れ」という言葉になぞらえて言えば、王の逓弱代償の哲学がわれわれに示す格率は、「汝の弱さを知れ」ということになるであろう。人間は、宇宙で最も弱い存在であり、またそうであるがゆえに宇宙に存在する全てと最も普遍的につながり、それらと最も相互に依存して

おり、そしてそれら全てによって支えられていることになる。われわれが自分の弱さを認めれば、「天人合一」、つまりわれわれが世界とつながっていることを理解できるようになる。これが、王東岳の遥弱代償理論から受け取ることのできる最も重要なメッセージであると私には思われる。

　王が示しているように、複雑性とはまた関係性でもある。複雑性には、存在体に属する実体としての複雑性だけではなく、存在体を他の存在体と結ぶ関係性の束としての複雑性もある。ある存在体がより複雑であるということは、それが他の存在体とより多くの関係性でつながっていることを意味している。この点から、われわれは「閉じられた複雑性」と「開かれた複雑性」という2つの複雑性を区別することができるであろう。閉じられた複雑性とは、複雑性が存在体の内部に完結してそなわっていることであり、開かれた複雑性とは、複雑性が存在体の内部で完結せず、他との関係性の複雑性として現れていることを指す。閉じられた複雑性においては、存在体の複雑性が増大するにつれてその存在効価は増大する。しかし、開かれた複雑性においては、複雑性が増大すると存在効価は減少する。**図表4-3**（P.135）に示されているように、存在効価と代償効価の和は一定だからである。複雑性理論が複雑性の増大に優越性を感じてしまうのは、複雑性の本質が関係性であることを見落とし、本来は開かれたものである複雑さを、閉じられたものと錯覚しているからなのである。本章の第2節でも述べたように、主流派ビッグヒストリーもまた複雑性の否定的な側面に言及している。クリスチャンは、複雑な構造が脆弱性をもつことを、再三にわたって指摘している。しかし、彼は複雑性のもつ関係的な性格を自己の理論の中に組み入れてはおらず、複雑さを基本的に「閉じられた複雑性」として、個々の存在体の閉じられた相においてのみ理解しているように思われる。

　王の遥弱代償理論は、関係性志向のビッグヒストリーの可能性を示している。特に関連性・親和性が強いと思われるのは、ビッグヒストリアンのバリー・ロドリーグによる「相互化」（mutualization）の概念である。ロドリーグは次のように述べている。「ビッグヒストリーとは相互化のプロセスである。というのは、それは地球上やその外部における、人間世界と非人間世界の間、有機的領域と無機的領域の間、微視的レベルと巨視的レベルの間の脆弱な相互依存

に対する自覚の高まりをもたらすからである」（Rodrigue and others 2015：10）。ここでロドリーグが論じていることは、王の遜弱代償の概念と全く同じであると私には思われる。彼は事実上、主流派ビッグヒストリーの複雑さの増大に代えて、相互化の拡大を宇宙史のストーリーの中心に据えることを提唱しているが、そのことにより、複雑性のもつ「弱さ」の側面にも、われわれは正面から向き合うことができるようになる。実際、ロドリーグ自身も、後に書かれた別の論文で王に言及して、「多くの学者は進化のベンチマークとして複雑性に焦点を当てている。これは重要な概念ではあるが、哲学者の王東岳は、ものが複雑になれば不安定性が増大するとして、われわれに複雑性の脆さを思い起させてくれる」と述べている（Rodrigue 2022：29）[10]。

　王の遜弱代償原理と関係性志向のビッグヒストリーは、現代社会における重要な概念である「ケア」と「共感」に強力な基盤を与えることができる。資本主義社会、特に新自由主義的なそれにおいては、人々はケアに対して低い価値しか与えてこなかった。ケアは弱さと依存を意味し、自律、独立、競争といった資本主義・新自由主義の概念よりも価値が劣るものと考えられてきた。しかし、世界中で猛威をふるった新型コロナウイルスは、ケアがわれわれの社会においていかに本質的な重要性をもつものであるか、そしてケアが資本主義社会ではいかに過小評価されてきたかを示した。政治学者ジョアン・トロントは、民主社会におけるケアの重要性を強調し、ケアを次のように定義している。「もっとも一般的な意味において、ケアは人類的な活動 a species activity であり、わたしたちがこの世界で、できるかぎり善く生きるために、この世界を維持し、継続させ、そして修復するためになす、すべての活動を含んでいる。世界とは、わたしたちの身体、わたしたち自身、そして環境のことであり、生命を維持するための複雑な網の目へと、わたしたちが編みこもうとする、あらゆるものを含んでいる」（トロント 2020：24）。ここで彼女は、ケアがわれわれホモ・サピエンスという種の本質に根ざした活動であることを指摘している。さらに彼女が指摘しているのは、ケアとは常に関係的なものであるということである。関心を向けること caring about、配慮すること caring for、ケアを提供すること caregiving、そしてケアを受け取ること care-receiving（トロント 2020：

27-29）を通じた人々の相互作用が、われわれを「生命の網の目」へと編みこむのである。

　共感は、現代世界におけるもう一つのキーワードである。人新世は、人間性とは何であるかを再考しなければならない時代である。一方では、人間の経済活動が地球に深刻な影響を与え、多くの種の絶滅をもたらしている。他方では、情報技術の驚異的な発展によって、以前は他の動物に対する人間の優位性を示すものと考えられていた知能を、人工知能が凌駕するに至っている。したがってわれわれは他の生物、そしてAIとの関係をデザインし直す必要に迫られているが、共感はそうした新しい関係性を作る上でわれわれが依拠すべき能力であると考えられる。動物行動学者フランス・ドゥ・ヴァールは、著書『共感の時代へ』において、共感が、人間の哺乳類としての長い進化のプロセスにおいて形成された深い感情であることを論じている。「多くの哺乳動物がそうであるように、どんな人間のライフサイクルにも、他人に頼る段階（幼いときや、歳をとってから、あるいは病気のとき）や、他人に頼られる段階（幼い子供や老人や病人の世話をしているとき）がある。私たちは他人に頼ることなしには生きていけないと言っても過言ではない。……この現実こそ、人間社会についてのあらゆる議論の出発点とすべきなのだ」（ヴァール 2010：37）。共感は、われわれの哺乳類として弱さに基づき、われわれと他の生命を繋ぐ絆になりうる。そして、少なくとも近未来においては、AIはこの能力を獲得することはできないのである。

　これまで見てきたように、王の逓弱代償理論、そしてミューチュアリゼーションに基づく関係性志向のビッグヒストリーは、新自由主義の弱肉強食ジャングルの代わりにケア、共感、そして相互扶助のヴィジョンをわれわれに提供してくれる。複雑性の概念を独自の視点から論じた哲学者のエドガール・モランは、「複雑性の感覚をもつことは、連帯の感覚をもつことである」と述べたが（モラン 1993：102）、これは関係性志向のビッグヒストリーが依って立つ感覚でもある。複雑性志向のビッグヒストリーの価値は多元主義と多様性である。本章で先に言及したように、カウフマンは、多元的で民主的な社会として世界文明のヴィジョンを提示し、それは単に人間が作り出したものではな

く、物事の自然な秩序の一部でもあることを複雑性理論が教えてくれると述べた。もちろんこのような認識は重要であるが、十分ではない。弱さに注意を向け、われわれが弱いものであることを認めることにより、ケアと共感が重要であることを理解できる。弱さとミューチュアリゼーションは、世界を変える方法でもあるのである。

7　複雑性を人間中心主義から解放する

　以上、人工的複雑性と自然的複雑性、閉じられた複雑性と開かれた複雑性という、複雑性理論が陥っている複雑性概念の2種類の混同について見てきた。複雑性理論はこれらのうち、人工的複雑性および閉じられた複雑性の方向に傾きがちになるのであるが、ここには、複雑性の人間中心主義的バイアスがあると言ってよい。このバイアスが、複雑性理論、そして主流派ビッグヒストリーが人新世の諸問題を扱う際の困難を生み出しているのである。王東岳の遞弱代償理論やミューチュアリゼーションのビッグヒストリーは、複雑性の概念を人間中心主義から解放し、われわれを複雑性がもつ本当のすばらしさに目覚めさせてくれる。

　王の遞弱代償理論は、複雑性に基づくビッグヒストリーとは別の物語が可能であることをわれわれに示している。科学としてのビッグヒストリーのアプローチは一つであるが、それがもたらすパースペクティブは一つに限られない。老子の思想に基づく王の遞弱代償理論は、現代の科学的知識に依拠しながら、自然、生命、社会のつながりを統合するための新しい洞察をわれわれに与えてくれる。そうすることで、彼はビッグヒストリーを主流派とは異なる方法で解釈することが可能であることを示したのである。その意味でわれわれは、老子というアジアの哲学に基づく王の理論を「アジア的ビッグヒストリー」と呼ぶことができるであろう。

　王自身は、宇宙史を解釈する際の基本的視点を老子に求めたが、そこから生み出された彼の理論は仏教にも通じるところがある。王の「存在効価」の概念には、自然への敬意、すべての生命への敬意、そしてすべての非生物への敬意

の感覚がある。紀元前6世紀の東アジアの大乗仏教は、あらゆる人間が仏になれる可能性を自分のうちにもっていると考え、その思想を「仏性」の概念によって表現した。その後、日本の天台宗は、この仏性という概念を宇宙の全ての存在に当てはめることによって発展させ、それを「草木国土悉皆成仏」という言葉に要約した。これは、草、木、土地、全ての存在が仏性を持っていることを意味している。この観点からすれば、王の理論は、宇宙史からあらゆる存在の重要性を敷衍する「仏法的ビッグヒストリー」を支えるものと考えることも可能であろう。

金子みすゞの有名な詩「大漁」は、仏法的ビッグヒストリーの視点を示す好例である。

朝焼小焼だ／大漁だ。／大羽鰯の／大漁だ。
浜は祭りの／ようだけど／海のなかでは／何万の／鰯のとむらい／するだろう。

私は桜美林大学でビッグヒストリーの授業を担当しており、8つのスレッショルドと人新世の講義を終えた後、この詩を授業内で紹介するようにしている。すると学生たちは、全ての存在を尊重し、人間中心主義を回避する必要性がこの詩のテーマであること、そしてビッグヒストリーもまたそれらのことを訴えかけていることを容易に理解する。

主流派ビッグヒストリーにも、複雑性の理論として生命そしてあらゆる存在の尊重につながる概念がある。それが先に論じた「創発」の概念である。宇宙は複雑さを増大させる中で、それまで宇宙には存在していなかった新しいもの、驚くべきものを生み出してきた。宇宙に存在するものは、われわれ人間を含めて全てこの創発の産物である。しかし問題は、複雑性理論や主流派ビッグヒストリーに、複雑さの基準によってこれらの存在を順位付けする傾向があることである。

哲学者のケン・ウィルバーが提唱する「ホロン」という概念も、そうした例の一つである。ホロンとは、もともとはアーサー・ケストラーが創り出した用語で、「それ自体が全体であり、同時になにか他の全体の部分であるようなも

の」を指す。たとえば一個の全体である原子は一個の全体である分子の部分であり、全体としての分子は全体としての細胞の部分である。彼によれば、あらゆるものは何らかの種類のホロンである。そして、あらゆるホロンは等しい「基底的価値」をもっていると彼は述べている（ウィルバー 1996：34-35）。つまり、ホロンという概念は、存在が自律的な全体性という性質をもちながら、同時に部分性という他の存在との関係性を内包している点に着目するものであり、また各存在がそれ自体として内在的な価値をもっていることを認めている。その意味では「相互化」に着目する関係志向的なビッグヒストリーや、あらゆる存在の価値性を認めるアジア的・仏法的ビッグヒストリーと通ずるものがある。しかし、ウィルバーは同時に、存在がより複雑であるならば、それはより大きな「深さ」とより小さな「幅」を生み出すと主張する。全ての存在は内在的な価値をもってはいるが、その深さには「価値のホラーキー」と彼が呼ぶグラデーションがあるというのである。この観点から彼は、あらゆる存在を平等とみるエコロジー哲学者の視点を「フラットランド」として批判する。彼らが存在の「深さ」の差を認めないのは、彼らには「ヒエラルキーを否定するヒエラルキー」があり、「フラットランド的な生命の織物と生命の平等性しかない」からであるとウィルバーは言う。そのため、彼らはサルと岩をけとばすこと、牛とニンジンを食べることの間に区別を設けることができず、それゆえ実際的行動を麻痺させることになると批判している（ウィルバー 1996：57, 65）。

　しかし、逓弱代償理論やミューチュアリゼーションのビッグヒストリーの観点からは、このような人間中心的で複雑性志向のアプローチは、私たちが弱く、全てとつながっているという事実から目をそらすものとなる。彼の言う「小さな幅をもつ深さ」とは、私が先に述べた「閉じられた複雑性」にあたるものである。「幅の小ささ」を強調することは、事実上、その時点で存在の他との関係性を彼が捨象してしまっていることを意味するからである。彼が言う「深さ」は弱さである。「深さのグラデーション」は弱さのグラデーションである。アジア的・仏法的なビッグヒストリーは、このような「関係性のうちにある弱い自己」という考えのうちに他者への敬意だけでなく、自己肯定感も見出す。近代西欧の自我のめざめはデカルトの公理「われ思う、故にわれあり」に由来

するが、対照的にアジアの自我の目覚めは、中国の天人合一やヒンドゥー教の梵我一如（ブラフマンとアートマンの照応）など、宇宙というマクロコスモスと自己というミクロコスモスがつながっているという自覚にある。そしてアジア的な自我のめざめは、「私は弱い」ということの自覚から生ずるのである。

注

（1） 佐藤文隆は、「科学」を市民から離れたところで専門家が行っている孤立した営みではなく、より広く捉えるべきだと主張する。彼の言う「広い科学」は、純粋科学、科学技術、ワールドビュー、社会インフラの「四つの科学」からなる。このうちワールドビューとは「宗教や価値観にも通じる人間観、世界観、自然観」であり、「自分と外界の関係をイメージするのに下敷きにする」ものと説明されている（佐藤2013：12-14,63）。佐藤の「ワールドビュー科学」という考え方は、科学的成果をもとに構築されるビッグヒストリーがどのような意味を提示しうるか、という点を考える上でも興味深い。

（2） カウフマン（2008：203-206）。さらに彼は、創発の概念は「物語」の必要を生み出すと論じている。カウフマンは物語を「われわれが自律体autonomous agentsとして営む行動、常に状況に依存している行動をうまく説明し、その意味を理解するための思考様式」と規定する。彼によれば、生物圏はアルゴリズムよりも豊かなものであり、生物圏の展開をつかさどるプログラムに相当するものは存在しない。そして「生物圏が自己構築していく方法がアルゴリズム的であるとは限らないとすれば、実は物語こそが、生物圏で常に新しいものが現れることの説明の一部」でなければならず、物語は「われわれ自身に何が起こったか、そしてその意味—意味論的な重要性—を語るために必要不可欠な手段なのだ」と論じている（カウフマン2008：214-215, 235）。カウフマンの指摘は、ビッグヒストリーが創発概念をもとにストーリーを組み立てていることの意味について、重要な示唆を与えているように思われる。

（3） 2017年7月27日付日本経済新聞。

（4） この訳語は、辻村伸雄氏のご教示による。

(5) もちろん「複雑性の科学」がこの点に全く注目してこなかったわけではない。例えばカウフマンは、自己組織化する秩序を「無償の秩序」と呼んでいるが、「しかし、それは熱力学的には「無償」ではない。むしろ、これらの開いた系においては、状態空間の小さな領域に系が自分を押し込めることの代償は、環境に熱を捨て去ることによって、熱力学的に「支払われている」のである」と説明している（カウフマン 2008：190）。しかしこれはあくまで但書程度のものにとどまっており、そもそも「無償の秩序」という誤解を招きかねない言葉を用いている点に問題がある。

(6) 王東岳は1953年7月生まれ。独立研究者であり、ペンネームは「子非魚」。1973年に西安医学院に入学、卒業し医師として働いたのち、1982年に西安医科大学に研究生として再入学。その後1998年に『物演通論』の初版を中国文联出版社から出版。2001年に西北大学哲学系客員教授、2006年に西安交通大学管理学院客員教授。以上はウェブサイト「东岳哲学」（https：／／www. wuyantonglun. org／2022／287. html）による。またYouTubeには、王の講演動画が多数アップされている。

(7) 以下、『老子』の訳は、蜂屋邦夫訳注『老子』岩波文庫による。

(8) 王の中国語の原文では、存在という現象一般をさす場合も、具体的に存在する個々の存在物を指す場合も、ともに「存在」という言葉を用いていることが多く、そのまま両者を存在という言葉で表現すると紛らわしくなる。また王は、場合によっては「存在者」という言葉も用いているが、この言葉は存在物の主体的側面を重視する言葉なので、単なる物体や人間以外の生物に用いると、その主体的側面が強調されすぎるきらいがある。そこで以下では、具体的な存在物は「存在体」という言葉で表すことにする。

(9) ここでの「知性」という用語の使い方は、西洋の哲学的伝統とは異なっている。王はこの言葉を『物演通論』の巻末の用語集で次のように説明している。「これは特に脊椎動物段階の動物に現れる素早くはっきりとした判断、すなわち脊索動物のときから発達を始めた低級の中枢神経系によって示される複雑な識別機能に注意を向けたものである。これは人間が行う概念的な判別反応の起源・基盤である。過去の哲学者は、知性がどこから来たのかを把握できなかったので、それを人類に特有のものと見なし、またカテゴリー分類という理性の初級的な判断と混同し、さらには人間の知覚能力の総体を代表するものとさえ見なしたのであった」（Wang 2020：

526-527）。一般に、主流派ビッグヒストリーは各スレッショルドの間の断絶を強
調する傾向があるが、王はスレッショルドの両側の連続性に注目する。現在、神経
生物学のような様々な学問分野では、人間と動物の精神現象の連続性に注意を向け
ている。

（10）孫岳の「タオのビッグヒストリー」（Sun 2015）、ローウェル・グスタフソンの「ビッ
グ・ポリティクス」（Gustafson 2015）も、関係性志向のビッグヒストリーであると
言える。孫は、中国の天人合一思想に基づきながら、宇宙における人間の歴史の本
質を科学・愛・法・秩序に求め、グスタフソンは「政治形態」（polity）を「異なる単
位の間に創発する持続的・構造的な諸関係の複雑性」と定義し、政治の概念を宇宙
史に拡張することを試みている。

参考文献

Alexander, Samuel（1920a）*Space, Time and Deity, Vol. I*, Macmillan and Co., Limited, London.

Alexander, Samuel（1920b）*Space, Time and Deity, Vol. II*, Macmillan and Co., Limited, London.

Chaisson, Eric j.（2001）*Cosmic Evolution：The Rise of Complexity in Nature*, Harvard University Press, Cambridge.

Elhacham, Emily, Liad Ben-Uri, Jonathan Grozovski, Yinon Bar-On and Ron Milo（2020）Global Human-Made Mass Exceeds all Living Biomass, *Nature*, 588（7838）, pp. 442–444.

Gustafson, Lowell（2015）Big Politics, in Rodrigue et al. ed.（2015）, pp. 275-287.

Spier, Fred（2015）Big History and the Future of Humanity, Second Edition, Wiley Blackwell, UK.

Sun Yue（2015）The Tao of 'Big History' in China：Chinese Traditions, in Rodrigue et al. ed.（2015）, pp. 235-246.

Rodrigue, Barry（2022）Big History- A Study of All Existence Part 1：A World Connected, *Journal of Big History* 5（1）, pp. 1-47.

Rodrigue, Barry, Leonid Grini, Andrey Korotayev ed.（2015）*From Big Bang to Galactic Civilizations：A Big History Anthology Volume 1：Our Place in the Universe：An Introduction to Big History*, Primus Books：Delhi.

Wang, Dongyue（2020）A Unified Theory of Evolution：Unified Philosophical Principles among Natural Being, Mental Being, and Social Being, trans. by Bridgemind, www. BridgeMinds. net：USA.

王东岳（2015）『物演通论：自然存在、精神存在与社会存在的统一哲学原理』北京：中信出版社。

ウイーナー、ノーバート（2011）『サイバネティックス—動物と機械における制御と通信』池原止戈夫・彌永昌吉・室賀三郎・戸田巌訳、岩波文庫。

ウィルバー、ケン（1996）『万物の歴史』大野純一訳、春秋社。

ヴァール、フランス・ドゥ（2010）『共感の時代へ：動物行動学が教えてくれること』柴田裕之訳、紀伊国屋書店。

カウフマン、スチュアート（2002）『カウフマン、生命と宇宙を語る複雑系からみた進化の仕組み』河野至恩訳、日本経済新聞社。

カウフマン、スチュアート（2008）『自己組織化と進化の論理』米沢富美子訳、ちくま学芸文庫。

クリスチャン、デヴィッド、シンシア・ストークス・ブラウン、クレイグ・ベンジャミン（2016）『ビッグヒストリー：われわれはどこから来て、どこへ行くのか宇宙開闢から138億年の「人間」史』長沼毅監訳、明石書店。

クリスチャン、デイヴィッド（2019）『オリジン・ストーリー』柴田裕之訳、筑摩書房。

佐藤文隆（2013）『科学と人間科学が社会にできること』青土社。

ジョージェスク-レーゲン、N（1993）『エントロピー法則と経済過程』高橋正立・神里公訳、みすず書房。

ダーウィン、チャールズ（1990）『種の起源』上下、八杉龍一訳、岩波文庫。

トロント、ジョアン・C（2020）『ケアするのは誰か?—新しい民主主義のかたちへ』岡野八代訳、発行・白澤社/発売・現代書館。

ハラリ、ユヴァル・ノア（2018）『ホモ・デウス—テクノロジーとサピエンスの未来』上下、柴田裕之訳、河出書房新社。

プリゴジン、I、I・スタンジェール（1987）『混沌からの秩序』伏見康治・伏見讓・松枝秀明訳、みすず書房。

マインツァー、クラウス（1997）『複雑系思考』中村量空訳、シュプリンガー・フェアラーク東京。

ミッチェル、メラニー（2011）『ガイドツアー 複雑系の世界―サンタフェ研究所講義ノートから』高橋洋訳、紀伊国屋書店。

モラン、エドガール（1993）『複雑性とはなにか』古田幸男・中村典子訳、国文社。

森秀樹（2018a）「〈創発〉概念の起源（1）―〈創発〉をめぐる議論と科学論の生成―」『兵庫教育大学研究紀要』第52巻、pp. 37-48。

森秀樹（2018b）「〈創発〉概念の起源（2）―J・S・ミルの学問論と異結果惹起的法則―」『兵庫教育大学研究紀要』第53巻、pp. 39-49。

森秀樹（2019）「〈創発〉概念の起源（3）―初期創発主義における〈創発〉概念―」『兵庫教育大学研究紀要』第54巻、pp. 63-76。

森秀樹（2020）「心理学における「創発」概念の系譜：ミル、ベイン、スペンサー、ルイス」『兵庫教育大学研究紀要』第57巻、pp. 117-127。

森秀樹（2021a）「スペンサーにおける進化論の形成と創発主義への影響」『兵庫教育大学研究紀要』第58巻、pp. 93-105。

森秀樹（2021b）「スペンサー「総合哲学の体系」の形而上学的構想」『兵庫教育大学研究紀要』第59巻、pp. 101-114。

森秀樹（2022）「スペンサーにおける科学論と創発の進化論的解釈」『兵庫教育大学研究紀要』第60巻、pp. 125-139。

森秀樹（2023）「イギリス創発主義の現代的意義」『兵庫教育大学研究紀要』第62巻、pp. 47-65。

ヤンツ、エリッヒ（1986）『自己組織化する宇宙』芹沢高志・内田美恵訳、工作舎。

ルイージ、ピエル・ルイジ（2009）『創発する生命―化学的起源から構成的生物学へ』白川智弘・郡司ペギオ-幸夫訳、NTT出版。

ワールドロップ、M・ミッチェル（2000）『複雑系―科学革命の震源地・サンタフェ研究所の天才たち―』田中三彦・遠山峻征訳、新潮文庫。

第5章

銀河人の経済学

本章では、人新世におけるコモンズのヴィジョンとはどのようなものであるべきかを考えていきたいと思います。まず前半では、世界的に猛威を振るってきた新型コロナウイルス問題を、ビッグヒストリーの観点から考察します。現代ウイルス学の成果をふまえながら、新型コロナウイルス問題が現代世界にどのような問題を提起しているかを、ソ連の生物地球化学者ウラジーミル・ヴェルナツキーの「人智圏」という考え方を手掛かりに考えます。そして後半では、フランスの思想家ジョルジュ・バタイユの「普遍経済学」の構想を参照しながら、新型コロナウイルスが提起する問題に対して、ビッグヒストリーがどのようなヴィジョンを提示しうるのか、その方向性をさぐります。そして、そのことを通じて、人新世におけるコモンズ像として、宇宙的視点に基づくコモンズ、「宇宙的コモンズ」のヴィジョンを描くことを試みたいと考えています。

1　人智圏とウイルス圏の攻防

　現在、「人新世」という言葉が浸透しつつあります。人新世とは、人間の科学技術力が増大して、地球の地質学的構造そのものを改変するに至った時代のことで、2000年に大気化学者のパウル・クルッツェンが提起しました。地球は今からおよそ1万2000年前に氷期が終わって暖かくなり、「完新世」と呼ばれる地質学的年代に入りました。完新世は、温暖な気候の下で農業が始まった時代でもあります。現在も基本的にはこの完新世の時代とされているのですが、クルッツェンによれば、もはや地球は「人新世」という新しい地質学的年代に突入したのだと考えるべきではないか、と言うのです。クルッツェンの問題提起を受けて2009年に設置された国際地質科学連合の「人新世作業部会」は、2023年7月に、人新世を20世紀半ばからの新たな地質時代とする提案書を発表しました。この提案書は最終的には否決されてしまいましたが、人新世がついに正式な地質時代として、科学界でも検討の対象になる時代が訪れたのです。
　人新世とはいかなる時代であるのか、そもそもこれは良いものなのか悪いものなのか、これについてはさまざまな見解があります。ビッグヒストリアンのデイヴィッド・クリスチャンは、人新世を「良い人新世」と「悪い人新世」の

二つの側面に分けました。つまり人新世には、生活水準の向上や平均寿命の上昇などの肯定的な側面と、グローバルな貧富の拡大、気候変動、生物多様性の減少などの否定的な側面があり、「良い人新世」の面を維持しながら「悪い人新世」をいかに克服していくかがこれからの人類の課題であると言うのです[1]。これはある意味バランスの取れた認識であると言えますが、未来は人類の選択次第であるという論調は、それはその通りなのですが、私にはかなり楽観的に感ぜられます。

　おそらく人新世について、いちばん肯定的なヴィジョンを提示しているのが、ソ連の生物地球化学者ウラジーミル・ヴェルナツキーやフランスの神学者テイヤール・ド・シャルダンが提唱した「ノースフェーラ」の概念でしょう。「ノース」とはギリシャ語の精神や理性といった意味で、人智圏、精神圏、叡智圏などと訳されますが、ここでは人智圏と呼ぶことにします。ヴェルナツキーは、著書『ノースフェーラ―惑星現象としての科学的思考』の中で、次のように論じています（なお、訳者の梶雅範氏は、ノースフェーラを叡智圏と訳していますが、以下の要約ではこの言葉を「人智圏」に置き換えておきます）。

　20世紀の現在、人類は「人類生活とわが惑星の人類史の本質的に新しい時代」に生きている。人間はそもそも地球上の生命に関するすべての領域である「生物圏」に属していたが、人間の生み出した新しい地質学的要因である「科学的思考」により、人間は「生物圏」を支配するようになり、ここに生物圏から「人智圏」が作られるようになった。人智圏とは「科学的思考によって改造された生物圏」である。科学的思考や科学的方法はすべての人にとって同じもので、これがいまや全人類を覆い尽くし、生物圏全体に拡大して、生物圏を人智圏に変えている。人類の前に、「統一されて一体のものとして自由に思考する人類の利益のための生物圏の改造」が問題となっている。この生物圏の新状態こそ「人智圏」にほかならない（ヴェルナツキイ 2017：37, 118, 358-359）。

　ここで述べられている、人間が科学技術を用いて、人間の利益のために生物圏を改造するという極めて人間中心主義的な考え方は、一見すると、20世紀の「自然支配」ないし「自然改造」の思想、もはや時代遅れとなった思想のように思われるかも知れません。しかし、ヴェルナツキーの「人智圏」のヴィ

ジョンは、時代遅れどころか、現在ますます力を増しているように思われます。例えば遺伝子工学は遺伝子組み換えからコンピュータ工学と結合した合成生物学・ゲノム編集技術へと展開し、気候変動が進行・悪化する中で気候工学の本格的な適用も射程に入りつつあります。クリスチャンの言う「悪い人新世」を、情報工学の技術で乗り越えようというのです。AIはいまや社会の隅々にまで拡大・浸透しつつあります。また2021年初頭には、プラスチックやコンクリートなど、人間がこれまでに作り出した人工物の総量が1兆トンを超え、森林や植物など自然由来の物質量を上回ったという研究が話題となりました。このように、本来は生物圏に属していたはずの人間が、情報化の進展によって、生物圏を「モノ」と「情報」に置き換えて合理的・合目的的にコントロールしていこうという動きは、ますます加速しているように私には思われるのです。

　こうした時代のさなかに新型コロナウイルス問題は発生しました。この問題がもたらしてきた甚大な人的犠牲や経済的被害の渦中で、われわれはあらためて「ウイルスとは何か」を根本から問わなければならなくなりました。これについても様々なことが言われてきましたが、今日の話の文脈では、とりわけ2つのウイルス現象が重要です。

　第1に、「ウイルス圏」という考え方です[2]。今まで、ウイルスというのは病気を引き起こすという観点からしか見られてきませんでしたが、近年、ウイルスは地球にあふれていて、「ウイルス圏」とでも呼ぶべき非常に多様な、膨大なバイオマスを構成していることが分かってきました。地球全体では5×10^{30}の細菌が存在していますが、ウイルスは少なく見積もってもその10倍はあります。また、いま見つかっている生物種は190万種くらいと言われていますが、ウイルスは1億以上の異なったタイプがあると見積もられています。地表の65%を占める海洋には、海水1リットル当たり100億のウイルスが存在しています。海洋ウイルスのほとんどを占めるのはファージ（細菌やウイルスに感染するウイルス）で、それらが様々なプランクトンや細菌にとりついて数をコントロールし、炭素循環に大きな影響を与えています。またファージは遺伝子を細菌から細菌に水平伝播させながら、生物全体のベースとなる1500程度のコア遺伝子を維持する、動く遺伝子バンクとして維持しているのではないかと

考えられています。

　ウイルスは自己複製の機能を持っていないため、現在の生物学では「生物」とはみなされていません。DNAないしRNAという自己複製の設計図ないしソフトは持っているのですが、リボゾームというそれを複製するための機械ないしハードは持っていないのです。それゆえ、生物に寄生して、生物の自己増殖機能を使って増殖を行うのです。巨大ウイルス学が専門の武村政春は、こうしたウイルスの特徴から、ウイルスを「究極のミニマリスト」と言っています（武村 2019：66）。ただ現在では、このような生物ないしウイルスの定義そのものが問題視されているところでもありますが、いずれにせよ、ウイルスが生物一般とは異質な面を持っていることから、ウイルス圏は、生物圏とは異なる独自の圏域をなすものと考えることができます。

　つまりこういうことです。われわれ人類は、情報化の進展によって人智圏にまさに移行しようとするその時に、ウイルス圏の存在を意識させられることになりました。ウイルス圏は、人間の生物圏に属する肉体的な存在としての側面に働きかけることによって、生物圏に介入し、またそのことを通じて人智圏に大きな影響を与えます。人間とウイルス—これらはある一つの生物種ないし亜生物群が全地球を覆うようになった2つの生命物質であり、この2つは、生物圏に対する支配をめぐって、お互いに勢力を競い合うようになりました。人智圏とウイルス圏という2つの陣営の間の「戦争」が始まったのです。もちろんウイルス自身は、自らが人間と戦争状態にあるとは認識していないでしょう。しかし人間の側では、新型コロナウイルス問題を人間とウイルスとの「戦争」と捉えました。そして、ウイルスとの戦いに勝利することが、声高に叫ばれるようになったのです。

　人智圏とウイルス圏の攻防については以下にまた述べるつもりですが、ここで指摘したいことは、新型コロナウイルス問題が、人智圏による生物圏の改造とそれによる人類の人智圏への移行に「待った」をかける側面があることです。人類は、コロナ感染によって自分たちがいまだ生物圏に属する存在であることを思い知らされることになりました。人類は、人智圏から生物圏に引きずり降ろされたのです。そのため人間は、生物圏の人智圏化を中断し、生物圏とは隔

人智圏

↓

生物圏

↑

ウイルス圏

絶された、いわば「純粋人智圏」としてのバーチャル空間に一時的に退避せざるを得ませんでした。しかしその一方で、これを人類の人智圏への移行に対するウイルスないし自然からの「警告」ととらえることもできます。今回の問題に際して、健康、食品、衛生など命を守る分野の経済価値の高さを重視した「命の経済」への転換を唱える経済学者ジャック・アタリや、情報化が生み出すブルシット・ジョブ（どうでもいい仕事）を批判し、医療、保育、介護、教育など他者をケアする「ケア階級」の重要性を主張した人類学者デイヴィッド・グレーバーは、その重要な試みの例であると言えます。

　ここから、コロナ感染による甚大な被害の中で「ウイルスとの共生」が叫ばれるという逆説的な事態が生じます。例えば国際保健学が専門の山本太郎は、感染症の撲滅は人類のその感染症に対する免疫機能の喪失をもたらし、また大量の抗生物質の使用は耐性菌への変化を招く恐れがあるなど、感染症に対する行き過ぎた「適応」の問題点を指摘し、「感染症については撲滅よりも「共生」「共存」を目指す方が望ましい」と集団免疫の獲得を重視しています（朝日新聞社編2020：109-110）。また生物学者の福岡伸一は、自然のありようを本来の自然である「ピュシス」と脳が作り出した自然である「ロゴス」の対立ととらえ、これまで人間はピュシスを恐れてこれをロゴスによって制御しようとしてきたが、ピュシスは必ずその制御を逃れて現れると警鐘を鳴らし、「ウイルスを、AIやデータサイエンスで、つまりもっとも端的なロゴスによって、アンダー・コントロールに置こうとするすべての試みに反対する」と述べています（朝日新聞社編2020：32-34）。「ウイルスとの共生」というヴィジョンは、

人智圏と生物圏の関係はいかにあるべきか、という問いを私たちに投げかけているのです。

　第2に重要なウイルス現象は、「遺伝子の水平移動」、あるいは水平伝播です。ふつう遺伝子は、親から子へと同じ種の中で垂直的に伝わります。では水平移動とはどういうことかというと、まったく無関係の別の生物種へ遺伝子が移動するのです。この遺伝子の水平移動とは、生物の進化の中で有性生殖が生まれる以前は非常に一般的なものだったと考えられるのです。有性生殖が始まってからもやはりこうした水平移動は行われていて、それにはウイルスが大きく関与しているのではないか、というのです [3]。

　近年、遺伝子解析が進んでくると、巨大ウイルスやウイルスが生物の進化に非常に大きな役割を果たしてきたということが分かってきました。一つは、哺乳類の胎盤、それはヒトも含め子宮の中でできるものですが、この胎盤も実は哺乳類の祖先がウイルスに感染して、それでできたものではないかと言われています。胎盤の形成には、シンシチン遺伝子というものが関わっています。これはもともとウイルスが持っている遺伝子で、それが感染を繰り返すうちに哺乳類に入っていき遺伝子の中に吸収され、その結果として胎盤を作るようになったのではないかと言われています。今、遺伝子を分子解析すると過去の進化の様子が大体分かります。6500万年前は爬虫類である恐竜の天下でしたが、恐竜絶滅後に哺乳類は進化してヒトも生まれてきました。およそ2500万年前にこのウイルスに感染して胎盤が形成されてきたのではないかとされています。つまり、ヒトを含めわれわれ哺乳類はウイルスによって作られたのだとも言えます。

　ヒトゲノム計画によって、ヒトのゲノム解読が2003年に完了しました。それにより30億個の塩基配列、2万2000個の遺伝子が分かったわけですが、これがいくつかの非常に大きなインパクトを与えました。その一つは、ヒトの遺伝子の中でタンパク質をつくる遺伝子は2%しかなく、残りの98%はタンパク質をつくることとは全く関係ないもので、その半分近くがウイルス起源の遺伝子である、つまりヒトゲノムの半分はウイルス起源だということが分かってきたわけです。この98%がどういう役割を果たしているのかはやっと解明が始

まったところで、まだ謎が多い。

　また、地球生命は38億年前に発生したとされていますが、当初はDNAが細胞の中にむき出しになっている原核細胞で、そこから21億年前にDNAが「核」で覆われた真核細胞が現れました。この真核生物の細胞のDNAを覆う核はどのようにしてできたのかも、この現代ウイルス学の中でだんだん分かってきました。真核細胞の核は、細胞の中にウイルスが侵入した際に、ウイルスの外殻をなす「カプシド」が核に変わったものだと考えられています。真核生物はウイルスに侵入されたのですが、その侵入したウイルスを使ってしまおうということなのです。では何のために使っているのかというと、細胞が増殖する時にはDNAからRNAを作ってリボゾームに送り込み、そこでタンパク質を合成するのですが、その際にDNAの要らない部分を切り取る必要があります。これをスプライシングと言います。そのスプライシングをリボゾームから明確に遮断された部屋の中で行えば、リボゾームに要らない部分を誤って送ってしまうことがなくなる。そうしたスプライシングの作業部屋としてウイルスのカプシドを利用したのではないかという仮説です。

　19世紀の生物学者ヘッケルは、ダーウィンの進化論に共鳴して生物進化系統樹というものを作りました。彼は原生物をモネラとよび、系統樹はいろいろ分かれていって、最後に人間がいます。この系統樹における木の幹や枝は、横に交わりません。つまり彼の系統樹は、遺伝子の垂直移動というダーウィン的な進化を前提とした考えなのです。しかし、遺伝子の水平移動が無視し得ないほど頻繁に行われているなら、こうした系統樹そのものを見直さなければいけません。遺伝子の水平移動を念頭においた別の系統樹では、枝は分かれていくけれども、その間でも遺伝子が入り乱れている。この系統樹が表現しているような網目状の非ダーウィン的な進化が進化の歴史の中で行われてきたのではないか。横で遺伝子をやりとりする、その推進力となっているのがウイルスなのではないか。ウイルスを介して、ゲノムが入り交じる全地球生物の共生進化が行われてきたのではないか、というのが今の新しい進化の考え方です。

　福岡伸一は、先ほどの引用の前の文章で、ウイルスによる遺伝子の水平移動を「利他的な遺伝子」であると述べています。ここで福岡があえて利他的と

言っているのは、もちろんドーキンスの利己的遺伝子に対抗して言っているわけです。利己的遺伝子とは何かというと、遺伝子は垂直的に伝播されるとすると、遺伝子が自己を残すために競争や淘汰が行われていく。福岡が利他的と言う意味はおそらく、水平伝播によって自己の子孫以外の他者・他種の進化を促進している、だから利他的だということなのでしょう。

2　バタイユの普遍経済学と「聖なるもの」

　以上述べてきたように、新型コロナウイルス問題に直面しているわれわれには、ウイルス圏と遺伝子の水平移動という現代ウイルス学の知見をふまえ、ヴェルナツキーの人間中心主義的な「人智圏」のヴィジョンとは異なる、より豊かな生命観・人間観、そして社会経済観を導くヴィジョンが求められているのではないでしょうか。

　私はその際に、バタイユの思想、特に彼の「普遍経済学」の理論が、人智圏のヴィジョンのオルターナティブとなり得る大きな可能性を持っていると考えています。ヴェルナツキーの人智圏の理論は、ベーコンやデカルトの「科学革命」や、マックス・ウェーバーが近代資本主義の本質としてとらえた「合理化」に見られる考え方を、独自の地質学的理論へと再編成したものである、と言うことができます。20世紀の前半を生きたバタイユは、こうした近代主義・合理主義の限界、人間中心主義の限界を見すえ、生々しい生を自ら生きることによって、それらを根底から批判し乗り越えようとしました。

　バタイユの普遍経済学に関する著作には、第1巻に当たる『呪われた部分』（1949）、死後の1976年に発表された第2巻の『エロティシズムの歴史』、第3巻の『至高性』、それから『呪われた部分』の草稿集である『有用性の限界』があります。普遍経済学とは、バタイユのいわゆる「限定経済学」に対応するものです。限定経済学とは、市場経済を対象とする普通の経済学のことですが、普遍経済学は経済社会をより普遍的・包括的な観点からとらえたものであるとさしあたり考えることができます。この普遍経済学に限らず、一般にバタイユの文章はとても難しい上に、それを首尾一貫したロジックでとりまとめようと

図表5-2　バタイユにおける自然と人間の関係

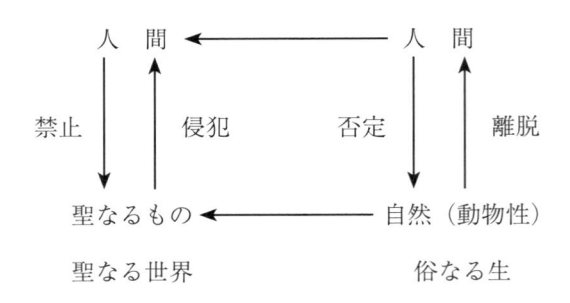

すると、どうしても内容のどこか大事な部分が失われてしまう側面があるのです。そうした危険性はありますが、ここでは、「人智圏―生物圏」という本論の枠組みに沿う形で、バタイユの論じていることをできるかぎり簡明に述べてみたいと思います。

　バタイユによれば、人間の特性は「自然を否定すること」です。それはまず、労働を通じて行われます。人間は労働を通じて自然を否定し、効率性や合理性、生産性といった基準にもとづいて、それを人間にとって有用なものに変えます。またそれと同時に、人間は、自分の中の自然（彼はそれを「動物性」と呼んでいます）を否定します。人間は、性、汚物、死といった自分の身体にまつわる自然を否定し、それらを呪われたものとして禁止の対象にします。バタイユにとって、自然の否定こそが人間と動物を分かつものであり、人間はそれによって自然＝動物性から離脱し「俗なる生」すなわち世俗の世界において人間としての社会経済生活を送ることになります[4]。バタイユの言う「限定経済学」は、もっぱらこの世界を対象とする経済学です。

　しかし、人間による自然からの離脱の努力には限界があります。というのは、効率・合理性・生産性にとらわれた「労働する生産者」は、人間を孤立した個に分断してしまうからです。さらに、もともと人間は自然の中から生まれてきたものである以上、自然を否定しきれるものではありません。自然を否定するとは自然を「モノ」としてとらえることですが、モノ化をあくまでも推し進め

れば、それはいずれ自分自身を「モノ」化してしまうことにつながります[5]。だが一方で、自然を否定することを止めてしまえば、人間はその本質を失い、動物化してしまう以外にありません。

そこで近代以前の人間は、自然を「聖なるもの」とすることにより、このアポリアを解決しようとしました。「聖なるもの」においては、自然やその動物性の否定は、モノ化に向かうのではなく、自然に「神性」ないし「聖性」という別の価値を付与することによって行われます。「聖なるもの」は動物性を否定しながらこれと一体化するものであり、また動物性を機動力とするものです。したがって、自然と動物性は失われることなく保持されるのです[6]。これをヴェルナツキーの言葉を用いて言うと、次のようになるでしょう。人間は、人間である以上、生物圏にそのままとどまるわけにはいかない。しかし、人智圏に移行して自らの生物性を否定しきるわけにもいかない。そこで、自然の持つ生物性・生命性を、異なる方向で活かす必要がある。それが「聖なるもの」である、というわけです。

そしてバタイユは、自然を「聖なるもの」に変えるのがその「非生産的な消費」である、と考えていました。この非生産的な消費のことを、彼は「消尽」と呼んでいます。近代以前の社会における消尽の重要な類型として彼が挙げるのが「供儀」と「贈与」です。供儀の代表例はアステカ族の宗教的儀式で、そこでは主に戦争の奴隷が生贄として殺害され、その心臓が太陽に捧げられます。贈与の代表例は、北西部ネイティブアメリカンの慣習であるポトラッチです。ポトラッチでは、部族間で莫大な富の贈与の応酬が行われます。これらの消尽では、禁止と侵犯が一体のものとしてとらえられ、生命は「聖なる世界」という総体性・一体性を持つ豊かな世界に投ぜられるのです。

ところでバタイユは、自然＝動物性の本質、ヴェルナツキーの言葉で言えば生物圏の本質を、どのように考えていたのでしょうか。じつはバタイユはヴェルナツキーの著作を読んでいて、『呪われた部分』の中でも彼に言及しながら「生物圏」という言葉を使っているのですが（バタイユ 1973：54）、バタイユは、生物圏の本質は「過剰」にある、と言うのです。つまり、生物圏における生の発展の源泉は太陽エネルギーにあるわけですが、この太陽エネルギーは、

地球上に生物の成長を上回るエネルギーの「過剰」をもたらし、生物圏における過剰なエネルギーは、生物による多様なかたちでのエネルギーの生命力にあふれる「浪費」を生み出します。バタイユは、この生物圏における多様な生命力の横溢を「奢侈」と呼び、自然界の奢侈のあり方として、食、死、有性生殖の3つの形態を挙げるのです。

　重要なのは、バタイユが論ずる生物圏の奢侈とその3つの形態は、彼の思想の中でもっとも重要な概念の1つである「交流」、コミュニカシオン（コミュニケーション）の形態でもあるということです。交流とは一言で言えば、「不連続な存在が、存在の連続性を実現すること」と定式化されます[7]。交流の概念はバタイユの著作の随所に現れますが、先ほど述べた消尽、自然の富の非生産的な消費は、人間が自然と交流する最も重要な行為の一つです。しかし、交流の範囲はそれにとどまりません。1957年に書かれた『エロティシズム』では、単細胞生物の分裂から有性生殖、そして人間の存在の連続性の変化が分析されています。つまり交流はバタイユにとって、人間かその他の動植物か、単細胞生物か多細胞生物かを問わず、「生のすべての形態の根本」（バタイユ 2004：23）をなすものなのです。したがって交流はまた、人間をも含めた生物圏全体の社会的な編成原理をなすものと言うことができます。生物圏はいわば「交流の共同体」なのです。

　食といい死といい有性生殖といい、これらは生態学的な見地からはごく当然の生態系の規定に過ぎません。しかしバタイユは、それらを過剰、浪費、奢侈、交流といった言葉で表現することにより、彼独自の「聖なるもの」の世界を作り上げようとしています。そこでは、生命のからみあいの持ついわば宇宙的なエネルギーが、生命体の「肉」の生々しさをもって描かれています。私はこうしたことから、バタイユの生物圏に関する奢侈の理論を「肉の社会学」と呼んでいるのですが、ここで先ほどの現代ウイルス学の話に戻りますと、現代ウイルス学のもたらしたパラダイム・シフトである遺伝子の水平移動という現象、バタイユがいまだ知ることのできなかったこの現象を、「肉の社会学」における「交流」の新たな形態、食、死、有性生殖に続く「第4の形態」としてとらえることができるのではないでしょうか。有性生殖は遺伝子の垂直移動をもた

らすものですが、遺伝子の水平移動を主に担うのはウイルスですから、ここにウイルスは「肉の社会学」における重要な一員として組み込まれるのです。言い換えれば、「ウイルス圏」が「生物圏」と遺伝子の垂直移動という機能を通じて有機的に接続されることになります。

さらにこのことは、生物圏の「圏域」ないし肉の社会学の「社会」の、単なる空間的な拡大にとどまるものではありません。遺伝子の水平移動は進化現象と密接に関わりますから、生物圏の時間的範囲も、宇宙地球史的な時間へと拡大することになります。つまり「肉の社会学」は、「肉のビッグヒストリー」へと展開するのです。

この展開は、遺伝子の水平移動以前に、遺伝子の概念そのものが肉の社会学の中に組み込まれることによって必然的に引き起こされるものである、と言うことができるでしょう。われわれ人間を含む個々の生命体の寿命はたかだか数十年ですが、遺伝子の寿命は十年単位ではなく「万年」「億年」の単位で測られなければなりません。ドーキンスが『利己的な遺伝子』で述べているように、遺伝子は地質学的時間を生きる「生命の地質学的実体」（ドーキンス 2006：50）ととらえることができます。ワトソンとクリックによるDNAの二重らせん構造の発表は1953年、ノーベル生理学・医学賞の受賞はバタイユの没年である1962年でした。バタイユは同時代の自然科学の成果を貪欲に取り入れた人でしたが、遺伝子の概念を自己の理論形成に活かすことは、時代的制約のためにかないませんでした。

3　普遍経済学における宇宙的視点

しかし、遺伝子および遺伝子の水平移動の発見は、人智圏とウイルス圏の攻防に新しい主戦場をもたらすに至っています。遺伝子概念の深化は、生命をデータ処理の機械とみなす生命観をもたらしました。遺伝子工学が未曽有の発展をとげる中、人間は「肉の社会学」の3つの形態である食、死、有性生殖にゲノム編集技術を通じて介入することにより、肉の合理化・合目的化を図ろうとしています。そして遺伝子の水平移動は、遺伝子工学を通じた人間の人為的

な遺伝子操作に対する環境派の倫理的批判、すなわち「種間の遺伝子移動という自然界では決して発生しない操作を行っている」という批判を、大きくゆるがすものとなりつつあります。ステュアート・ブランドは、遺伝子の水平移動を「天然の遺伝子組み換え」であると述べ、遺伝子の人為的操作を正当化しています（ブランド 2011：250）。しかしながらこうした動きは、自然と人間の「モノ化」から両者の「情報化」「データ化」へと進み、人智圏による生物圏の支配と生物圏のさらなる解体を招かざるを得ないでしょう。

　一方で、人智圏の暴走に歯止めをかけるための方策も、難しい問題を抱えています。先に論じたように、非生産的消費としての消尽による「聖なるもの」の実現は、近代以前の人間が自然を「否定しつつ活かす」方策としてあみだしたものですが、その歴史的形態である供犠と贈与、特に供犠を現代社会においてそのままの形で実現することは困難です。そこでバタイユは消尽理論の現代社会における具体化として、国際援助、公共事業、奢侈品産業の3つを挙げています。例えば彼は、国際援助に関しては、『呪われた部分』のマーシャルプランについて論じた章で次のように述べています。「実際に、戦争は間違いなく起こるだろう。その脅威が合衆国をして、冷静に、剰余の重要な一部を一見返りなしに一世界的生活水準の向上に捧げるべくしむける範囲内でのみ、経済の動きが産出された過剰エネルギーに戦闘以外の抜け道を与えることによって、人類はその諸問題の普遍的解決の方向へ平和裏に赴くことができるであろう」（バタイユ 1973：253）。ここでバタイユは、経済の過剰なエネルギーがもたらす戦争の危険性を回避するために、国際援助という国家間の「贈与」の実施による過剰エネルギーの処理が必要であるとの認識を示しています。また公共事業や奢侈品産業についても、例えば「無為や、ピラミッドや、あるいはアルコールは、それらが活用する資源を報償なしに一利益なしに一消尽する点で、生産活動や、工場や、パンよりも勝っている」（バタイユ 1973：159）とあるように、それらを消尽のための方策として位置づけています。バタイユは、資本主義の矛盾をマルクス経済学的にとらえて過剰生産・過剰資本の存在に求め、それらの処理に消尽の意義を見ていたようです。

　バタイユにとって消尽の眼目は、非生産的消費による「聖なるもの」の確立

にあり、彼は資本主義の下で実行可能な非生産的消費を通じた「聖なるもの」の現代的再建を展望していました。彼は特に当時のアメリカのマーシャルプランによる国際援助を非常に高く評価しており、贈与には大きな期待をかけていたと言うことができるでしょう。現代日本においても、多くの論者が普遍経済学の本質を贈与に求めています。確かに、岩野卓司が指摘するように、バタイユが生きていた時代にあって、国家による贈与（国家援助）は画期的な意味を持っていました。国益にとらわれない国際的・グローバルな利益の追求は、従来の国際関係や国家の持つ意味を大きく変えるものでした（岩野 2019：93）。

　しかし現代資本主義において、バタイユの掲げる贈与の現代的施策は、どれも経済成長実現のための方策として認識されており、実際にそのようなものとして用いられてきました。つまり、バタイユの提示する消尽理論は、現代資本主義の生産力主義に容易に絡め取られる危険性があり、現代資本主義さらには人新世の批判理論たり得ていないのです。問題は、バタイユのこの経済観をもってしては、大量生産・大量消費・エネルギー多消費型の現代資本主義を批判できないという点にあります[8]。というのは、現代資本主義は、こうした「非生産的」な大量消費によって支えられているからです。バタイユは、大量消費社会と彼の消尽との違いを、資本主義の製品の個人的な消費と共同消費の違いに求めていたようですが[9]、そうした観点もケインズ主義的国家の出現以降は、「大きな政府か小さな政府か」という議論のうちに取り込まれて、資本主義の根本的な批判ではなくなってしまいます。

　つまり問題は次のようになります。情報化の進む現代社会において、「俗なる生」にとどまり続ければ、自然も人間も「情報」として解体される以外ない。しかし、現代では「聖なる世界」をかつてのように再建することは難しい。ではどうすればよいのか？

　私は、バタイユの普遍経済学のこれまで触れてこなかった内容に、その足がかりとなる視点があると考えています。それは、彼の「宇宙的視点」です。バタイユは、当時の天文学の発達に触発された[10]、豊かな宇宙的視点がありました。『有用性の限界』の冒頭でバタイユは、次のように述べています。「わたしたちにはとうてい理解できない宇宙空間のある場所で、つねに移動しつづけ

ているこの地球という天体の表面で、わたしたち人間は植物や動物とともに、絶えず移動しながら暮らしている」（バタイユ2003：31-32）。また、この草稿のもととなっていると思われる1938年のエッセイ「天体」でも、次のように論じています。「人間たちは地球という一個の天体の表面に現れ、その存在は植物たちや動物たちの存在と混ざりあった。この天体の方もまた、空虚な宇宙空間……の任意の一点に現れたのだ。しかもこの天体は、複雑で、目の眩むような速さの運動で動いている。銀河系の中心を太陽及びその惑星たちと回転する地球の早さは、砲弾の数千倍の速度に達しているのである。……その公転は驚異的であって、秒速三百キロメートルで少なくとも二億五千万年もの間続いているのである」（バタイユ 1998：41）。さらに、太陽系が公転している天の川銀河もまた、宇宙にあるさまざまな銀河の一つとして、無限の宇宙空間を運動しています。それゆえ、太陽系と地球の運動は言わば「銀河系の外の宇宙空間に向かって開かれて」おり、「この運動は旋回する爆発現象のようになって宇宙のなかに放り出されている」（バタイユ 1998：42）と彼は論じています。宇宙空間を他の生命とともに目も眩むような速さで動いている人間—これが、バタイユの宇宙的視点の原イメージです。「地球の出」の地球は宇宙空間で静止していますが、バタイユの地球は、太陽系の一員として天の川銀河をものすごいスピードで動いており、きわめてダイナミックでエネルギッシュな宇宙的視点であると言えます。その意味でバタイユの普遍経済学は、銀河系の住人たる地球人の経済学、「銀河人の経済学」と言うこともできるでしょう[11]。

　前節で述べたように、バタイユは人間を含めた生命圏の本質を、太陽エネルギーによってもたらされる「過剰」に見出していました。そして、太陽エネルギーの社会学的な意味は無償の贈与にあると考え、そこから贈与論を核とする消尽理論を元に、普遍経済学を構築しようとしました。その成果が1949年の『呪われた部分』だったわけです。しかし、「銀河人の経済学」では、生命圏のエネルギーの源泉は、宇宙そのものの運動に求められることになります。これに対応して、『呪われた部分』以前の1930年代後半のバタイユは、宇宙エネルギーの社会学的な意味を、贈与ではなく「全体運動」（mouvement d'ensemble）に求めていました。全体運動とは、バタイユが1930年代に展開

した「聖社会学」の重要な概念で[13]、「全体は個の総和以上である」という
デュルケムの社会学理論を受け継ぐものです。バタイユは全体運動の概念に
ついて、1937年の講演（ここでは彼は全体運動を「共同性運動」(mouvement
communiel) と呼んでいます）で「社会を構成する諸個人に加えて、さらにそ
の性質を変貌させる全体の運動が存在する」（オリエ編 1987：135）と述べてい
ます。興味深いのは、バタイユの言う全体運動ないし共同性運動は、人間社会
にのみ当てはまるものではないことです。上記の講演において彼は共同性運動
を「存在のヒエラルキー」を生み出す原理として論じています。つまり共同性
運動によって、電子の結合が原子を形成し、原子の結合が分子を形成し、分子
の結合が有機体を構成する「膠質粒子」（ミセル）を形成し、膠質粒子が細胞を、
細胞が「単純有機体」（海綿・ヒトデ・クラゲなどの非対称動物、軸状動物、放
射状動物）を形成し、単純有機体が「線状有機体」（意識をもつ動物）へと進
化するというのです。彼はこれらの例を列挙して、「一個の存在がそれより単
純な諸存在から構成される過程は、いたるところに見られる過程であり、生物
であれ無生物であれ、あらゆる存在物の基本的な形成過程にほかならぬ」と論
じています（オリエ編 1987：136）。つまりバタイユは、全体運動ないし共同
性運動を、ビッグヒストリー的な創発原理と考えているのです。

　さらにエッセイ「天体」では、全体運動の階層性が、銀河系の回転運動から
太陽系の回転運動、それから太陽の燃焼、地球における生命のエネルギー消費、
そして人間によるエネルギー消費という順序で論じられています。彼の言う全
体運動が、宇宙と生命における秩序の形成、すなわち創発と類似の現象として
語られるとともに、そうした創発的現象が宇宙のエネルギーと結びつけられて
いるのです。当時のバタイユの宇宙的視点が、後の『呪われた部分』における
「太陽系の経済学」とも言うべき経済学の構想よりも、もっと広いビッグヒス
トリー的な視野をもっていたことが分かります。私が彼の普遍経済学を「銀河
人の経済学」と呼ぶゆえんです。

　ここにおいて、宇宙エネルギーによって存在の秩序と階層性が形成されると
いうバタイユの全体運動は、創発現象の原因をエネルギーに求め、エネルギー
流量密度の大小によって創発した存在の階層性をとらえる主流派ビッグヒスト

リーの存在論と極めて近い位置にあると言うことができます。生命、そして人間は、宇宙エネルギーの凝縮した頂点の存在として位置づけられます。人間を含めた地球上の生命活動を太陽エネルギーの流動の結果としてみる観点は、すでに初期のエッセイ『太陽肛門』(1931) や『松菓腺の眼』(1927-30頃) に現れています[12]。同時に、社会を宇宙エネルギーの「過剰」によってもたらされる階層性の延長線上に位置づけている点で、バタイユの普遍経済学は、社会の成立根拠を言語に求めるハラリの認知革命や、クリスチャンのコレクティブ・ラーニングよりも、より唯物論的であるといえるでしょう。

　以上のバタイユ流の創発的思考から、「聖なるもの」に代わる非人間中心主義的な自然概念が導かれます。それは普遍経済学の第3巻『至高性』の中でバタイユが掲げている「奇蹟的なもの」(miraculeux) という概念です。「奇蹟的なもの」とは、バタイユによれば、「不可能なことなのに、それでもそこにある」ものと定義されます (バタイユ 1990:23)。これはまさに、世界に対するビッグヒストリーの感性そのものです。ビッグヒストリーは宇宙史を、宇宙にその時まで存在していなかったものが創発するプロセスとしてとらえるからです。バタイユ自身は、奇蹟的なものを、死という「奇蹟的なもののネガティヴな類似物」から見つめていました。愛する者や身近な親しい者を死が襲うというのは信じがたいことです。しかし、死があるからこそわれわれは存在の「ポジティヴな奇蹟性」を見出すことができるのだと彼は論じています (バタイユ 1990:24-25)。それは、死というエントロピーの法則にあらがう創発の奇蹟性を表現するものなのです。

4　消尽社会論の父系制的バイアス

　そこで、バタイユの目指す「交流の共同体」は、彼の宇宙的視点からすれば、宇宙的なエネルギーの流動と凝縮によってもたらされる「奇蹟的なもの」の間の関係として形成されることになります。こうした宇宙的視点に基づく交流の共同体を、私は「宇宙的コモンズ」と呼びたいと思います。バタイユによる宇宙的コモンズのイメージは、例えば『有用性の限界』では次のように描かれ

ています。「人々は、自然の生と自分たちの生をうまく区別できなかった。人間の行動と宇宙の戯れは、たがいに異質なものではないと考えていたのである。……人間の生は、宇宙の生に結びつかなければ、実現されないのである。わたしたちの経済活動も、天の壮麗さと一致したものである。……自然を人間に従わせることはできないが、人間は自然に従うことができるのだ」（バタイユ2003：75-76）。バタイユは、戦争、祝祭、供犠によってこのような人間と宇宙の生の一致が実現されると論じます。それらのおどろおどろしい行為、このおどろおどろしさがまさにバタイユの一般的なイメージを形作っているわけですが、私は上のくだりを読むと、そういうおどろおどろしさとは逆に、バタイユのもつ宇宙のイメージの透明さ、純粋さのようなものを感ずるのです。『マダム・エドワルダ』や『眼球譚』に代表されるおどろおどろしいバタイユのイメージと、交流の共同体＝宇宙的コモンズの透明なイメージのギャップ、それは何であり、それはなぜ生ずるのか。以下、それについての私の考えを述べたいと思います。

　バタイユの宇宙的コモンズの大きな特徴は、それが自然の所有の否定の上に成り立っていることです。宇宙的コモンズは交流の共同体ですが、その交流は、主体と主体との関係として実現されます。ところが人間による自然の所有は、この関係を主体-客体、所有者とモノの関係に変化させるのであり、それにより主体間の交流が阻害されます。この疎外的状況からの回復は、所有関係の廃棄によって実現されます。人間と宇宙の交流、そして自然の脱所有化による交流の回復は、バタイユの著作にしばしば現れる中心的テーマです[14]。

　ところがここに問題が出てきます。宇宙的コモンズにおける「交流」、以下ではバタイユにおけるフランス語の原語をそのまま英語にした「コミュニケーション」という言葉を使いたいと思いますが、そのコミュニケーションはどのような内容のものでしょうか。バタイユは、コミュニケーション的な行為として様々なものを挙げていますが、それらは所有論の観点から見ると、2つの類型に分けられると考えられます。すなわち、所有に基づき、何らかの所有物を媒介として行われる「所有的コミュニケーション」と、所有に基づかない「無所有のコミュニケーション」です。つまり、彼の考えるコミュニケーションの

中には、「所有的コミュニケーション」という宇宙的コモンズの反所有的性格にそぐわない、それと矛盾するものがあるということです。

　所有的なコミュニケーションの代表が消尽であり、その2つの代表的な行為である供犠と贈与です。贈与が、贈与の対象となるモノの所有を前提としていることは明らかでしょう。確かに贈与は、一方的な財の所有放棄であることから、所有の弊害を免れているようにみえます。バタイユはそうした点から、贈与に反所有的な基礎づけを与えようと模索していたように思われます。バタイユは、経済史において贈与が交換に先立つ本源的な役割をもっていたことを強調して、次のように述べています。「古典経済学は初期の交換を物々交換の形態で想定した。もとをただせば、交換に類する獲得形態が獲得の要求に応えるものではなく、逆に損失もしくは浪費の欲求に添うものであったなどとは、予想だにできなかったにちがいない。……物々交換にあらざる、こうした「栄える」慣習がまさしく交換の原初形態をなしているのだ。……ポトラッチはその代表的形態である」（バタイユ 1973：88-89）。しかし結局バタイユは、ポトラッチという贈与の制度が「獲得」という交換のカテゴリーの性格をもっていることを認めざるを得ませんでした。それは例えば、『呪われた部分』の次の記述から伺うことができます。「しかしポトラッチが掠奪の、営利的交換の、あるいは広く、財産私有の逆のものとして留まるのは事実としても、獲得がその最終目的であることには変わりない。……浪費のなかで専有されるものは、それが浪費者（個人または集団）に与えるところの、彼によって一種の富として獲得され、そして彼の「身分」を決定づける威信である」（バタイユ 1973：96-97）。ここで彼は、ポトラッチの目的が、贈与者による地位や威信の獲得であると述べているわけです。

　供犠もまた所有を前提とします。というのは、供犠の行う生贄を捧げる宗教儀式は、生贄の供給源としての奴隷所有の存在を不可避とするからです。しかしこれもまた、反所有的な交流の共同体＝宇宙的コモンズの理念とは合致しません。そこでバタイユは、「自己贈与」という概念を提示することによって、供犠を反所有的な行為として描こうとしました。自己贈与とは、主体が自ら進んで自己を消尽に提供する自発的な犠牲的行為のことです。『呪われた部

分』において、自己贈与の元型的イメージは、エネルギーを与えるだけで決して受け取ることのない太陽として描かれています。それを形象化したものが、自ら火中に飛び込み焼け尽きることによって太陽へと転化したナナウアチンの神話です[15]。しかし彼は、自己贈与の概念を太陽および神話から人身御供の行為に拡張しようとするとき、大きな困難に直面します。奴隷が自ら進んで供犠に供されるという想定には、やはり無理があるからです。『呪われた部分』においてバタイユは、生贄となる奴隷・戦争捕虜に対する待遇のよさや、死刑執行人と生贄との親密さといった点を強調することによって何とか供犠の自発性を証明しようと苦闘しているのですが、結局、自己贈与の概念を供犠に適用することを断念しています[16]。

　先に指摘したように、通常、贈与は自己の所有物をもって行われるものであり、その意味で所有主義の上に立脚しています。いまかりに、この所有に基づく通常の意味の贈与のことを「所有贈与」と呼ぶことにしましょう。一方、バタイユの自己贈与は、所有贈与とは異なり、贈与をコミュニケーション実現の一形態として反所有論的に基礎づけるために構築された概念です。そうすると、バタイユの言う供犠とは、奴隷の所有者にとっての「所有贈与」を、所有対象である奴隷の主体的な「自己贈与」に転化しようとする試みであると言うことができます。

　バタイユと同時代の言説でこの論理を最も明快に提示したのは、ポーリーヌ・レアージュの『O嬢の物語』(1954) です。この小説において、Oの恋人ルネは、Oに対して次のように言います。「君は今後、僕と僕の選ぶ人たちとの間で、共有されることになるのだ……君がたとえどんな男に身を任せようと、男たちの手に君を引き渡したのは、ほかならぬこの僕なのだから、僕は彼らを通して君を所有し、彼らを通して君を楽しんでいるというわけさ。……僕が君を他人に与えたという事実は、僕にとって君が僕のものであるということの一つの証拠であり、君にとっても、そうでなければならないはずだ。自分のものでなければ、どうして他人にあたえることができよう」(レアージュ 1992：64)。ここでルネは、所有贈与の論理を明快に語っています。そしてOは、所有物として鉄環と烙印を体に施され、モノないしオブジェとしての存在にまで追い込

まれながら、そうした自己を愛し進んで受け入れるのです。ここには、所有的コミュニケーションに特有の願望があります。それは、所有贈与を贈与対象の主体的な自己贈与に転化したいという願望です。

　以上見てきたように、所有的コミュニケーションは、バタイユの消尽社会論に様々な歪みをもたらしています。私はこれを、バタイユの「父系制的バイアス」と呼んでいます（片山 2014）。彼の父系制的バイアスは、『呪われた部分』の続編である『エロティシズムの歴史』においてより露わとなります。バタイユはここでは、消尽社会を「愛人たち」の共同体の構想として展開しています。消尽社会としての「愛人たち」は、有用性を重視し、富の獲得や生殖による家族の拡張をめざす「獲得社会」としての「国家」や「夫婦」とは異なり、消尽によって親密に結びついています。「愛が２人の愛人たちを結び合うのはただ消費するためだけなのであり、快楽から快楽へと、歓喜から歓喜へと進んでいくためだけなのである。彼らの社会は消尽社会なのであって、獲得社会である国家とは正反対なのである」（バタイユ 2011：219, 222）。そしてバタイユは、「愛のうちにおける愛する存在とは常に宇宙それ自体なのである……愛する存在は愛人にとって宇宙の代理なのである」（バタイユ 2011：220）と、「愛人たち」に交流の共同体＝宇宙的コモンズの実現を展望するのですが、その一方で、「愛人たち」の共同体の成立の基盤に彼が据えるのは、やはり所有なのです。ここでは、供犠の奴隷所有に代わって、女性の所有が前面に出てきます[17]。バタイユにとって女性所有は、自然所有の原基的形態です。そしてバタイユは「妻」と「娼婦」を対比的に考察します。モノとしての妻は、主として子を産み家庭の仕事をする女です。一方で娼婦は、金で買われることにより自らをエロティックな裸体というオブジェに還元しながら、「自らを一個の贈物にする」女です（バタイユ 2011：191-194）。そして彼は、娼婦とともに「愛人たち」の共同体を形成するのです。

　ここには、『Ｏ嬢の物語』と全く同一の論理、すなわち所有贈与から自己贈与という父系制的論理が展開されています。「愛人たち」の形成過程において、女性は一度として所有関係から解放された「主体」として現れることはありません。それはモノのまま、モノとして扱われ、それがいつの間にか交流の共同

体を構成する者に転化しているのです[18]。

　このようにみてくると、供犠を通じて交流の共同体＝宇宙的コモンズを実現しようとするバタイユの消尽社会論には、構想としてかなり無理があると言わざるを得ません。バタイユはコモンズへの回帰を熱望します。だがそれは、戦争や供犠によって初めて実現される、いわば「血みどろのコモンズ主義」です。コモンズへの回帰は、このような暴力と破壊なくして実現し得ないのでしょうか。私はそこに、バタイユの思考に抜き難く存在する父系制＝所有のバイアスを見るのです。

5　笑いと戯れ—バタイユのもう一つの宇宙的コモンズ像

　しかしバタイユには、もう一つの交流の共同体＝宇宙的コモンズのヴィジョンがあったのではないか、と私は考えています。それは先に述べた、無所有のコミュニケーションに基づくヴィジョンです。無所有のコミュニケーションの代表的行為と私が考えるのは、「笑い」と「戯れ」（遊び）です。この2つの概念は、バタイユが普遍経済学の草稿『有用性の限界』から『呪われた部分』を構成する過程で削除してしまったものです。前節で論じた、所有的コミュニケーションに基づくコモンズを志向するバタイユが「父系制のバタイユ」であるとすれば、笑いと戯れに基づくコモンズ像を志向するバタイユを、「母系制のバタイユ」と言うことができるかもしれません。

　まず「戯れ」（遊び）の方から見てみましょう。この原語は jeu ですが、文脈に応じて戯れとも遊びとも訳されています[19]。バタイユの「戯れの哲学」が明快な形で論じられているのは、1955年に刊行された『先史時代絵画、ラスコーあるいは芸術の生誕』（以下『ラスコーの壁画』）です。ここで彼は、ラスコーの洞窟に動物の生命の運動を豊かに描いたホモ・サピエンスを、労働のために道具を生み出したネアンデルタール人と対比して、次のように述べています。「2つの決定的な事件が世界史の流れを区切っている。一つは道具（あるいは労働）の誕生であり、もう一つは芸術（あるいは遊び）の誕生である。道具の方は、もはや動物ではなく、かといってまだ完全には現行の人間ではない

図表5-3　ラスコーの壁画

出所：Wikimedia Commons

者、ホモ・ファーベルの手に成るものである。一例があのネアンデルタール人だ。芸術の方は、現在の人間とともに、ホモ・サピエンスとともに始まった。」そして彼は、ラスコーの意味は「労働の世界から遊びの世界への移行」にあり、これはまたホモ・ファーベルという「下書きの段階」からホモ・サピエンスという「完成品」への移行を意味していると論じています（バタイユ 1975：61-62）。人新世は、人間の制作した人工物が地球上を覆いつつある時代です。したがって人新世は、「ホモ・ファーベルの時代」であると言うことができます。しかしバタイユによれば、単なるホモ・ファーベルの人間、ホモ・ファーベルとしての自分を制御できない人間は、不完全な人間にすぎません。われわれは『ラスコーの壁画』におけるバタイユの戯れの哲学に、人新世の根本的な批判を読み取ることができるでしょう。

　バタイユはさらに、ラスコーの壁画に人間中心主義の否定と、現代とは異なる人間と動物の関係を見て取ります。壁画では、生命力あふれる動物とは対照的に、人間の姿は極めて貧しく、弱々しく描かれています（**図表5-3**）。「動物を前にして人間を消去すること──しかもまさに人間的なものとなりつつある人間を消去すること」が完全な形で行われていることに、バタイユは驚嘆の念を

示しています（バタイユ 1975：153）。それは、労働と有用性の世界に生きる自分たちを恥じているかのようだ、と彼は述べています。「労働する者、労働しつつ自分の形而下的行為の有効性を計算する者としての人間を、否定することこそがつねに問題だった。推論せず労働しない動物という存在に結びついた、神的な、非人称的な要素のために、人間を否定することこそが問題だった。人間は、労働という合理的行為を導入したせいで、自然の秩序を破壊したという意識を持ったのにちがいない。自分に正真正銘の力を与えてくれたこの計算づくの態度を、まるで許してもらわねばならぬかのように、人間は行動したのである」（バタイユ 1975：168）。そしてバタイユは、当時の人間が動物を少なくとも自分たちと対等の存在であると考えていたという人類学者の言葉に共感を寄せながら、「作品を前にしたとき私たちに迫ってくるのは、人間とそれを取り巻く世界との自由な交感である」（バタイユ 1975：195）と論じています。つまりバタイユによれば、酒井健が指摘するように、人間は「動物性から完全に脱却して人間自身になったとき、人間自身を絶対視せず相対化していた」（酒井 1996：198）のです。ここにわれわれは、自然を否定することによって自己の人間性を確立しつつ、しかもその自然を神性により近いものとして尊重し敬意を抱くという「聖なるもの」の作用を見ることができます。

　ところで、上述のバタイユの言葉によれば、ホモ・ファーベルの登場は人類史の第一の画期をなすわけですが、その宇宙史的な意味は何でしょうか。ホモ・ファーベルが行なおうとしているのは、熱力学第二法則、エントロピー増大の法則に抗うことです。全てがいずれは朽ち果てて、自然の循環のプロセスに戻ってしまうこの世界において、永続的なものを打ち立てることです。言い換えれば、ホモ・ファーベルは死の原理の克服を目指していると言うことができるでしょう。「戯れの哲学」は、自然物を人工物に置き換えることによってそれを行おうとするホモ・ファーベルを批判し、そうした人工物ではなく、動物の生命の原理、さらには「宇宙の戯れ」という宇宙エネルギーの原理に立ち返ることによって、死の原理に向き合おうとするものです。ただ、「戯れの哲学」は、自然を聖なるものとすることによって人間と自然の間にあるアポリアを解決しようとするわけですが、その意味では、「聖なるもの」の再建の困難

性という、先に指摘した人新世の問題点と同様の困難を抱えていることになります。

では、人新世において、「聖なるもの」に依拠せずにエントロピーと死の原理に向き合うためにはどうしたらよいのでしょうか。私は、そのための示唆を与えてくれるのが、バタイユの「笑いの哲学」であると考えています。

バタイユは、『聖社会学』において、明確に知覚できる「人間の相互牽引力」には、性的なものと笑いの2つの形が存在すると述べ、笑いを「人間の相互牽引力の独自の形態」であると述べています。さらに彼は、「直接的な笑い」と「媒介された笑い」の2種類の笑いを区別しています。バタイユは前者を「満足の笑い」、後者を「認知の笑い」という言い方もしています（バタイユ1987：187-189）。

直接的な笑い＝満足の笑いは、伝染ないし共感の原理に基づくもので、本章で先に言及した「全体運動」への「被浸透性」をもつものとされています。直接的な笑いの典型は、大人の笑いに反応する生後数週間の幼児の笑いです。バタイユは次のように述べています。「幼児の笑いは大人の笑いを前にして起こります。その笑いは幼児と大人の間にすでに非常に深い交感を生み出しており、後にさまざまな可能性の増加によって交感が豊かに増幅されたとしても、もはやその内奥の本性は変わらないと言えるでしょう」。バタイユは、この幼児と大人の笑いの交感は「相互牽引力の根源的な事象」であると論じています。そのあり方は、「相互に離れた諸個人をひとつに集める運動に重点を置くものではなくて、諸個人が接近したときに新しい要素が介入するということ、そこに何か電流のようなものが発生して、それがほとんど偶然に接触した諸個人を多少とも安定した形で結び付ける」というものです。つまり、笑いは第1に、個人をヒエラルキー的・集合的に統合するものではありません。それは、自律した存在の間に交わされるコミュニケーションであり、「あらゆるものに開かれた存在」の間の交感です。第2に、笑いは「爆発的な性質のもの、エネルギーの過剰の一種の解放」であり、笑いにおいては、諸個人のもつ過剰なエネルギーが、電流のような形でお互いにやり取りされます。この直接的な笑いは、「食物の摂取や温かい風呂のあと、何かに満ち足りたあと」に生まれる満

足の笑いと同じように、「強烈な喜びの表現」であり、幼児の成長過程において、媒介された笑い＝認知の笑いに先立って生まれます（バタイユ 1987：190 -192)。

　これに対して、媒介された笑い＝認知の笑いとは、「通常は抑鬱を生みだすもの」を、「喜びを生み出すもの」すなわち「充溢」に変える笑いです。バタイユはその例として、知人の死の知らせを聞くたびに笑いを抑えられなくなる娘の例を挙げています。バタイユによれば、この笑いにおいては、「死のカテゴリーが生の原理に、落下が噴出の原理に変えられている」のです（バタイユ 1987：192-193)。

　笑いが死のカテゴリーを生の原理に変えるとは、どのようなことでしょうか。それはまず、死をありのままに受け入れることから始まります。それをもっともよく表現しているのが、バタイユの小説『死者』(バタイユ 2014）です。この小説は、ある女が愛人の死のあと森をさまよい居酒屋で乱痴気騒ぎをして自らも死んでいく話ですが、訳者の吉田裕は、この小説が死を神的なものとして祭り上げようとせず、死を直視する小説であるとして高く評価しています。特に興味深いのは、吉田が小説の終わり近くで示唆される死者の腐敗の暗示に、宗教的なもの・聖なるものを拒否し、「死を崇高なものにしない」というバタイユの決意を読み取っていることです（吉田 2014：211, 237）。確かにこの小説を読むと、あたかも自分が死んだあとも意識や五感が持続していて、自分の肉体の腐敗臭や汚物臭をずっと嗅いでいるような感覚にとらわれます。その上でバタイユは、『死者』の序文で、「私は死ぬ。だが私は死ぬことを笑う」(バタイユ 2014：19）と言うのです。

　ホモ・ファーベルは、エントロピーと死の原理に抗して、不死のものを打ち立てようとします。それでは笑いは、エントロピーと死の原理に対してどのような態度を取っているのでしょうか。少なくともそれは、ホモ・ファーベルのように、不死のもの、エントロピー法則に抗する人工物を製作するようなものではありません。逆に笑いは、死を、エントロピー法則を受け入れます。それだけでなく、笑いは、エントロピー法則のもたらす人間の死と腐敗という循環のプロセスを、美化することも聖化することもなく追体験しようとするのです。

その意味で『死者』は、吉田が言うように、「私は神なの」と宣言する『マダム・エドワルダ』の先を行くものです（吉田 2014：194-195）。自己贈与の果てに自己神化を展望する『マダム・エドワルダ』は「父系制のバタイユ」の頂点をなす作品ですが、死と腐敗の循環に身を委ねる『死者』は、「母系制のバタイユ」の頂点であると言えるでしょう。

　バタイユは、「笑いの哲学」をニーチェから学びました。「悲劇的自然が滅び去るのを見ながら、なおそれを笑う力をもつこと、これこそが神的である」というニーチェの有名な言葉は、バタイユの笑いの考察の出発点になったものです。しかしバタイユは次第に、ニーチェの笑いの「神性」に重苦しいもの、悲劇的に過ぎるものを感じるようになりました。そこから彼は、いわば「循環する生命の原理」としての笑いにたどり着いたのではないかと私は考えています。それは死と腐敗をくぐり抜けて、再び世界に姿を現わした幼児が「未知のもの」に出会って笑う笑いです。バタイユが1953年の講演「非-知、笑い、涙」の中で述べているような、「赤子は母胎内で一種の夢遊状態にあると想像されますが、その状態から抜け出て初めて母親の情愛を発見するとき、それまでの体験とはまるで合致しない、何か掻き乱し刺激するようなものを突然発見するときの、動転させるような体験」（バタイユ 1999：65）がもたらす笑いです。ここにおいて、バタイユの「媒介された笑い＝認知の笑い」は、「直接的な笑い＝満足の笑い」と結びつくことになります。

　私の理解するバタイユの「笑いの哲学」は、宇宙エネルギーの爆発の原理であり、宇宙エネルギーをやりとりするコミュニケーションの原理であり、そして循環する生命の原理なのです。

　以上本章では、バタイユの普遍経済学をビッグヒストリー的に解釈することを通じて、人新世におけるコモンズ像のあり方を考察してきました。普遍経済学は、彼の死後の科学的成果を取り入れながら、人新世におけるビッグヒストリー的バージョンへと発展させることができます。私はそれを宇宙的な規模でのエネルギーの流動の上に成り立つ「銀河人の経済学」、そしてそれを基盤として形成される反所有的な交流の共同体＝「宇宙的コモンズ」として組み立てようと試みてきました。普遍経済学から「銀河人の経済学＝宇宙的コモンズ」

への展開の方向性をテーゼ風に表現するならば、(1)「肉の社会学」から「肉の
ビッグヒストリー」へ、(2)「聖なるもの」から「奇蹟的なもの」へ、(3)「供犠
と贈与」から「笑いと戯れ」へ、とまとめることができるでしょう。それはエ
ネルギーの流動とコミュニケーションに焦点を当てたコモンズ像です。私は銀
河人の経済学に基づく宇宙的コモンズを、「生物圏から人智圏へ」という近代
資本主義の狭い閉じられた人間中心主義的なヴィジョンに対抗する、ビッグヒ
ストリーに基づくオルターナティブなヴィジョンとして、構築していきたいと
考えています。

注

(1) クリスチャン（2019）第11章を参照。

(2) 以下の記述は、主にクローフォード（2014）第2章、およびフォーコウスキー
　　（2015）第6章による。

(3) 以下の記述は、主に武村（2019）を参照。

(4) 『エロティシズムの歴史』における以下の記述を参照。「私はほぼ異議を受けそうの
　　ない事実—人間は自然的な与件を単純に受け入れるのではない動物であり、自然的
　　な与件を否定する動物であるという事実を、原則として提起したい。こうして人間
　　は自然的な外部世界を改変するのであり、そこから諸々の道具を、また制作された
　　物を生み出し、そしてそれらのものがある新しい世界、人間的な世界を構成するこ
　　とになる。それと並行して、人間は自分自身を否定し、自らを教育する。……さら
　　にまた人間が行なう二つの否定—与えられた世界の否定、および自分自身の動物性
　　の否定—は、結び合わされていることを認める必要がある」（バタイユ 2011：70）。

(5) 例えば『至高性』における以下の記述を参照。「……道具の使用によって導入され
　　た実践＝実行のうちに、客体的な世界は与えられたのである。しかしそういう実行
　　のうちでは、道具を用いる人間はそれ自体道具となるのであり、道具と同じような
　　仕方で客体となるのだ。実行の世界とは人間がそれ自身一個の事物であるような世
　　界なのだ」（バタイユ 1990：33-34）。

(6) 『エロティシズムの歴史』における以下の記述を参照。「根源的な意味で、聖なるも

のとはまさに禁じられたものである。しかし、この禁じられた聖なるものは、俗なる生の領域から……締め出されているとしても、それを排除する俗なるものよりも大きな価値を持っている。それはもはや軽蔑の対象となる獣性ではない。その相貌はしばしば動物のままであるが、同時に、神性を帯びたものになっている。そのようなものとして、この聖なる動物性は俗なる生に対し、自然の否定（その結果としての俗なる生）が純然たる動物性に対して持つのと同じ意義を持つ。俗なる生において（もろもろの禁止と労働とによって）否定されるのは、動物的なものに従属した状態……である。神的な生によって否定されるものもやはり従属ではあるが、このたびは、俗なる生における自覚的かつ意志的な隷属が避妊の対象となるのだ。……祝祭の運動は、動物的な力のもたらすものを頼みとしつつ、この力を解き放つのだが、そのときこの爆発的解放は、卑俗な目的に隷属させられた実存の流れを塞き止める。……したがって、聖なるものは新たな可能性を予告するのだ。それは未知への飛躍なのだが、その原動力となるのは動物性である」（バタイユ 2011：127-128）。

(7) 例えば『エロティシズム』における以下の記述を参照。「私たちは不連続な存在であって、理解しがたい出来事のなかで孤独に死んでゆく個体なのだ。……裸とは交流の常態なのだ。それは、自閉の状態を超えて、存在のありうべき連続性を追い求めるということなのだ」（バタイユ 2004：24,28）。

(8) そうなってしまう原因は、「非生産的消費」という概念のもつあいまいさにあると考えられる。経済活動には、生産、そして生産を行うための生産要素や中間投入の「生産的消費」、そしてそういう生産に直接に役立たない「非生産的消費」の3つの活動があり、これまでの経済学が生産や生産的消費しか対象にしてこなかった「限定経済学」であるのに対して、「普遍経済学」は非生産的消費をも視野に入れた経済学である。通常、普遍経済学はこのように理解されている。例えば吉田（2012）の次の記述を参照。「彼は生産と生産的消費が相互に補完し合い、それ以外の消費の様態に気づくことのない経済学を、「限定された経済学＝限定経済学」だと見なす。それに対して、人間は過剰なエネルギーを持ち、それを消費する別種の活動を必然的に作り出すと考える経済学、つまり、生産と生産的消費に加えて非生産的消費の活動を含んだ経済学を構想し、包括性を意味して「一般的な経済学＝一般経済

学」（「普遍経済学」とも訳される）と名づける。これがバタイユのもっとも基本的
な定義である」（吉田 2012：336）。しかし、通常の経済学ももちろん「消費」、ここ
で言う「非生産的消費」を含んでいる。バタイユは、消尽の現代的形態を、剰余を
単に消費するのか、それともそれを再び生産に回すのか（投資）に違いを見るわけ
であるが、経済学はもちろんその両方を視野に入れているのである。

(9) 例えば『有用性の限界』では以下のような記述がある。「個人の浪費だけでは、過
剰なエネルギーを蕩尽することはできない。そして各人の個人的な浪費は商業的な
ものとなり、資本の拡大のシステムにまきこまれてしまう」（バタイユ 2003：139）。
「これ（＝ギリシャの神殿やローマの教会の建築）にたいして、ネクタイの購入は
たわいのないものだ。生産的でない用途に余剰を使ったとしても、「結局は経済の
繁栄に貢献するのだ」といって、許容されるものだ。まさに資本主義は自らを肯定
しながら、誇り高き浪費の代わりに、こそこそした弱みのような浪費を作り出す」
（バタイユ2003：141）。つまり、消尽が資本主義の生産力主義に取り込まれるのは、
それが個人的消費だからだというのである。しかし、公共事業のような例も考慮す
ると、消尽の共同消費としての性格を強調するだけでは、現代資本主義における消
尽の反生産力主義の主張として弱いのではないかと思われる。

(10) バタイユが当時の天文学から受けた影響については、同エッセイの訳者・酒井健に
よる訳注2（バタイユ 1998：53-54）および酒井（1996：137-138）を参照。

(11) バタイユによれば、もともと生命は、地球上において宇宙＝太陽の浪費的なエネ
ルギーを貪る自己中心的な存在である。「人間中心主義は、この傾向の完成された
ものとして、この傾向の頂点に位置している」とバタイユは述べている（バタイ
ユ 1998：49）。そのとき人間は自閉的になり、自らを閉鎖的な地球という世界の中
に閉じ込め、そこで功利的な存在として地球の資源を貪ることになる。「天体」に
おける以下の記述を参照。「そのうえさらに人間存在は、自分に近接するこの世界
をよりいっそう閉鎖的なものにするために、宇宙の明白な浪費性を地球の貪欲さに
取って代えて、存在するものすべての原理を編み出そうと努力するのだ。……貪欲
さのおかげで人間たちはすべてをエネルギーの獲得に従わせるよう余儀なくされて
おり、よりいっそうの獲得を可能にするものすべてを≪有益なもの≫と定義する。
人間たちは、自由な諸宇宙の唯中で、自閉し孤立し鎖で縛られた≪有益なもの≫の

世界、道具と生産材料と労働がその構造を形作っている世界を確定したのだ」（バタイユ 1998：49-50）。バタイユにとって、人間が宇宙を運動する存在であるという認識は、こうした人間中心主義から人間を解放する鍵となるものであった。

(12) この点について吉田裕は、バタイユにとって「このエネルギーは、人間の内部から産み出されるのではなく、人間の外部からやってきて人間を横断し、人間の外へと向かうもの」であり、「人間とは一つの通過点であり、また媒介である」と論じ、さらにこのエネルギーは「太陽を超えて、宇宙全体にまで拡がるように考えられていた……『眼球譚』には、銀河系宇宙への示唆が、まき散らされる精液に喩えられて現れる」（吉田 2007：268-269）と、重要な指摘を行っている。

(13) バタイユ（1998）の訳注4（バタイユ 1998：55）を参照。

(14) 例えば『呪われた部分』の奴隷所有について論じた以下の記述を参照。「奴隷的用途が下落させ、俗化させたものを、供犠は聖なる世界に復権せしめるのである。主体と、根底において、同質であるもの、すなわち、内的参与のなかで主体と合一するものを、奴隷的用途はもの（客体）に変えてしまった。」（供犠という）「破壊は人間と動植物とのあいだの功利的関係を否定する最良の手段である」（バタイユ 1973：72）。

(15) また、自らの耳を切断した画家ゴッホを「自己毀損者」として描いた『ドキュマン』のエッセイ「供犠的自己毀損とフィンセント・ファン・ゴッホの切断された耳」（バタイユ 2014）では、現実世界における自己贈与のさまざまな事例が生々しく論じられている。吉田裕は自己毀損者の概念について、「通常の供犠においては、生贄を捧げる者と捧げられる生贄は別々の人間である。……しかし、ゴッホを例証とする自己毀損者たちは、バタイユの見方によるなら、自分自身を破壊することで、自分自身に太陽の輝きを分有させる。彼自身がこの輝かしい太陽神の分身となるのだ」と論じ、「供犠をめぐるこの時期のバタイユの思考の頂点は、この自己毀損者の上にある」と評価している（吉田 2012：53）。ただ私は、以下の行論にもあるように、こういう自己毀損者の血みどろのイメージにむしろバタイユの供犠概念の限界を見ている。

(16)『呪われた部分』における次の記述を参照。「どの程度までメキシコの生贄たちが己の運命を受け入れていたのか、われわれには解しようがない。彼らのうちの幾人か

は神に捧げられるのをある意味で「光栄と見なして」いたということはありうる。だが彼らの人身御供は自発的ではなかった」（バタイユ 1973：79）。

（17）『エロティシズムの歴史』における次の記述を参照。「奴隷の境遇とは別個に、男性は一般に、女性を物のように眺める傾向をもっていた。女性は、未婚の間は、父親ないし兄弟の所有物であった。父親または兄弟が、結婚を境にその所有権を譲渡すれば、今度は夫が、この女性が彼に提供しなければならない性的領野と、彼女が彼のために用いることのできる労働との、支配者となった。……だが、エロティシズムによって充実を得るためには、女性を所有物にまで還元することが必要であった。……遊女のめかしこんだ美を、巫女たちの、髪をふり乱した動物性に対置することが必要である」（バタイユ 2011：189-191）。

（18）ジャン＝リュック・ナンシーはその著書『無為の共同体』において、バタイユは「共同体の新しい形象を何一つ提起していない」（ナンシー 1999：41）と批判している。彼は次のように述べている。「バタイユの恋人たちもまた究極的には主体と客体である―主体はいつも男で客体はいつも女、これは自己による自己の占有における性的差異の疑いなく古典的な濫用による」（ナンシー 1999：45）。彼は、バタイユが交流に基づく共同体像を構築することに失敗していること、そしてその失敗の原因が、バタイユの父系制的バイアスにあることを鋭く指摘している。

（19）戯れについて、1952年の講演草稿「非-知と反抗」でバタイユは次のように述べている。「いっさいは戯れであり、存在は戯れであり、宇宙は戯れである。神という観念は出来が悪く、そのうえ耐え難い、というのも当初は時間の外にあって、戯れでしかありえなかったのに、人間の思考によって、戯れとは正反対の創造とそれに伴ういっさいのものに結びつけられてしまったのだから」（バタイユ 1999：54）。難解な文章であるが、バタイユが戯れを宇宙の根本的な原理であり、しかも「創造」と正反対の原理と考えていることが分かる。また彼は、戯れを労働とも対比させている（バタイユ 1999：52）。ここには、普遍経済学のテーマである消尽＝非生産的労働と有用性の対立を見てとることができる。

参考文献

朝日新聞社編（2020）『コロナ後の世界を語る―現代の知性たちの視線』朝日新書。

岩野卓司（2019）『贈与論―資本主義を突き抜けるための哲学』青土社。

ヴェルナツキイ、ヴラジーミル・イヴァノヴィチ（2017）『ノースフェーラ―惑星現象としての科学的思考』梶雅範訳、水声社。

オリエ、ドゥニ編（1987）『聖社会学』兼子正勝・中沢信一・西谷修訳、工作舎。

片山博文（2014）「母系制のバタイユ―バタイユ普遍経済学のエコロジー社会学としての可能性―」桜美林大学大学院国際学研究科『国際学研究』第4号、pp. 31-46。

クローフォード、ドロシー・H（2014）『ウイルス―ミクロの賢い寄生体』永田恭介監訳、丸善出版。

酒井健（1996）『バタイユ』現代思潮新社。

武村政春（2019）『ヒトがいまあるのはウイルスのおかげ！―役に立つウイルス・かわいいウイルス・創造主のウイルス』さくら舎。

ドーキンス、リチャード（2006）『利己的な遺伝子〈増補新装版〉』日高敏隆・岸由二・羽田節子・垂水雄二訳、紀伊国屋書店。

ナンシー、ジャン＝リュック（2001）『無為の共同体―哲学を問い直す分有の思考』西谷修・安原伸一郎訳、以文社。

バタイユ、ジョルジュ（1973）『ジョルジュ・バタイユ著作集呪われた部分』生田耕作訳、二見書房。

バタイユ、ジョルジュ（1975）『ジョルジュ・バタイユ著作集ラスコーの壁画』出口裕弘訳、二見書房。

バタイユ、ジョルジュ（1990）『至高性』湯浅博雄他訳、人文書院。

バタイユ、ジョルジュ（1998）『ランスの大聖堂』酒井健訳、みすず書房。

バタイユ、ジョルジュ（1999）『新訂増補非-知閉じざる思考』西谷修訳、平凡社ライブラリー。

バタイユ、ジョルジュ（2003）『呪われた部分有用性の限界』中山元訳、ちくま学芸文庫。

バタイユ、ジョルジュ（2004）『エロティシズム』酒井健訳、ちくま学芸文庫。

バタイユ、ジョルジュ（2011）『エロティシズムの歴史―普遍経済論の試み：第2巻』湯

浅博雄・中地義和訳、ちくま学芸文庫。

バタイユ、ジョルジュ（2014）『『死者』とその周辺』吉田裕訳、書肆山田。

フォーコウスキー、ポール・G（2015）『微生物が世界をつくった―生命40億年史の主人公』松浦俊輔訳、青土社。

ブランド、スチュアート（2011）『地球の論点』仙名紀訳、英治出版。

吉田裕（2007）『バタイユの迷宮』書肆山田。

吉田裕（2012）『バタイユ聖なるものから現在へ』名古屋大学出版会。

吉田裕（2014）「解説／死を死者のものに」バタイユ（2014）所収、pp. 193-242。

レアージュ、ポーリーヌ（1992）『O嬢の物語』澁澤龍彦訳、河出文庫。

第6章

歌う惑星

1 人間の「音楽性」をめぐって

　前章では、バタイユの普遍経済学に基づきながら、ビッグヒストリーのコモンズ像である「宇宙的コモンズ」のあり方を考察してきた。そこでは、宇宙的コモンズが人間と人間、そして人間と他の生命の「交流の共同体」であること、そして、そこでの交流が「笑い」と「戯れ」という反所有・反人間中心主義的なコミュニケーションであることが示された。こうしたバタイユのビッグヒストリー的解釈によって明らかとなったコミュニケーションは、反所有・反人間中心主義的であるとともに、非言語的な性格をもっている。ビッグヒストリアンのデイヴィッド・クリスチャンは、人間を他の種から分かつ特徴を「コレクティブ・ラーニング」、すなわち象徴的な言語を用いて知識を蓄積し次世代に伝える能力に求めたが、そうした主流派ビッグヒストリーによる人間の独自性の基礎づけは、人間中心主義の克服を志向する宇宙的コモンズの編成原理とは相容れない。宇宙的コモンズは、人間の言語とは異なるコミュニケーション原理に基づいて編成されなければならないのである。バタイユは、そうした原理を笑いと戯れという形で哲学的・文学的に考察したが、ビッグヒストリーは基本的に科学の成果に基づいて構築されるものであるから、われわれはバタイユの考察を、より科学的な言葉で表現する必要がある。そこで、本章において注目したいのが音楽である。

　人間はなぜ「音楽」をするのだろうか。なぜ人間は歌い、踊り、音楽を聴き、音楽をつくるのだろうか。人間にとって、音楽の存在意義とは何か。音楽は人間に不可欠のものなのか。こうした問いに答えるためには、人間が音楽を楽しみ作り出す能力、すなわち人間の「音楽性」(musicality) について考えることが必要である。近年、人間の音楽性について、生物学、人類学、認知科学、比較行動学、発達心理学、幼児科学などさまざまな学問分野から分析が行われ、人間にとって音楽のもつ深い意味が明らかになりつつある。本章では、こうした人間の音楽性をめぐる学際的な研究成果に依拠しながら、主にヒトの進化における音楽性の起源をたどることにより、人間の音楽性がもつ意味を、コモン

ズ論の観点から考察したい。音楽性をめぐってこの間行われてきた議論は、新たなコモンズのあり方を考える上でも大きな示唆を与えてくれると考えるからである。

　音楽性は、「音楽の産出と鑑賞を可能にするような人間の生得的な能力」（マロック・トレヴァーセン 2018：6）と定義される。まずは、音楽性のもつ主要な特徴を理解するため、本テーマについて学際的にアプローチした論文集である今井編著（2020）およびマロック・トレヴァーセン編（2018）に所収の諸論文に基づき、人間の音楽性に関するいくつかの重要な論点について見てみよう。

（1）人間の音楽性には生物学的根拠があるのか

　この問いについては、人間の音楽に関する能力は自然の産物であり、生物学的根拠を有すると考える「適応説」と、音楽は人間が作り出した道具の一種であると考える「人工物説」の対立がある（源 2020）。後者の人工物説の代表的な主張者が認知心理学者のスティーヴン・ピンカーである。ピンカーは音楽を進化的適応の産物ではなく、麻薬やチーズケーキ、あるいはポルノグラフィと同じく、人間の快楽中枢を刺激するために生み出された「快楽のテクノロジー」であるとみなす。したがって、「言語、視覚、対人的推論や、身体的技能などと比べれば、音楽は、消えてなくなっても人間の生活様式にほとんど影響を与えないだろう」と彼は述べる（ピンカー 2013：416-424）。

　人間にとっての音楽の生物学的な意義を考察するためには、脳の機能の分析が欠かせない。従来は困難であった人間の脳活動の分析が、「機能的核磁気共鳴画像法」（functional magnetic resonance image：f MRI）をはじめとする計測技術の進歩によって可能となってきた。源（2020）は、認知神経科学の立場から、この問いに対する現在の科学的知見を紹介している。それによれば、脳波計測を用いた研究では、言語の統語処理と音楽の調性階層性の処理に関わる脳波成分が非常に類似しており、f MRI 研究でも両者の処理に関わる脳領域が重複しているなど、音調の処理に特化した脳内システムを想定するのは難しい状況にある。しかしその一方で、音楽によって脳卒中・うつ・精神錯乱などに改善がみられることから、音楽がなんらかの脳内構造の変化を通じて非音楽

的な認知能力に影響を与えていることが推測される。したがって、音楽は人工物ではあるものの、その効果はピンカーが想定するような単なる一時的な情動の変化だけではなく、長期的に脳の構造や機能にも影響を及ぼす可塑的効果も兼ね備えているものと考えられる。ただし、複数名の脳活動を同時に計測するハイパースキャニング法を用いた実験では、ハミングしている二人の脳の右半球に同期的活動が認められた。これは、右半球の特に前頭皮質の同期的活動が、歌を媒介とした他個体との結びつきの強化に欠かせないことを示唆している（源 2020：131-132, 134-140）。

（2）言語が先か音楽が先か

　ヒトの進化の歴史の中で、言語が先かそれとも音楽が先かについては長い論争がある。この点について有力な仮説の一つが、音楽学者スティーヴン・ブラウンによる「音楽言語」の理論である。ブラウンは、音楽と言語はひとつのコミュニケーションシステムにおける共通した起源をもつと提唱する。彼によれば、音楽と言語は「音韻」を「意味」に変換する仕組みとして共通であり、音楽と言語双方の音情報を扱うシステムは、分離しているが類似した処理過程の繋がりをもっている。そして、この共通した原則が単一の声のコミュニケーション媒体である「音楽言語」(musilanguage) として最初に起こり、その後別々の機能になったとブラウンは論ずる（クロス・モーリー 2018：61）。

　これは、認知考古学者のスティーヴン・ミズンが論ずる、言語進化における原型言語の2つの仮説—構成的原型言語説と全体的原型言語説—と関連をもっているように思われる。構成的原型言語説では、原型言語は単語とわずかな文法からなると考える。構成言語説の代表的な論者である言語学者のデレック・ピッカートンによれば、ネアンデルタール人も肉、火、狩りなどのわりあい豊富な語彙をもっていた。このような単語をただ並べるだけでは意味があいまいになるが（どれが主語でどれが目的語かなど）、そのあいまいさを軽減させるプロセスとして文法が発達したという。一方、全体的原型言語説では、言語の先駆が、単語ではなくメッセージからなるコミュニケーション体系であったと考える。この説の代表的論者である言語学者のアリソン・レイは、原型言語の

現代言語への進化は、全体的発話が分節化されて単語が生まれ、その後、それを組み合わせて新しい意味をもつ文を作りだすようになったと論ずる（ミズン 2006：14-15）。ヒトの進化で言語が先行するという考えは前者と、音楽が先行するという考えは後者と親和性が高い。言語進化研究の分野で優位なのは前者であるが、ミズンによれば、これはヒトの進化における音楽性の過小評価と結びついており、彼は後者の全体的原型言語説の重要性を力説している。

（3）音楽はヒトに固有の能力か

　霊長類学・言語進化論を専門とする香田啓貴は、ヒトの音楽能力を他の霊長類と比較して次のように論じている。ヒトとサル、そしてその他の哺乳類は、発声の基本的な身体設計は共通している。しかし、「音声の可塑性」と呼ばれる、音声を随意的に進化させる能力がサルにはまったくない。「あ・い・う・え・お」などの発声を自由に行うことが、サルには困難なのである。その神経解剖学的な根拠は、発声学習運動の基礎にある喉頭の運動が、ヒトでは大脳新皮質から喉頭運動を支える筋肉系に対して直接の神経経路が存在するのに対して、サルの喉頭運動のための回路は、大脳新皮質から始まってはいるが、途中で脳幹といった「古い」中枢神経系を経由した間接経路になっていることにある。つまり、サルの発声運動は、意識的な運動というより、呼吸に準ずる無意識の運動に関連性が高く、基本的に情動にしたがって表出される発声と考えられる。また、特定の旋律をもつ一定の長さの連続発声を行うサルもほとんどいない（香田 2020：16）。

　ただし、例外的にそのような発声行動をする霊長類が、東南アジアに生息するテナガザルのグループである。テナガザルの発声は旋律をもち、長時間にわたる連続的な発声を行う。テナガザルは一夫一婦制でありメス・オスの夫婦に子供が1〜4匹という「核家族」が標準的であるが、歌には「メスの歌」と「オスの歌」があり、毎朝、夫婦で歌を唱和する。自分の親に育てられなかったテナガザルの子どもでも複雑な歌を自然に歌えるようになったということから、テナガザルの歌は学習ではなく、遺伝子に組み込まれた生得的なものであると考えられている。一方で、テナガザルの家族を観察すると、娘は母親と、

息子は父親とともに歌を歌っており、家族の大合唱となる。このことから、親の歌が子どもの歌の発達に重要な役割を果たしていることが推察される（香田2020：17-23）。

聴覚経験に基づいて音声パターンを後天的に学習・獲得することを発声学習というが、霊長類でこの能力をもっているのはヒトだけであり、哺乳類においては、ヒトの他、鯨類、アザラシの一部、ゾウ、コウモリの一部のみがこの能力をもっているとされる。鳥類においても、ハトやニワトリなど多くのトリにはこの能力がなく、鳴禽を含むスズメ目、オウム目、ハチドリの仲間に分類されるトリにのみこの能力が確認されている（関 2020：26）。またヒトは、音のリズムに合わせて歌い踊る能力を自然と持ち合わせている。その際にわれわれの脳は、音のリズムから周期的な時間構造（拍）を知覚し、それに合わせて手足や発声の運動リズムを予測的に同期するという情報処理を行っている。これを「拍知覚同期」と呼び、ヒトにそなわった最も根源的な音楽性の1つであるが、ヒト以外の動物において拍知覚同期の能力を見出すことは難しい（藤井2020：41）。

こうしてみると、音楽性はかなり人間に固有の能力のように思われる。ただ、オウムやチンパンジー、アシカにリズムに合わせて動く拍知覚同期能力が認められたという報告もあり（藤井 2020：42-43）、音楽性の神経生物学的基盤については、現在、激しい論争が繰り広げられているのが現状である。

2　音楽能力の進化に関する3つの説

以上、人間の音楽性に関するいくつかの重要な論点についてみてきた。では、ヒトの進化において、音楽性はいかに作られてきたのであろうか。この問題については、(1) 性淘汰、(2) 集団の形成・維持、(3) 親子間のコミュニケーション、という3つの有力な説がある（岸本2020：146）。順次見ていこう。

(1) 性淘汰

動物、そしてヒトの進化において、性淘汰が大きな役割を果たしているこ

とを論じたのは、ダーウィンの『人間の由来』（原著1871）である。この著作の中で彼は、ほとんどすべての動物においてメスの獲得をめぐってオスの間に競争があることをもとに、性淘汰を「繁殖との関連のみにおいて、ある個体が、同種に属する同性の他の個体よりも有利に立つことから生じる淘汰」と規定している（ダーウィン 2016上：322, 326）。そして、昆虫、クモ類、両生類、鳥類、テナガザル、アザラシなどにおいて、オスが音楽的な音やリズミカルな音を出していることを指摘し、「音楽的調べやリズムは、半人間状態にあったころの人間の祖先が、それを、すべての動物たちが最も強い情熱で興奮する求愛の季節に使っていた」のではないかと述べている（ダーウィン 2016下：399-405）。

　こうしたダーウィンの性淘汰理論を発展させたのが「高コスト・シグナル」理論である。動物の装飾的な飾り立てなどの求愛のディスプレイは、それをもつことによって時間とエネルギーを奪われ、さらに捕食者に狙われやすくなる、移動の妨げとなるなどの問題を引き起こす。しかし、そうした高コストの装飾物を体にまとっていることが、貧弱なオスにはない力や活気をもっていることのアピールになる。進化心理学者のジェフリー・ミラーは、この高コスト・シグナル理論を音楽にも適用し、人間の音楽も女性による性淘汰を通じて進化してきたと主張する（ディサナーヤカ 2018：18-19）。

　しかし、女性をめぐる男性の競争的ディスプレイが音楽の起源であるという、性淘汰による音楽の起源の説明には、批判も多くみられる。第1に、ダーウィンの性淘汰理論はオス・メスの違いという性的二型的な特性を説明するためのものであるが、人間の音楽については、音楽能力は男性・女性に等しくそなわっているし、女性も音楽を創作する。また同性内においても、性淘汰説は極めて高い才能についてのものであるが、音楽性は一握りの巨匠に恩恵が限定されるものではなく、すべての人が恩恵に浴するものである。さらに、音楽性は世界中のあらゆる民族・文化にみられ、またヒトの場合、新生児にすら音楽への志向性が存在することが示されている。第2に、音楽を単なる競争の手段ではなく、協力のための手段としてとらえていないことである。動物界における「音楽」は、オス間の競争だけでなく、単婚のペアの絆となわばりの維持や、血縁・寛大・社交や集団の名声を示すためにも用いられる。また世界中の人間

の音楽をみても、それが個人間の調整と協力を促す役割を果たしていることは自明である（ディサヤーナカ 2018：19-20, 岸本 2020：144）。能力の普遍性と機能の協力性という、音楽性の本質的な特徴を、性淘汰説は説明できていないのである。

（2）集団の形成・維持

動物種の中には集団や社会を形成するものがあり、ヒトもその1つである。形成された集団を維持するためには構成員間のコミュニケーションが必要であるが、そのために歌唱やダンスが重要な役割を果たすと考えられている。集団の構成員が、音楽や歌唱を通じて身体運動や発声を同調させることが、集団維持のためのコミュニケーションとして役立つ。またヒトの集団の大きな特徴は、ダンバー数と呼ばれる集団の自然的限界（おおむね150人程度）を超えた大きな集団を形成することである。そうした大きな集団を維持するためにも、音楽が重要な役割を果たした可能性が高い（岸本 2020：148-149）。

ヒトの進化における音楽の起源を「集団の形成・維持」という観点から論じたものとして興味深いのが、民族音楽学者ジョーセフ・ジョルダーニアの「AVID」説である[1]。彼は、世界の民族音楽にはポリフォニー的なグループ歌唱という現象が広範にみられることを指摘し、「音楽を競争の手段として用いる多くの他の種とは異なり、われわれにとって音楽は何よりもまず協同するためのツールである」(301-302) と述べ、人類の進化という観点から人間の歌唱の起源を探究する。そこで彼がまず注目するのは、「地上に住む動物種で歌う種は、ただ一つもない」という事実である。なぜなら、歌うことは動物にとって捕食種に狙われやすい、非常に危険な行為だからである。そのため、歌うことが知られている種は、鳥やテナガザルのような樹上に住む種か、鯨やイルカ、アザラシやトドのように水中に住む種に限られている。チンパンジーのような類人猿も、木から降りた時歌うのを止めてしまった。その中でヒトだけが、「地上に住みながら歌うことのできる唯一の種」なのである (136-137)。

では、ヒトはなぜ地上で歌うようになったのか。ジョルダーニアによれば、アフリカにおける初期の人類がたんぱく質の食物を得る方法は、ハンティング

（生肉食）ではなくスカヴェンジング（腐肉食）であった。われわれの遠い祖先は、ハンターではなくスカヴェンジャーだったのである。ヒトは、ライオンやその他の恐ろしい肉食獣が殺した獲物をそれらから奪わなければならなかった。そこで、「ライオンが狩猟を終えると、原人たちは……食事をしている獣の群れに近づき、集団でリズムをとりながら大声で叫び、地面を踏みならし、太鼓を叩き、手拍子を打って、体を威嚇的に動かし、そして石を投げた」のである。ライオンを脅して獲物から遠ざけるのは恐ろしい試みであるが、ヒトは集団で歌い踊ることによって一種の「戦闘トランス」の状態に入り、恐怖も痛みも感じなくなり、たとえ仲間の何人かが犠牲になっても、共通の目的に向かって献身することができた。この「視覚的・聴覚的脅迫誇示」（Audio-Visual Intimidating Display：AVID）が、ジョルダーニアの考えるヒト進化における音楽の起源である（158-161）。音楽を聴いたり、歌ったり、太鼓を叩いたりする活動は、ヒトの脳の構造の最も深い部分、つまり生存が危険に曝された時にだけ働く部分を活性化させるが、それはこの太古の人類の経験に基づいている（180）。こうして歌うことは、人間の進化において決定的な役割を果たした。「われわれの遠い祖先が捕食獣の群がる地上で、他のどの種も恐れて歌おうとしなかった歌をうたい続けてきた進化上の選択が、ホモ・サピエンスへと導く長い変容の連鎖を誘発した」のであり、「不断の歌唱こそがホモ・サピエンスへと進化していく上で、最初の決定的な一歩であった」（302）とジョルダーニアは論じている。

（3）親子間のコミュニケーション

　生まれたばかりの赤ちゃんと養育者の間では、対成人の会話で使用する言語とは異なった特徴をもつ音声、「対乳児発話」（Infant Directed Speech：IDS）が用いられていることが多い。対乳児発話は、私たちが乳児に語りかけるときに、ほとんど意図せずに使う特徴的な発話の様態である。対乳児発話は変動が大きく抑揚が豊かな、高くゆっくりとした声で、短く区切って発話される。シンプルな文法構造、冗長で繰り返しや質問が多い談話構造をもち、例えば「わんわん」などの「育児語（幼児語）」と呼ばれる特有の単語が頻出する。日本

語の育児語は擬音語や擬態語であるオノマトペが多く、音の繰り返しによる独特のリズムパターンをもっている（麦谷 2020：103, 麦谷 2018：604）。新生児は、生まれてからしばらくは生まれながらにもつ「啼泣」という音声行動で生理的な欲求や意思を表明するが、生後2か月頃には柔らかい響きをもつ短い音声「クーイング」（cooing）が発せられるようになる。最初の啼泣とは異なり、クーイングでは赤ちゃんと養育者がお互いに発声を聞き合い、状況を見合いながらターンテイキング（話者交代）することができるようになる。さらに月齢が進むにつれ、「喃語」（babbling）という口唇を使った発声や、/ba ba ba/や/mam mam mam/などの子音と母音が組み合わされて連なった音節をもつ反復する発声が多くなる。養育者は赤ちゃんの発する多様な音声を模倣し取り込んで、さらに両者のやりとりが緊密になっていく（志村 2020：185-189）。こうした赤ちゃんと養育者の音楽性豊かな「歌い合い」（志村 2020）が、ヒトの進化における音楽の起源にあると考えられるのである。

　先述のミズンは、ブラウンの「音楽言語」やレイの「全体的原型言語」と対乳児発話の間には親近性があるとし、音楽と言語の単一の先駆体を指す独自の用語「Hmmmmm」を提唱している。「Hmmmmm」は、Holistic multi-modal manipulative musical mimetic（全体的・多様式的・操作的・音楽的・ミメーシス的）の頭文字をとった頭字語である。ミズンによれば、先史時代の音楽的な思考と行動の様式をなすこの言語は、ホモ・エルガステルやホモ・エレクトスの時代に生まれ、その後ネアンデルタール人において高度の発展を遂げた。彼がホモ・ネアンデルターレンシスを「歌うネアンデルタール人」と呼ぶゆえんである。しかし、ネアンデルタール人が2万8000年前に絶滅するとともに、初期人類のコミュニケーションを200万年以上支えてきた「Hmmmmm」のコミュニケーション体系は消滅した。一方ホモ・サピエンスの下で「Hmmmmm」は情報伝達に特化したコミュニケーション体系である言語と、感情表出に特化したコミュニケーション体系である音楽へと分化した（ミズン 2006：377-379）。

　ヴァイオリン奏者であり音楽性の心理学を研究するスティーヴン・マロックと児童心理学・精神生物学を専門とするコルウィン・トレヴァーセンは、あかちゃんと養育者が交わす双方向的な言葉以前のコミュニケーションを行う能力

を、「コミュニカティヴ・ミュージカリティ」（communicative musicality）と名づけた。コミュニカティヴ・ミュージカリティは誰にでも生得的に備わっている能力であり、単に親子間のコミュニケーションだけではなく、他者一般の共感的・共鳴的な応答性というヒトの特性のもととなる能力である（福山 2020：157）。コミュニカティヴ・ミュージカリティは、音楽性が「音楽を含めた人間のすべてのコミュニケーションの基礎になる精神生物学的能力」であることを実証しようとする（ディサヤーナカ 2018：16）。さらにそれは、人間の認知活動、そして生命活動の根底にあるものである。マロックとトレヴァーセンは、自己の立場を次のように要約する。「我々は動きながら生き、考え、想像し、記憶する。動きの本質と価値を捉えるために、我々は「音楽性」というメタファーを使う。動きながらの我々の経験はかならず共感的に共有されるということをはっきりとさせるために、我々はこの活動を「コミュニカティヴ」と呼ぶ。我々の学習、予期と記憶、そして話し言葉・書き言葉を含む無限に多様なコミュニケーションはすべて、我々が生まれながらにもつコミュニカティヴ・ミュージカリティによって生命を与えられる」（マロック・トレヴァーセン 2018：9）。

3　コモンズ論からみたヒトの音楽性

　以上前節では、ヒトの進化における音楽性の起源をめぐる3つの有力な説として、性淘汰説、集団の形成と維持を重視するAVID説、そして親子間のコミュニケーションに起源を求めるコミュニカティヴ・ミュージカリティ説を見てきた。これらはどれも、音楽性の形成される出発点を、天上の音楽やサウンドスケープなどの環境的音楽ではなく、人間相互の広い意味でのコミュニケーションに求めている点で共通であるが、そのコモンズ論的・共同体論的性格はかなり異なっている。性淘汰説における音楽は、「競争」の性格をもっている。それは、オスのクジャクの美しい羽根やオスのカブトムシの大きく強いツノと同じように、繁殖に際して自己の子孫を残すためのメスをめぐるオスの競争に資するものである。AVID説において音楽が果たす役割は「統合」である。そ

れは食料の獲得や戦闘の勝利といった共通の目的に向けて、集団を束ね団結させるために用いられる。そして、コミュニカティヴ・ミュージカリティ説における音楽は「対話」である。それは赤ちゃんと養育者の、さらには人間同士の対話を生み出し、対話として機能する。したがって、これら3つの説における音楽性（ないし音楽）をそれぞれ、競争的音楽性、統合的音楽性、対話的音楽性と呼ぶこともできるであろう。

　ヒトの音楽性の進化に関するこれらの3つの説は、おそらく、どれが正しくどれが間違っているというわけではなく、このそれぞれが人間の音楽性の一部を形作っているのではないだろうか。ヒトの進化の歴史をさかのぼると、競争的音楽は他の脊椎動物や昆虫などにもみられることから、かなり古い起源を有するものであると考えられる。AVID説は、初期人類が樹上から地上に降り立ち、直立二足歩行を始めたまさに類人猿とたもとを分かった時期に音楽性の起源を求めている。一方、コミュニカティヴ・ミュージカリティ説における音楽性の起源は哺乳類の母子関係であり、それ自体は進化史的に人類の誕生に先立つものである。それゆえ、人間の音楽性は、競争的音楽性がまずあって、そこに対話的音楽性、統合的音楽性という順番に積み重なってきたのかもしれない。つまり、少なくとも人間界の音楽は、競争的音楽、統合的音楽、対話的音楽という3つの音楽から構成されているのである。ジョルダーニアのAVID説に依拠しつつボーカロイド・初音ミクのビッグヒストリー的意味について論じた辻村・片山（2017）は、地球を「歌う惑星」であると述べたが、その歌はモノトーンではなく、むしろこうしたさまざまな性格を有する歌が重層的に絡み合って地球を覆っているのである。

　ところで、上記3つの音楽性のうち、コモンズ論の観点から特に問題となるのは、統合的音楽性と対話的音楽性の違いである。というのは、このどちらもある共同体的な性格をもち、共同体の形成能力をもっているが、その共同体的性格には大きな違いがあると考えられるからである。

　ジョルダーニアによれば、AVID状況でリズミカルな音楽と舞踊を行っている人間の意識は、以下のような特徴をもつ [2]。第1に、彼らは「戦闘トランス」の状態にある。戦闘トランスとは、特別に高揚した精神状態のことであり、

その下で人は痛みも恐怖も感じず、自分自身の生命よりも大きなものと戦っているために、自己犠牲的献身を発揮して自身の生存本能をまったく無視することもある。人をこうした精神状態に置くことが、リズムに乗って大声で歌うことの中心的な機能なのである（154-155）。第2に、AVIDは「集団的同族意識」を形成する。この状態になると、個々の人間は自らのアイデンティティを失い、集団的自覚という別のアイデンティティを獲得し、彼ら自身を一つの「集団的超個性」へと変身させる（155, 270）。「戦闘のさなかに友人の命を救うために自分の命を犠牲にできるという、よく訓練された戦闘小隊のように」人間の祖先は集団的同一性というアイデンティティの感覚を育てたのである。戦闘トランスという概念は、人間の利他的道徳性や宗教が出現するうえで、強力な進化のモデルを提示する（156-157）。それゆえ第3に、AVIDは一種の「軍事訓練」として機能する。戦闘状況への心理的準備をするために音楽を利用することは現在でも行われている。またジョルダーニアによれば、腐肉をめぐって競争関係にある人間とライオンは、同時期に同じ地域で進化し、どちらも社会的動物であること、どちらも頭の上に長い髪をもち、威嚇的な効果をもつ形態上の特徴を共有していること（彼はライオンのたてがみとヒトのアフロヘアを、双方の威嚇競争の現われとみている）、どちらも威嚇に有効な低くて大きい声をもっていることなど、類似した進化上の特徴を有している。それは人間とライオンの共進化をもたらす進化上の「軍拡競争」であった（178-179）。第4に、動物が捕食獣から身を守るための戦略には、捕食獣から身を隠す「隠蔽擬態」と、目立つように何らかの警告信号を与えて敵を遠ざけようとする「警告擬態」があるが、AVIDは明らかに後者に属する。哺乳類のあいだでは警告擬態は非常に少ない。だがわれわれの遠い祖先にとっては、警告が中心的な防御作戦であった。その意味で人間は「警告的種」であり、それは人間の進化に関する「警告モデル」を提示する（271-275）。

　一方、コミュニカティヴ・ミュージカリティ説の提示する共同体像は、これとはまったく異なる。第1に、コミュニカティヴな音楽性が生み出す感情は「共感」(empathy)である。共感は、他者に感情移入し、自己と他者を同一化させる能力であり、相互扶助の基盤となる情動である。動物行動学者のフラン

ス・ドゥ・ヴァールは、共感の起源を哺乳類の子育てに求めている。2億年におよぶ哺乳類の進化の過程で、自分の子どもに敏感なメスは、冷淡でよそよそしいメスよりも多くの子孫を残した。子育てにおける共感の有無は大きな淘汰圧となり、ヒトの本能的な性質として共感能力を進化させていったものと思われる（ドゥ・ヴァール 2010：99-101）。

　第2に、コミュニカティヴ・ミュージカリティの下では、個人の個別的なアイデンティティが保持されている。対話的音楽は、独立した主体による観主観的な経験である。対乳児発話はこれまで、主に乳児の言語習得のプロセスとして考えられてきたが、対乳児発話におけるコミュニケーションの分析により、養育者から赤ちゃんへの一方的な働きかけや「教化」ではなく、両者の相互作用であることが明らかになってきた。実際、赤ちゃんは大人に、「他の大人や年長の子どもに示そうとは思いもよらないような仕方で自分たちと関わり合うように促す」のである（ディサヤーナカ 2018：22-23）。このような対等な関係性を、トレヴァーセンらは「コンパニオンシップ」（companionship）と呼んでいる。世話するものとされるものという非対称的なタテの関係で描かれがちな親子は、必要に応じて「仲間的」なヨコの関係であるコンパニオンシップの次元で関わるのである（蒲谷 2020：55-56）。

　それゆえ第3に、コミュニカティヴ・ミュージカリティは、多様な個性の源泉となる。コミュニカティヴ・ミュージカリティの分析が示すのは、われわれが単なる情報処理者ではなく、われわれが意識的な情報のつくり手であるということである（マロック・トレヴァーセン 2018：9）。それは動物の音楽性についても言える。例えば鳥の鳴き声については早くからサウンドスペクトログラムによる詳細な分析が行われており、異なる2種の間の歌が異なるばかりでなく、同じ地域に住む同種であっても個体差があることが知られている（小西 1994：22）。

　第4に、コミュニカティヴ・ミュージカリティは「笑い」を生み出す。赤ちゃんは音楽的ジョークを理解し、人を笑わせることができる（マロック・トレヴァーセン 2018：7）。発達行動学・発達心理学が専門の石島このみは、乳児と養育者の間の「くすぐり遊び」のような身体接触遊びの重要性を指摘して

いる。乳児が強いくすぐったがり反応を示すようになるのは、生後6・7か月以降である。これは「くすぐったさ」が、他人からくすぐられることによって初めて生ずるという、他者性の必要な特殊な身体感覚であることと関係していると考えられている。くすぐりと笑いは、乳児と母親の社会的インタラクションの確立と接続にとって非常に重要である。くすぐられて笑うことによって乳児は社会的インタラクションを楽しみ、母親も乳児の活動に笑い共振しながら、くすぐり遊びの相互作用を楽しむ（石島 2020：66, 75）。笑いは全人類に共通するもので、類人猿にもみられるが、ドゥ・ヴァールは「最初のくすくす笑いは母親と子供の間で起きる」と述べている（ドゥ・ヴァール 2010：72-73）。笑いは伝染し共有され、それはときに種の壁を超える[3]。

　そして第5に、コミュニカティヴ・ミュージカリティは平和的である。それは警告モデルであるAVIDとは異なり、戦闘のためのものではなく、敵の存在を想定していない。ジョルダーニアは、上述の戦闘トランスにみられる自己犠牲的献身と自己生存への無関心に関して、その起源を哺乳類の母子関係に求め、「人間では、子に対する最大の献身という母性本能は少し異なるかたちに、つまり、自分が所属する集団の全人員に対する全体的な献身に変化した」（ジョルダーニア 2017：155-156）と述べている。しかし、これまで論じてきたように、この2つの情動はまったく異なる性格をもつものである。私は、哺乳類の母子関係における情動が、戦争を生み出すことはないと確信している。逆に哺乳類の母子関係は、反戦および人類による戦争放棄の最大の根拠となりうるものである。直立二足歩行によって産道が狭くなり、また脳が大きくなることによって出産が困難になった初期人類は、子どもを未熟児の状態で出産せざるをえず、弱い母子を守るためにコミュニティが形成されたのだと考えられている。どんな人間も乳児の時には母親の懐に抱かれていたということ、そして人類が子育て共同体として出発したこと、そこにこそ人類が平和を実現できる進化論的な根拠があるのである。

　以上述べてきたAVID説とコミュニカティヴ・ミュージカリティ説、統合的音楽性と対話的音楽性の違いは、「閉じた社会」と「開かれた社会」の違いとみなすことができるかもしれない。これはベルクソンが『道徳と宗教の二つの

源泉』の中で論じている社会類型であるが、私なりにこれらの言葉を規定すると、閉じた社会とは、ウチとソトがはっきりと区別されている共同体である。一方開かれた社会は、ソトに対する排除性をもたない、普遍性を有する社会である。地球規模における「人類社会」と呼ぶべき理想社会は、このうち当然ながら開かれた社会として実現すべきものであるが、ベルクソンの指摘で興味深いのは、彼が、開かれた社会は閉じた社会を単に拡大することによっては達成できないと考えている点である。彼は次のように述べている。

　「今日でもわれわれはおのずと、また直接的にわれわれの両親と国民を愛するが、人類への愛は間接的で、後から獲得される。われわれは両親と国民のところへまっすぐ向かうが、人類へは迂回することによってしか到達しない。なぜなら、宗教が人類を愛するように人間を誘うのは、神を介して、また神においてのみだからだ。同様に、哲学者が人間的人格の至上の尊厳と万人が持つ尊敬される権利をわれわれに示すために、われわれの眼差しを人類へと向かわせるのは、われわれ全員がそこで合一するところの〈理性〉を介して、また〈理性〉においてのみである。宗教と哲学、どちらの場合でも、われわれは家族と国民を通って、段階的に人類に到達するのではない。われわれは一挙に人類よりも遠くへ赴き、人類を目標とすることなく人類を超えることによって、人類に至っていなければならない」（ベルクソン 2015：42-43）。

　ここにみられるように、ベルクソンは、人間の愛を、家族や国民という閉じられた比較的小さな共同体から、人類という開かれた大きな共同体へと同心円的に拡大することは困難であると考えている。それゆえベルクソンは、「人類を目標とすることなく人類を超えることによって人類に至る」道が必要であると述べる。彼自身はそのための方途をここにあるように「神の愛」と「理性」に求め、さらには神秘主義に求めるに至った。だが彼の神秘主義への傾倒は、「分かる人には分かる・分からない人には分からない」という、一種のエリート主義の現われのように私には思える。

　コミュニカティヴ・ミュージカリティは、神の愛や神秘主義によらずして、開かれた社会に至るための有力な方途になりうる。AVID説の統合的音楽との比較において特に重要と思われるのは、コミュニカティヴ・ミュージカリティ

が、個人のアイデンティティを保持する性格をもっていることである。統合的音楽は、個を分断されたバラバラの存在ととらえ、そのアイデンティティを否定して「集団的超個性」へと集約することによって、個の分断を克服しようとする。しかしそうして形成された集団的超個性も、宇宙の中では部分集合にとどまるものであり、それゆえ閉じた社会の境界線を強化するだけに終わるであろう [4]。アイデンティティをもった個こそが、閉じた社会の境界を越え、ネットワークを拡大して、開かれた社会を作ることができるのである。

4　生命の音楽性と宇宙的コモンズ

　さらにコミュニカティヴ・ミュージカリティという概念のもつ可能性は、こうした人間社会にとどまらず、宇宙的コモンズのヴィジョンを構築する上でも、有益な示唆を与えてくれると考えている。コミュニカティヴ・ミュージカリティは、宇宙的コモンズ論の基盤的な理論となりうる。音楽性の比較精神生物学を研究するトレヴァーセンと感情神経科学者のヤーク・パンクセップは、音楽性のあるリズムや音声は他の動物の社会的ディスプレイにおいてもはっきりと見て取れることから、ほとんどの哺乳類と鳥類は脳システムに根拠をもつ「原音楽性」を有しており、ヒトの音楽性の進化の起源は鳥類や哺乳類がコミュニケーションに用いる情動的音声であると推測している。ヒトの歌と音楽作り、身振りやダンスによるリズミカルなコミュニケーションは、他の高度に社会的な動物における本能的な親和的発声、情熱の音声表現、身体運動における意図の表現と関連付けることができるようになるだろう（パンクセップ・トレヴァーセン 2018：104-105）。また彼らは、動物の脳における感情システムの神経化学的分析に取り組み、実験動物の脳や行動に音楽がどのような影響を与えるかを測定してきた。ただ、ヒナやラットを用いたこれらの実験では、動物がヒトの音楽を好むという確かな証拠はいまだ得られていないようである。そこで彼らは、動物たち自身の情動的なコミュニケーションや表現リズムを分析することにより、動物たちに自然な鳴き声以上の選好を与えることのできる「原音楽」的メッセージを創り出すことができるだろうと考えている（パンク

セップ・トレヴァーセン 2018：123-125）。

　現在、生物学は人間以外の動物にも意識が存在することを認めるようになってきている。2012年7月7日、英国ケンブリッジ大学チャーチヒル・カレッジにおいて、「ヒトおよびヒト以外の動物における意識」というテーマで、認知神経学・神経薬理学・神経解剖学・計算論的神経科学の専門家が集まる国際的な会議が行われ、会議の後に「意識に関するケンブリッジ宣言」（the Cambridge Declaration on Consciousness）が発表された。宣言は、ヒトのような大脳皮質がなくとも動物は情動を経験できること、ヒト以外の哺乳類、鳥類、タコを含む多くの他の動物も、意識をもたらす神経基盤をもっていることを主張している。階層生物学を専門とする実重重実は、生物における感覚と意識の階層進化のプロセスとメカニズムを分析し、細菌のような微小な生物から哺乳類のような巨大な生物にいたるまであらゆる生物に感覚と主体性があると述べ、「そのような認識がないままでは、自然の真の姿は見えてこないし、ヒト集団による自然生態系への働きかけも、きちんと生物界に貢献するものにはならないだろう」と論じている（実重 2019：180-181, 192）。実重が論ずる感覚や意識と同じく、音楽性もまた、生命の音楽性として、生物の有する多様なリズムが原音楽性へ、そしてヒトのコミュニカティヴ・ミュージカリティへと階層的に進化を遂げていったのではないだろうか。

　このように全生命の根底に音楽性が存在することは、ヒトと他の生命との「異種コミュニケーション」（cross-species communication）の基盤となりうる。実際、人間はこれまで動物とのコミュニケーションを熱望し、動物と話をすることを絶えず試みてきた。音楽言語の「Hmmmmm」説を提唱した先述のミズンは、大人が赤ちゃんに語りかけるときの対乳児発話（IDS）と、人間がイヌやネコなどのペットに語りかけるときの「対ペット発話」（Pet Directed Speech：PDS）が対大人の発話に比べ互いに類似していることを指摘している（ミズン 2006：110）。「サウンドスケープ」の概念に基づく音響生態学を提唱したマリー・シェーファーは、動物どうしの間で交わされる狩猟、警告、驚き、怒り、求愛といった信号の多くが人間の間投詞と非常に似通っている場合が多いこと、人間の言語の特質のひとつとして、身近な動物の鳴き声を描写するお

びただしい数の言葉をもっていることを指摘し、人間は言語と音楽で動物のサウンドスケープに「こだま」を返してきたのだと述べている（シェーファー2022：100-106）。

　ホモ・サピエンスと他の動物との最初の大規模な異種コミュニケーションは、動物の家畜化である。家畜化に関する近年の研究は、そのプロセスが人間による動物の隷属化と意図的な介入によって始まったのではなく、最初はゆるい形態の共生であったり、相互の利益に基づくゆるやかな共同生活であったと考えている（ロバーツ2020：38）。多くの場合、家畜化過程をスタートさせるのは人間ではなく動物自身であり、さまざまな理由で、動物が人間のすぐそばで生活するようになるのが第一歩である。この「自発的な人馴れ」は通常の自然選択であり、人間による意識的な人為選択が行われるのは家畜化過程のもっと後の段階である（フランシス2019：10-11）。人間の最初の家畜となったのはイヌであり、オオカミからイヌへの進化はおよそ3万6000年～3万3000年前、まだ農耕が始まる前の狩猟採集時代に生じたものと考えられている。おそらく最初は、特に人懐こい性質をもったオオカミがヒトのコミュニティに近づき、やがて狩りの手伝いをしたり子どもの遊び相手になったりして、ヒトとの関係を深めていったのだろう。やがて、人馴れしやすい遺伝子をもったオオカミが自然選択を経てイヌとなっていったのである。それは、映画『ダンス・ウィズ・ウルヴズ』の中で象徴的に示されているような、ヒトと動物の本格的な異種コミュニケーションの始まりであった。

　また、異種コミュニケーションの重要な試みと考えられるのが民話である。そもそも民話とは何であろうか。松谷みよ子の『民話の世界』によれば、人類が最初にお話を語り始めたのは、今から4-5万年前、旧石器時代の末期と推定される。その際に、まず最初に語られたのが動物の話である。人々は動物の世界にも人間の世界と同じような秩序があると考え、自分たちの喜びや悲しみなどを動物の世界に託して語るようになった。これが「動物ばなし」の起源であるという（松谷2014：59-60）。そして、動物ばなしの中心をなすのが、人間と動物の交流譚、特に「鶴の恩返し」などに代表される動物との婚姻譚である。民話は、人間と動物の間の異種コミュニケーションと共生の方法として作

られてきたのである。また民話のもう一つの大きな特徴は、民衆（＝普通の個人）が「かたる」ことによって表現され、伝承され、新たに作られるということである。松谷はそのことを、「あなたも、私も語り手である」という言葉で表現している。その意味で、民話は個人の極めて実践的な試みであり、この点において、民話はいわゆる「神話」とは異なっている。民話も神話も人間が構築するものであり、世界についてのナラティヴとして提示されるものであるが、民話は「譚」として、あくまでも民衆の一人としての個人の立場から発信されるものであるのに対して、神話は「神の立場」から語られる体系的な価値観、世界観である。本稿における音楽性の議論にしたがえば、神話は統合的音楽、民話は対話的音楽に当たるものとみなすことができよう。

　以上、本章では、音楽性をめぐる近年の学際的研究に基づきながら、人間と人間、そして人間と他の種が共生しうるコモンズのあり方について考察してきた。ベルクソンは、開かれた社会の形成を担う人間の道徳的態度を「開かれた魂」と呼んでいる。「開かれた魂の愛は動物、植物、すなわち全自然にも広がっていく以上、この魂は人類全体を包容すると言っても言い過ぎではないし、それでもまだ言い足りないくらいであろう」（ベルクソン 2015：50）。これは私の言葉で言えば、宇宙的コモンズの確立が人間のコモンズの前提になるということである。これが、ベルクソンが示しているもう一つの「人類を目標とすることなく人類を超えることによって人類に至る」道である。今後、音楽性の科学的研究がさらに進めば、個々の人間が、他の生命、そして宇宙とさまざまな音楽を共有し、共鳴していることがより明らかになるだろう。そして、人間は「開かれた魂」をもって他の生命との関係を編み直すようになるに違いない。

注

(1) ジョルダーニア（2017）を参照。以下本段落・次段落における同書からの引用はページ数のみを記す。

(2) 以下本段落におけるジョルダーニア（2017）からの引用は、ページ数のみを記す。

(3) ドゥ・ヴァールは、ヤーキーズ国立霊長類研究センターにある彼のオフィスの窓から聞こえてくるチンパンジーたちの「入り乱れて遊んでいるときに上げる笑い声」を聞くと、その楽しそうな声に自分も思わず笑ってしまうと述べている。そして、「類人猿の笑いを引き起こす典型的な動作はくすぐることと取っ組み合うことで、これはおそらく私たち人間でも本来同じだろう」と考察している（ドゥ・ヴァール 2010：73）。

(4) この統合的音楽と同じ理念・志向性がうかがえるのが、アーサー・C・クラークの『幼年期の終わり』である。物質世界を乗り越える精神的存在としてオーバーマインドと一体化する人類の超進化を描いたこの作品は、「全と一」の矛盾において一なるものへの単純な回帰を表現したものにすぎず、開かれた社会を実現するものではないのである。

参考文献

石島このみ（2020）「マルチモーダルな身体接触遊びが持つ意味」今川編著（2020）所収。

今川恭子編著（2020）『私たちに音楽がある理由：音楽性の学際的探究』音楽之友社。

蒲谷槙介（2020）「親子のはざまを繋ぐもの：『音楽性』の観点がもたらす展望」今川編著（2020）所収。

岸本健（2020）「比較行動学の立場から」今川編著（2020）所収。

クロス、イアン、イアン・モーリー（2018）「音楽の進化：理論、定義、エビデンスの性質」渡辺久子・香取奈穂訳、マロック・トレヴァーセン編（2018）所収。

香田啓貴（2020）「テナガザルの歌：ヒトは何を共有し、何が違うのか」今川編著（2020）所収。

小西正一（1994）『小鳥はなぜ歌うのか』岩波新書。

実重重実（2019）『生物に世界はどう見えるか：感覚と意識の階層進化』新曜社。

シェーファー、R・マリー（2022）『世界の調律：サウンドスケープとは何か』鳥越けい子・小川博司・庄野泰子・田中直子・若尾裕訳、平凡社ライブラリー。

志村洋子（2020）「はじまりは『歌い合い』」今川編著（2020）所収。

ジョルダーニア、ジョーセフ（2017）『人間はなぜ歌うのか?：人類の進化における「うた」の起源』森田稔訳、アルク出版。

関義正（2018）「トリの行動から歌と音楽について何を学べるか」今川編著（2020）所収。

ダーウィン、チャールズ（2016）『人間の由来上下』長谷川真理子訳, 講談社学術文庫。

辻村伸雄, 片山博文（2017）「歌う惑星—初音ミクのビッグ・ヒストリー的意味」佐々木渉他監修『別冊ele-king初音ミク10周年—ボーカロイド音楽の深化と拡張』ムック所収。

ディサヤーナカ、エレン（2018）「根、葉、花、または幹：音楽の起源と適応的機能について」根ケ山光一訳、マロック・トレヴァーセン編（2018）所収。

ドゥ・ヴァール、フランス（2010）『共感の時代へ：動物行動学が教えてくれること』柴田裕之訳、紀伊国屋書店。

パンクセップ、ヤーク、コルウィン・トレヴァーセン（2018）「音楽における情動の神経科学」福山寛志訳、マロック・トレヴァーセン編（2018）所収。

ピンカー、スティーヴン（2013）『心の仕組み上』椋田直子訳、ちくま学芸文庫。

藤井進也（2020）「リズムを処理する脳：ヒトの音楽性の発生的起源」今川編著（2020）所収。

福山寛志（2020）「発達心理学の立場から：乳児期の対人相互作用研究におけるコミュニカティヴ・ミュージカリティの可能性」今川編著（2020）所収。

フランシス, リチャード・C（2019）『家畜化という進化：人間はいかに動物を変えたか』西尾香苗訳、白揚社。

ベルクソン、アンリ（2015）『道徳と宗教の二つの源泉』合田正人・小野浩太郎訳、ちくま学芸文庫。

松谷みよ子（2014）『民話の世界』講談社学術文庫。

マロック, スティーヴン、コルウィン・トレヴァーセン（2018）「音楽性：生きることの生気と意味の交流」今川恭子訳、マロック・トレヴァーセン編（2018）所収。

マロック、スティーブン、コルウィン・トレヴァーセン編（2018）『絆の音楽性：つなが

りの基盤を求めて』根ケ山光一・今川恭子・蒲谷槇介・志村洋子・羽石英里・丸山慎監訳、音楽之友社。

ミズン、スティーヴン（2006）『歌うネアンデルタール：音楽と言語から見るヒトの進化』熊谷淳子訳、早川書房。

源健宏（2020）「認知神経科学の立場から」今川編著（2020）所収。

麦谷綾子（2018）「乳児の音声コミュニケーションとその発達」マロック・トレヴァーセン編（2018）所収。

麦谷綾子（2020）「音楽性と言語獲得：音声言語発達の観点から」今川編著（2020）所収。

ロバーツ、アリス（2020）『飼いならす：世界を変えた10種の動植物』斉藤隆央訳、明石書店。

◎ 桜美林大学叢書の刊行にあたって

「隣人に寄り添える心を持つ国際人を育てたい」と希求した創立者・清水安三が一九二一年に本学を開校して、一〇〇周年の佳節を迎えようとしている。

この間、本学は時代の要請に応えて一万人の生徒・学生を擁する規模の発展を成し遂げた。一方で、哲学不在といわれる現代にあって次なる一〇〇年を展望するとき、創立者が好んで口にした「学而事人」（学びて人に仕える）の精神は今なお光を放ち、次代に繋いでいくことも急務だと考える。

一粒の種が万花を咲かせるように、一冊の書は万人の心を打つ。願わくば、高度な知性と見識を有する教育者・研究者の発信源として、現代教養の宝庫として、さらには若き学生達が困難に遇ってなお希望を失わないための指針として、新たな地平を拓きたい。

この目的を果たすため、満を持して桜美林大学叢書を刊行する次第である。

二〇二〇年七月　学校法人桜美林学園理事長　佐藤　東洋士

片山博文

（かたやま・ひろふみ）

桜美林大学リベラルアーツ学群教授。1963年生れ。1992年、東京大学文学部ロシア語・ロシア文学科卒業。1997年、一橋大学大学院経済学研究科博士後期課程単位取得退学。専門は環境経済学、比較経済体制論、ビッグヒストリー。現在、国際ビッグヒストリー学会理事。

著書に『自由市場とコモンズ—環境財政論序説』（2008年、時潮社）、『北極をめぐる気候変動の政治学—反所有的コモンズ論の試み』（2014年、文真堂）。

訳書にシンシア・ストークス・ブラウン『ビッグバンからあなたまで—若い読者に贈る138億年全史』（共訳、2024年、亜紀書房）がある。

人新世のヒューマニズム　138億年のビッグヒストリーから読み解く現代

2024年12月15日　　初版第1刷発行

著　者	片山博文
発行所	桜美林大学出版会
	〒194-0294　東京都町田市常盤町3758
発売元	論創社
	〒101-0051　東京都千代田区神田神保町2-23　北井ビル
	tel. 03（3264）5254　fax. 03（3264）5232　https://ronso.co.jp
	振替口座　00160-1-155266
装釘	宗利淳一
組版	桃青社
印刷・製本	中央精版印刷